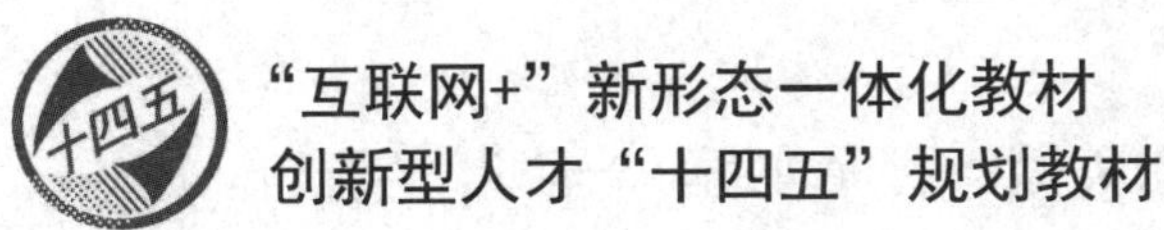

生产运作管理

主　编　张文彦　谢美娥　孙　晴

副主编　何　畅　黄友文　程洪海
余伦臻　吴伟杰　常军燕
谌种华

中国商业出版社

图书在版编目（CIP）数据

生产运作管理 / 张文彦，谢美娥，孙晴主编. -- 北京：中国商业出版社，2023.6
ISBN 978-7-5208-2451-4

Ⅰ. ①生… Ⅱ. ①张… ②谢… ③孙… Ⅲ. ①企业管理-生产管理-高等职业教育-教材 Ⅳ. ①F273

中国国家版本馆 CIP 数据核字(2023)第 113794 号

责任编辑：黄世嘉

中国商业出版社出版发行
（www.zgsycb.com　100053　北京广安门内报国寺 1 号）
总编室：010-63180647　编辑室：010-63033100
发行部：010-83120835/8286
新华书店经销
北京宝莲鸿图科技有限公司印刷
*
787 毫米×1092 毫米 16 开 18.5 印张 437 千字
2023 年 6 月第 1 版　2023 年 6 月第 1 次印刷
定价 49.80 元
* * * *
（如有印装质量问题可更换）

前 言

随着现代信息技术和人工智能的不断推进，全球制造业日益向高端化、智能化、绿色化方向发展，制造业已经迈入了一个新时代。人机一体化系统实现了智能制造，成为影响未来经济发展过程的重要生产模式。

在这样的背景下，我们密切结合当前信息化社会的生产运作管理实际，融入现代管理发展的最新内容编写了这本《生产运作管理》。本书系统地阐述了生产运作管理的基本理论和操作方法，将生产运作管理丰富的内容从系统设计、运行、维护和改进的视角组织起来，并结合现代管理发展的趋势论述了企业项目化管理，对近年来出现的先进生产方式作了介绍。本书还结合企业运营沙盘系统，模拟企业运作管理的全过程，增强学生的实践体会。

编写本书的目的是为培养生产经理，帮助生产经理熟悉制造企业的生产流程、任务要求和运作模式，掌握生产管理的主要职能，初步具备分析和解决生产管理问题的能力。主要包括九个项目：项目一，生产运作管理导论；项目二，产品开发与服务设计；项目三，生产、服务设施选址与布置；项目四，工作设计与时间研究；项目五，编制生产作业计划；项目六，编制作业计划与作业排序；项目七，需求管理与库存控制；项目八，生产控制；项目九，生产现场管理。

本书由张文彦、谢美娥、孙晴担任主编；何畅、黄友文、程洪海、佘伦臻、吴伟杰、常军燕、谌种华担任副主编；具体编写分工如下：张文彦负责编写项目三、项目四；谢美娥负责编写项目一、项目二；孙晴负责编写项目五；何畅、黄友文、程洪海共同编写项目六、项目七；佘伦臻、吴伟杰、常军燕、谌种华共同编写项目八、项目九；全书由张文彦总纂并统稿。

本书在编写过程中参阅了部分专业书籍，在此对有关作者表示衷心的感谢。由于编者水平有限，书中难免存在不妥之处，敬请读者批评指正。为方便教学，本书还配有教学资料包，可联系 bhhwbook@163. com。

编　者

2022 年 7 月

目　录

项目一　生产运作管理导论

学习目标

【知识目标】

1. 了解生产运作系统、生产运作管理的定义与内涵；
2. 熟悉生产运作管理的任务与目标；
3. 掌握生产类型的不同分类；
4. 了解生产运作管理发展。

【能力目标】

1. 能够根据生产运作管理流程图了解企业的生产运作特点和绘制；
2. 能够根据企业生产与服务类型，判断生产与服务的特点；
3. 能够根据合理组织企业生产管理。

【素质目标】

1. 能够通过学习物资生产管理，培养学生认识社会的需求；
2. 能够通过学习“中国制造2025”的案例，培养学生认识企业核心能力；
3. 利用技能训练激发创造力和创新性，锻炼学生的表达能力和沟通能力。

任务一　认识生产运作系统及生产运作管理流程

生产活动是人类创造财富的活动，生产管理学是研究企业如何将人、设备、材料、资金和信息等有限生产资源加以有效组织和利用，优化生产的战略、战术和策略，提高生产率，实现企业经营目标，创造最大价值的一门实用企业管理科学。生产资源的利用与生产组织方式是随着时代的变化而变化的。近年来，企业经营环境不断变化，新的制造技术、新的管理思想不断出现，比如，“互联网+制造”、云制造、服务型制造、3D打印、众包设计、物联网等。在这种大背景下，企业生产方式不断转变，生产与运作管理的理论和实践不断发展及创新。作为企业的管理者，需要不断吸收新思想、新理念，不断更新管理方法，提高企业的竞争力。

导入案例

【情境 1.1】 某企业是一家小家电制造企业,生产运作管理流程如图 1-1 所示。请根据生产运作管理流程图,描述该企业的生产运作管理活动过程。

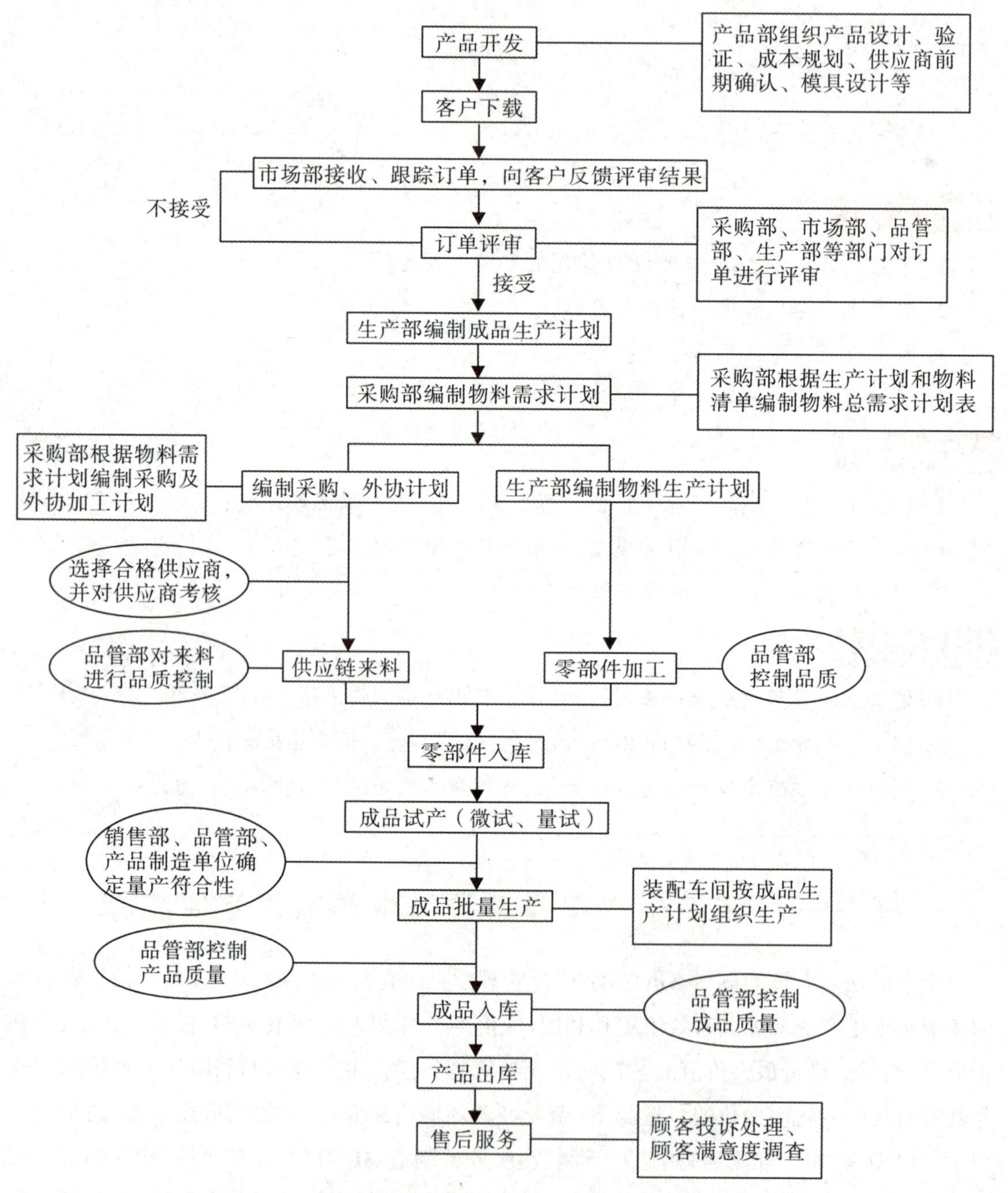

图 1-1 某企业生产运作管理流程图

案例分析

在图 1-1 企业生产运作管理流程中，不仅包括完成总体任务目标需要进行的各项活动，还包括这些活动之间的关系。这些活动是连续的、有顺序和相互联系的，每项活动都有开展的条件，都有活动的最终结果。流程还体现这些活动由谁负责，即单位和部门管理责任。

在进行描述时要注意以下几点：①管理活动从哪里开始，开始的条件；②每项活动的具体内容，活动间的顺序、关系及进行下去的条件；③关键活动由谁负责把关；④活动描述要完整。

一、生产运作的概念

"生产"一词常常与工厂、机器、流水线等联系在一起，那时候生产被认为是以一定生产关系联系起来的劳动者，利用劳动工具，作用于劳动对象，使之成为有用产品以适合人们需要的过程。当时的生产的主要关注点是物质资料的生产。物质资料的生产围绕着转化过程，将一定的原材料转化为一定的有形产品。

进入 21 世纪以后，社会生产力的发展使得大量的劳动力转移到服务业，导致服务业在整个国民经济中的比重大大上升。以美国为首的西方发达国家的服务业所创造的国民生产总值在其整个国民经济中的比重曾一度超过 70%。同时，在制造业企业中，内部服务作业（如仓储保管、行政事务、统计会计、教育培训等）的管理费用支出已超过制造系统直接成本的支出。在这样的背景下，生产的概念和方法被广泛地应用到了制造业以外的许多活动和场景中，如医疗、饮食、娱乐、银行、商店、教育、运输及政府等各类服务业。

在 20 世纪 80 年代以前，西方国家的学者把提供有形产品的活动称为"生产"（prodution），而把提供服务的活动称为"运作"（operations）。现在，他们已倾向于将两者均称为"operations"，将有形产品和服务统称为"财富"，把生产运作视为创造财富的过程，从而把生产运作的概念扩大到了非制造领域。因此，本书将"prodution"和"operations"都译作"生产""运作"或"生产运作"。在考虑了生产运作概念的演变与扩展之后，本书给生产运作下的定义是："生产运作是一切社会组织将它的输入转换为输出的过程。"

表 1-1 输入—转换—输出的典型系统

系统	主要输入资源	转换	输出
汽车制造厂	钢材、零部件、设备、工具	制造、装配汽车	汽车
学校	学生、教师、教材、教室	传授知识、技能	受过教育的人才
医院	患者、医师、护士、药品、医疗设备	治疗、护理	健康的人
商场	顾客、售货员、商品、库房、货架	吸引顾客、推销产品	顾客的满意
餐厅	顾客、服务员、食品、厨师	提供精美食物	顾客的满意

表 1-1 列出了不同行业、不同社会组织的输入、转换、输出的主要内容。其中，输出是企业对社会作出的贡献，也是它赖以生存的基础；输入则由输出决定，生产什么样的产品决定

了需要什么样的资源和其他输入要素。一个企业的产品或服务的特色与竞争力，是在转化过程中形成的。因此，转化过程的有效性是影响企业竞争力的关键因素之一。

二、生产运作系统

(一)生产运作系统的含义

生产运作系统是由人和机器构成的，是能将一定的输入转化为特定输出的有机整体，如图 1-2 所示。从图中可以看出，生产运作系统是一个“输入—转换—输出”的系统。输入的是两类资源：一类是有形资源，包括人力、设备、物料、信息、技术、能源、土地等；另一类是无形资源，包括时间和信息。其中，时间是一种特殊的资源，它不需要索取，关键在于如何合理、有效的利用；信息主要指生产运作系统外部的信息，如市场变化信息、新技术发展信息、政府部门关于经济趋势的分析报告等。图 1-2 中的虚线表示的信息投入来自生产运作系统内部，即变换过程中所获得的信息。它有两种具体表现形式：一是顾客或用户的参与；二是有关生产运作活动实施情况的信息反馈。

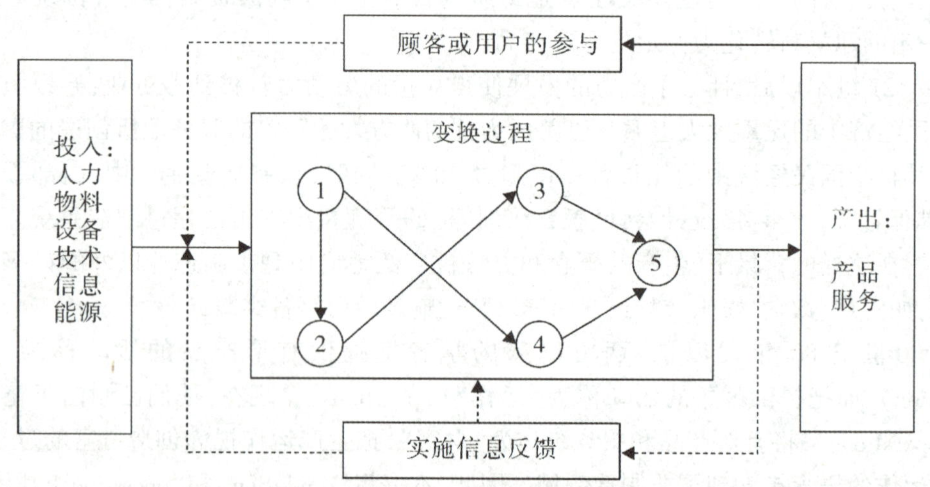

图 1-2　生产系统运转程序图

顾客或用户的参与是指他们不仅接受变换过程的产出结果，在变换过程中，他们也是参与活动的一部分。如教室中学生的参与，医院中患者的参与，等等。实施信息反馈是指生产进度报告、质量检验报告、库存情况报告等。中间的转换过程(也就是劳动过程)是价值增值过程，输出包括两大类：有形产品和无形产品。前者指汽车、电视、机床、品等各种物质产品；后者指某种形式的服务，如银行提供的金融服务，邮局提供的邮递服务，咨询公司提供的设计方案，等等。

生产运作系统从性质上看是一个人造系统，输入的“质”不同，输出的结果也不尽相同。比如，钢铁厂的生产系统不同于机床厂的生产系统，餐馆的运作系统不同于建筑企业的运作系统。同时，生产运作系统还取决于输出的“量”。比如，同是生产汽车，大批量生产和小批量生产所采用的设备以及设备布置的形式是不相同的；同是提供食物、小吃店和大饭馆的运作组织方式也是不同的。

(二)生产运作系统的构成

生产运作系统是企业整体系统中的一个子系统,生产运作系统结构则是系统的构成要素及其组合关系的表现形式。生产运作系统的构成要素很多,可以分成两类:硬件要素和软件要素。

1. 生产运作系统的硬件要素

生产运作系统的硬件要素是指构成生产运作系统主体框架的那些要素,主要包括:

(1)生产技术,即生产工艺特征、设备构成、技术水平等。

(2)生产设施,即生产设施的规模、设施的布局、工作地的装备和布置等。

(3)生产能力,即生产能力的特性、生产能力的大小、生产能力的弹性等。

(4)生产系统的集成,即系统的集成范围、系统的集成方向、系统与外部的协作关系等。

作为生产运作系统框架的物质基础,硬件要素需要更多的投资,一旦建立起来并形成一定的组合关系之后,要改变它或进行调整是相当困难的。设计一个生产运作系统时,应正确选择系统的硬件要素并进行合理组合,实质上就是指采用何种工艺和设备,要求达到什么样的技术水平,生产线和设备如何布局,形成多大规模的生产能力,生产过程集成到何种程度,等等。它对形成生产运作系统的功能起决定性作用,所以决策时应该慎重。

2. 生产运作系统的软件要素

生产运作系统的软件要素是指在生产运作系统中支持和控制系统运行的要素,主要包括:

(1)人员组织,即人员的素质特点、人员的管理政策、组织机构等。

(2)生产计划,即计划类型、计划编制方法和关键技术等。

(3)生产库存,即库存类型、库存量、库存控制方式等。

(4)质量管理,即质量检验、质量控制、质量保证体系等。

软件要素的投资一般不是太大,建成以后进行改变和调整也比较方便,因此采用何种软件要素的决策风险不像硬件要素那样大。但在实施过程中,软件要素容易受其他因素的影响,因此对这类要素的掌握和控制比较复杂。

3. 生产运作系统中两类要素的关系

生产运作系统中的硬件要素和软件要素的作用各异。硬件要素的内容和组合形式决定了生产运作系统的结构形式;软件要素的内容及其组合形式决定了生产运作系统的运行机制。具有某种结构形式的生产运作系统需要有一定的运行机制与之匹配才能顺利运转,并充分发挥其功能。生产运作系统的结构形式对系统功能起决定性作用。所以,设计生产运作系统时,首先应根据所需功能选择硬件要素及其组合形式,形成一定的系统结构,进而根据系统对运行机制的要求选择软件要素及其组合形式。

随着外部环境的变化,生产运作系统投入运行后,会对系统提出改变原有功能或增加新功能的要求。此时,可以改变系统的各项构成要素及其组合关系,以改革系统的结构及其运行机制,使其成为调整系统功能的重要杠杆。

三、企业生产运作管理流程

虽然把企业生产运作过程概括地描述为投入各种资源经过转换提供产品的过程，但是企业生产的产品类型、品种千差万别，即使生产同类产品的企业，所面对的客户，使用的设备、工艺方法、生产技术、企业规模也不尽相同。因此，企业都形成了各自不同的生产系统，运用各自不同的生产运作管理流程，来组织、运用、管理生产资源并进行生产，来规定生产活动过程中必须进行的工作任务。

图 1-1 描述了某企业生产运作管理流程。它体现了该企业生产运作过程管理的具体安排。它系统化地规定了产品生产过程各个环节要进行的工作，每项工作任务之间的顺序关系，每项工作的责任者。流程图说明了从产品开发到产品交付给客户的整个资源转换过程的工作任务，在这个过程中包括计划、组织、领导、控制等一系列的管理活动过程。

生产同类产品的企业，可能拥有同样的设备、同样的规模，但它们的生产运作管理流程可能不同。即使有相同生产运作规律的企业，生产同类产品，也可能有不同的生产运作管理流程，也就是生产转换过程中的生产运作管理方式不同，体现出企业生产管理活动的独有特点。因此，特定的企业有特定的生产运作管理流程。

导入案例解析

根据【情境 1.1】资料，该企业生产运作管理流程描述如下：

(1)产品部组织产品开发设计、产品验证，负责模具、设备、成本规划等，并确认供应商的供应；

(2)接到客户订单时，由市场部跟踪客户订单；

(3)接到订单时先由采购部、市场部、品管部、生产部等进行订单评审，评审结果通知市场部，由市场部向客户及时反馈订单评审结果，对评审不通过的事项进行协商；

(4)订单通过评审由生产部编制产品生产计划；

(5)采购部根据生产计划和物料清单编制物料总需求计划；

(6)采购部根据物料需求计划编制物资采购计划和外协加工计划，采购过程中要对供应商进行选择，并进行考核，生产部根据物料需求计划编制自制的物料生产计划；

(7)供应商来料的质量由品管部进行控制，自制零件也由品管部控制，零部件合格后入库；

(8)生产物料备齐后，进行试产，由销售部、品管部、生产制造单位确定产品的量产的符合性；

(9)具备生产符合性后，由装配车间按照生产计划组织生产，品管部负责控制生产过程产品质量；

(10)完工的成品由品管部负责质量把关入库；

(11)根据订单要求出库，交付产品；

(12)由售后服务接收顾客的反馈意见，处理投诉问题。

技能训练

根据【情境 1.1】所述，列出生产运作管理的内容范围。

要点总结

生产运作管理就是对生产运作过程的管理，或者说是对生产系统的管理。生产运作管理流程是生产运作管理的一种具体化形式。通过流程化管理，生产出客户满意的产品，达到满足客户需求的目的。

任务二　认识生产过程及其类型

生产过程与生产组织方式密切相关，与设备布置方式密切相关，与生产单位设置也密切相关。生产过程既有差异性，也有规律性，生产运作类型相同的企业具有相同的规律性特点。我们要掌握不同类型生产过程的特点，以利于指导我们选择生产组织形式、生产技术手段和生产管理方法。

导入案例

【情境 1.2】　某电动玩具厂专业生产各类电动玩具枪产品，公司设有成品、冲压、注塑、模具等车间和电机分厂。其中成品车间负责成品组装，模具车间负责模具开发生产，电机分厂专业生产两个型号的微型电机，电机除了满足自己需求之外，还向市场出售。请从生产任务重复程度和工作的专业化程度的角度，分析成品车间、模具车间和电机分厂的生产运作特点。

案例分析

成品车间、模具车间和电机分厂同属一个厂，但是三个单位生产过程不同。

(1)对于成品车间来说，车间是根据客户的订单或者市场预测来生产的。客户对产品的规格型号需求不尽相同，需求数量也不尽相同，因此，该车间根据市场预测和客户的要求，按批次生产。当再有同类需求，库存不能满足时，安排下一批次的生产，每次生产都形成一定的批量。

(2)模具车间根据成品生产需求，开发、设计生产配套模具。模具的生产量是单件或者少数几件。当向市场推出新的产品时，模具也要更新。

(3)电机分厂只生产两个型号的微型电机，它是电动玩具的一个通用零件，并向外出售，产品品种变化小，产量非常大，生产过程变化很小。

显然，三个生产部门生产过程不一样，其特点也不一样。

一、生产过程的构成

对于制造企业来讲，生产过程是指从原材料投入开始，经过加工产出成品的全部过程。

生产过程是指从准备生产一种产品开始直到把它生产出来为止的全部过程。它是工业企业生产活动的最基本过程。现代生产的复杂性使生产中产生了不同过程的阶段,而生产过程则是制造产品中所必需的不同阶段的总和。无论是制造行业还是服务行业,其生产系统都存在着利用运营资源把投入转换成产出的生产过程。而生产运营资源由生产运营管理的5P组成,即人力(People)、工厂(Plant)、部件(Part)、工艺(Process)及计划控制体系(Planningand Control System)。

生产过程是一个动态过程。生产过程所处的外部环境和内部环境都处于不断运动过程之中,如图1-3所示。

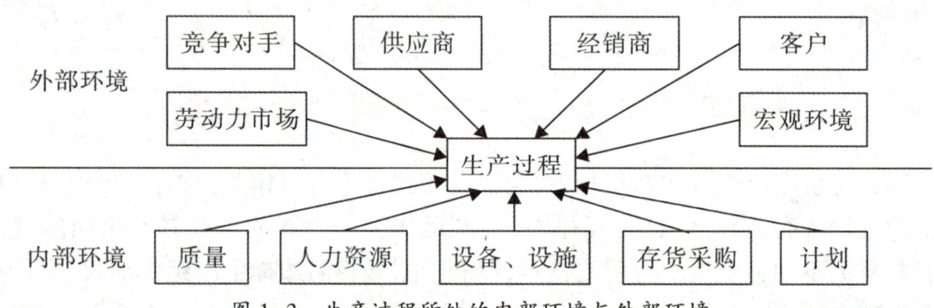

图1-3　生产过程所处的内部环境与外部环境

企业的生产过程根据市场需求来进行,而生产过程投入的原材料由外部的供应商按合同供给,产出的产品由承运商运给客户或经销商。尽管上述活动都制订了合理的计划,但其中任何一项都可能由于这样或那样的原因而变化。市场需求是变化无常的,以合同形式签订下来的订单也经常会变化,而生产过程内部每时每刻生产的状态也都在变化,如生产的品种、数量、完成的程度等。这样的一种动态过程,就要求运营管理必须用动态而不是静态的方法进行管理。

(一)生产过程划分

现代产品制造需要经过设计、工艺制定、工艺装备制造、材料准备等过程。按生产过程的作用来分,企业生产过程一般可分为以下五个过程。

1. 基本生产过程

基本生产过程是指企业生产基本产品的过程。企业所生产的产品,按其专业特点及使用对象可分为基本产品、辅助产品和附属产品。基本产品是指代表企业专业方向并满足市场需求的产品,如机床厂生产的机床、航空公司提供的航班服务、医院为患者治疗等。辅助产品是指企业生产的某些产品是为了保证基本生产的需要,而不是用来满足社会的需求,如机床厂生产的为保证机床制造所需要的工装等。附属产品是指企业有时生产一些不代表企业专业方向而满足市场需要的产品,如飞机制造厂生产的铝制品、锅炉厂生产的液化气罐等。

2. 辅助生产过程

辅助生产过程是指为保证基本生产过程的正常进行所必需的各种辅助性生产活动,包括设备维修、劳力供应、工艺装备(工夹模具等)制造等。

3. 生产技术准备过程

产品在正式投产以前,在生产技术方面所做的工作都属于生产技术准备过程,包括市场调研、产品开发、产品设计、工艺设计、工时定额制定、工装设计、新产品试制和鉴定等。

4. 生产服务过程

生产服务过程是为了保证企业生产活动正常进行所做的服务性工作,如物料的保管和供应、物料运输、理化试验、计量工作等。

5. 附属生产过程

附属生产过程是指生产不代表企业专业方向而满足市场需要的附属产品的过程。

(二)合理组织生产过程的基本要求

生产过程必须符合如下要求。

1. 生产过程的连续性

生产过程的连续性是指产品生产各个阶段、各道工序之间在时间上紧密衔接、连续进行。生产过程的连续性与采用的生产技术、生产设施布置及生产运作管理水平有关。采用先进的生产技术、生产设施布置合理、生产安排合理、管理到位,能够提高生产过程的连续性。提高生产过程的连续性,能够缩短产品生产周期,减少在制品存量,降低存货成本,减少场地占用,提高设备利用率。

2. 生产过程的平行性

生产过程的平行性是指生产过程各个阶段、各道工序实行平行交叉作业,从而缩短生产周期,减少生产耗费。要实现生产过程的平行性,生产设施的选址与布局至关重要。

3. 生产过程的比例性

生产过程的比例性是指生产过程的各阶段、各工序在生产能力上要保持一定的比例关系,在工人人数、设备数量、占用场地面积、生产能力、出产进度等方面,都必须相互协调、相互适应。比例不合理将导致生产过程出现“瓶颈”,制约生产能力利用。所以,无论在生产过程的日常组织管理上,还是在生产活动的预先安排上,都要保证各个生产环节的比例性。当工艺发生改变、产品结构发生变化、工人技术水平提高使能力发生变化时,各个生产环节的能力比例关系会发生改变,此时,需要采取措施调整各个环节的比例以达到协调性要求。

4. 生产过程的均衡性

生产过程的均衡性是指从原料投入到产品完工入库,都能保持按照均衡的节奏生产,不出现工作时紧时松现象,保持各个工作的生产负荷均匀,避免突击赶工。均衡生产有利于资源合理利用,避免产品积压和各种浪费损失,提高产品质量,减少在制品占用,有利于安全生产,加强生产控制是保证均衡生产的重要措施。

5. 生产过程的适应性

生产过程的适应性是指生产过程组织能够较好地适应生产需求的变化,满足顾客的个性化需求。这就需要生产围绕市场作出快速的反应,满足产品交货期越来越短、质量越来越高、成本越来越低的要求。

上述五项基本要求相互联系、相互制约,企业要努力达到这些要求,使生产过程取得良好的经济效益。

二、生产过程的类型

生产类型比较多，其分类标准也很多。例如，以产品的使用性能分类，可分为通用产品和专用产品两大类；以生产工艺特征分类，可分为工艺过程连续的流程生产型和工艺过程离散的加工装配型两大类；以产品的需求特征分类，可分为备货生产和订货生产两大类；以生产过程的稳定性和重复性分类，可分为大量生产、成批生产和单件小批生产三大类。以上这些分类方式都从某一侧面反映了产品及其生产过程的不同特征，对产品的生产活动具有重要的指导作用。下面将分别讨论它们各自的特点。

（一）通用产品和专用产品

按照产品的使用性能，可将其分为通用产品和专用产品两大类。

1. 通用产品

通用产品就是按照一定的标准设计生产的产品，通常具有较大的社会需求量和适用面，如家用电器产品等。这类产品的生产企业一般通过对市场的需求预测，并根据企业自身的生产能力和销售能力等因素进行综合分析，在此基础上制订生产计划。由于产品具备生产过程稳定的特点，因而适宜采用对象专业化的产品生产组织方式。又由于产品的市场需求较大，产品的竞争主要体现在质量和成本的竞争方面，因而企业应通过扩大生产规模，采用高效的专用生产设备等手段来努力降低产品成本，提高产品质量，以规模效益赢得市场竞争。

2. 专用产品

专用产品一般是根据用户的特殊需求专门设计和制造的产品，产品的适用范围较小，需求量也小。企业因必须经常变换生产产品的品种，故生产过程的稳定性较差，无法采用对象专业化的生产组织形式，且通常要求所用设备应具备较高的柔性，以适应不同产品的生产要求。相对而言，其对生产过程的控制比较复杂，生产管理工作难度大且非常重要。

（二）流程式生产与加工装配式生产

按生产工艺特征分类，生产过程可分为流程式生产与加工装配式生产，或者称为连续型生产与离散型生产。

1. 流程式生产

流程式的生产过程连续进行且加工工序固定不变，因而原材料通常是以固定的路线连续地流过整个加工系统。该类生产过程生产的产品主要包括化工产品（化肥、水泥、药品等）、纺织产品、纸张、烟草、金属、酒类等。流程生产型的生产过程适宜采用专业化、自动化程度极高的生产设备或生产线组织方式。由于流程生产型生产过程具有“连续”这一突出的特性，这就决定了生产管理的重点必须是确保生产的各个环节正常运行，包括原材料的供应保障，动力系统的供电、供热保障，生产设备的正常运转保障，等等。其中任何一个环节出现问题都将引起整个生产系统的瘫痪，因而对生产设备及与生产相关的设施的维护是此类生产管理工作的重点内容。由于对这类生产的需求比较稳定，因此生产计划的制订主要以企业生产能力为依据。

生产设施地理位置集中，生产过程自动化程度高，只要设备体系运行正常，工艺参数得到控制，就能正常生产合格产品，生产过程中的协作与协调任务较少。但由于高温、高压、易燃、易爆等特点，对生产系统可靠性和安全性的要求很高。

2. 加工装配式生产

加工装配式的生产过程涉及许多零部件，产品结构复杂，主要包括汽车、机床、家电、电气设备、计算机等。加工装配型生产过程中，各零件的生产过程相对独立，可参照流程生产型的生产组织方式进行生产。其产品则是通过部件组装及总装而成，因而整个产品的生产过程是离散的，致使生产管理工作极其复杂，既要控制各零件和部件的生产进度，以确保生产的成套性，又要确保生产物流的合理流动，做到适时、适量、准确地供应，最大限度地减少运输和库存费用。由于这类产品需要在不同的生产企业或部门中生产不同的零部件，故生产控制及协调是管理工作的重点所在。现行的一些先进生产方式，如精益生产、敏捷制造都是针对这类产品的生产而研发的。

生产设施地理位置分散，零件加工和产品装配可以在不同地区甚至在不同国家进行。由于零件种类繁多，加工工艺多样化，又涉及多种多样的加工单位、工人和设备，导致生产过程中协作关系十分复杂，协调任务相当繁重，生产管理大大复杂化。流程式生产与加工装配式生产的比较见表 1-2。

表 1-2　流程式生产与加工装配式生产的比较

特　征	流程式生产	加工装配式生产
用户数量	较少	较多
产品品种数	较少	较多
产品差别	有较多标准产品	有较多用户要求的产品
营销特点	依靠产品的价格与可获性	依靠产品的特性
资本 / 劳力 / 材料密集	资本密集	劳力、材料密集
自动化程度	较高	较低
设备布置的性质	流水式生产	批量或流水生产
设备布置的柔性	较低	较高
生产能力	可明确规定	模糊
扩充生产能力的周期	较长	较短
对设备可靠性的要求	高	较低
维修的性质	停产检修	多数为局部维修
原材料品种数	较少	较多
能源消耗	较高	较低
在制品库存	较低	较高
副产品	较多	较少

（三）备货型生产与订货型生产

按产品市场特性分，生产过程可分为备货型生产与订货型生产，或者称为库存式生产与订货式生产。流程式生产一般为备货型生产，加工装配式生产有备货型生产也有订货型生产。

1. 备货型生产

备货型生产是指在没有接到用户订单的时候，根据市场预测按已有的标准产品或者产品系列进行生产。生产的目的是补充成品库存，通过维持一定量的成品库存来满足客户需求。大多数基础原材料生产企业都属于备货型生产。比如，水泥、石油化工、金属冶炼等生产，还有一些需求量大的标准件、通用件也属于备货型生产，比如螺栓、铆钉、微型电动机等产品。

预测驱动是指在没有接到用户订单时，经过市场预测按已有的标准产品或产品系列进行的生产，其直接目的是补充成品库存，通过一定量的成品库存及时满足用户的需要。

2. 订货型生产

订货型生产是指按用户订单进行的生产。用户可能对产品提出各种要求，企业按照合同规定的品种规格、质量标准、数量、交货期等要求组织设计、生产。随着经济的发展，需求的多样化与个性化，越来越多的企业采用订货型生产运作模式。订货型生产的产品类型比较广泛，比如，经销商定制的各种服装、家电、日用百货等，生产用户定制的机器、设备、生产线、工具等。备货型生产与订货型生产的比较见表1-3。

表1-3　备货型生产与订货型生产的比较

	备货型生产	订货型生产
优点	产品标准化程度高	库存水平低
	生产效率高	对顾客的个性化需求满足程度高
	用户订货提前期短	
缺点	库存水平高	标准化程度低
	难以满足顾客个性化需求	生产效率低
		用户订货提前期长

备货型生产与订货型生产的管理特点也不同。备货型生产是在市场调查、预测的基础上，选择生产产品的品种、数量，所以需要产、供、销密切衔接，既要防止库存积压，又要防止缺货。组织生产时要平衡各个环节的能力，这种生产通常是标准化、大批量地轮番生产，生产效率较高；订货型生产的订单是随机的，生产能力难以平衡，难以做到均衡生产，保证交货期是比较突出的问题，要合理地计划与组织保证工作协调性，保证生产过程的有效衔接。

（四）大量大批生产、成批生产与单件小批量生产

按照生产任务重复程度和工作的专业化程度分，可以把生产分为大量大批生产、成批生产与单件小批量生产。很明显，产品品种数量越多，每种产品的数量就越少，生产的重复性就越低，则产品生产的专业化程度就越低；相反，产品品种越少、数量就越大，生产的专业化程度就越高。

当前单纯的大量生产和单件生产都比较少，一般都是成批生产。成批生产又分为大批生产、中批生产和小批生产。大批生产与大量生产的特点相近，习惯称大量大批生产；小批量生产与单件生产的特点接近，习惯称单件小批量生产。大量大批生产效率高、成本低，但是要根据市场需求，不能盲目生产，造成库存积压；需求的多样化要求多品种小批量生产，以降低市场风险，但是又面临生产效率低、成本高的风险。解决生产的效率和市场需求多样化的矛盾，是生产运作管理的重要挑战。

1. 大量大批生产

大量大批生产的特点是生产的品种少，每种产品的产量大，生产稳定且不断重复进行，通常是经常重复一种或少数几种相类似的产品。由于这类产品一般在一定时期内具有相对稳定且很大的需求量，生产对象相对固定，因而产品的工艺流程一般都经过了高度标准化的设计，在生产组织中有条件采用高效的专用设备和专用工艺装备，并按对象专业化的原则建立生产线，以提高工作的专业化程度，如采用流水生产线的生产组织方式等，从而可保证企业获得较高的经济效益。大量生产由于具有生产量大、生产不断重复这一特性，因而企业生产组织中的计划和控制工作具有较强的规律性，利于对整个生产过程实施标准化控制和应用自动化装置进行生产，从而确保产品的质量。企业中采用大量生产的实例有很多，比较典型的有汽车生产、家电（彩电、电脑等）生产等。

在生产运作管理方面，由于产品品种少，产量大而稳定，生产均衡，原材料、毛坯变化小，有利于与供应商建立长期稳定的协作关系，质量、交货期容易得到保证，程序性管理工作多，生产运作管理相对简单，生产管理人员容易熟悉生产工艺，易于生产管理控制。

大量大批生产一般是备货型生产，生产周期短，并有利于提高自动化水平，降低成本，稳定产品质量，大量大批生产适用于社会需求量大，并且需求相对稳定的产品，适用生产产品的类别与备货型生产相同。

2. 成批生产

成批生产的特点是产品的品种较多，每种产品的产量较少，每种产品都无法维持长时间的连续生产，因而在生产中必须采取多种产品轮番生产的生产组织方式。由于成批生产的产品一般都具有较稳定的生产工艺，且不同的产品之间具有相同或相似的工艺过程，故可为不同的产品配备不同专用工艺装备的通用设备，建立多品种的对象生产单元，使产品的生产过程在生产单元内封闭地完成，以适应多品种的需要，并保证设备必要的负荷率，提高设备的利用率水平。

由于每台设备需要负担多种工件的加工任务，所以无法采用高生产率的专用设备和工艺装备，致使工作的专业化程度不高，生产率水平较大量生产而言相对较低。同时，由于转

换生产对象需要花费必要的生产准备时间，从而引起生产的间断，使生产管理工作更加复杂，也就对生产计划管理和监控提出了更高的要求。如何根据轮番生产这一特点合理安排每种产品的间隔期和生产批量，既要避免由于过分频繁地变换生产对象所带来的人力、设备的闲置，又要保证生产的成套性和在制品的数量，使人、机和工件处于一个最佳的结合点，提高整个生产系统的生产率水平，是生产运作管理的首要任务。

成批生产是介于大量生产与单件小批生产之间的一种生产方式，其包括的范围很广。为此，这类生产方式通常又按其批量的大小进一步划分为大批生产、中批生产和小批生产三种类型。由于大批生产的组织特点接近于大量生产，因此在实际生产中将其归入大量生产这一类型，统称为“大量大批生产”。而小批生产的特点接近于单件小批生产类型，因此将其归入单件小批量生产。

3. 单件小批量生产

单件小批量生产的特点是产品的品种繁多，产量很少，所生产的产品通常属于满足一次性需求的专用产品，因此一般不进行重复生产。产品的产量一般只有一小批甚至仅有一件，故称为“单件小批生产”。由于单件小批生产的产品不断变化，因此其生产设备和工艺装备只能是通用设备和工艺装备。这就导致工作地的专业化程度很低，一般按照工艺专业化原则，采取机群式布置的生产组织方式。

单件小批生产具有的上述特点使其生产管理工作更加复杂，主要体现在：由于产品繁多，导致生产计划复杂，生产运作的实施和控制难度增大；生产技术准备工作量大，导致设备调整时间长，设备利用率低，如何协调各个部门之间的合作将成为管理工作的重点内容；由于产品不断变化，对工人的操作技能要求高，人力资源管理工作极为关键。采用单件小批生产类型的实例很多，如造船、重型机械制造、大型建筑、桥梁、专用大型电机和锅炉等。值得注意的是，随着人们生活水平的提高，消费观念也在发生重大变化，人们的需求更趋于个性化，使得一些通用产品（如轿车、家电等）的生产有逐步向小批量甚至是单件方向发展的趋势。

在生产运作管理方面，由于产品生产重复性低，一次性的工作多，工时定额粗略难以准确，很难按期交货，物料品种多、数量少，难以与供应商建立稳定的协作关系，生产计划制订难度大，非程序性的工作多，生产运作管理复杂。

大量大批生产、成批生产和单件小批量生产的比较见表 1-4。

表 1-4　大量大批生产、成批生产和单件小批量生产的比较

生产类型 项　目	大量大批生产	成批生产	单件小批量生产
产品品种	单一或很少	较多	很多
产品产量	很大	较大	单件或者少量
产品更新	慢	较快	很快
产品成本	低	较高	高

续表

项　目 \ 生产类型	大量大批生产	成批生产	单件小批量生产
设备布置	按对象原则采用流水线	按工艺原则	基本按工艺原则
设备选样	专用设备	专用设备与通用设备	通用设备
设备利用率	高	较高	低
劳动生产率	高	较高	低
劳动定额	详细	有粗有细	粗
原材料储备	大量	中等	少量
计划管理	较简单	较复杂	复杂而变化
生产控制	容易	难	很难
质量控制	严格	正式控制制度	非正式控制制度
工人技术水平	低	较高	很高
在线管理人员	职能管理人员多	职能管理人员较多	职能管理人员少

三、服务过程的类型

随着社会经济的发展，服务业在国民经济中的比重正在迅速增加，其在社会生活中所处的地位也越来越重要，已成为整个国民经济中不可缺少的组成部分，如商业、金融、住宿、餐饮、交通运输、医疗保健、文化娱乐、教育、公用事业及政府机关等。从一定意义上说，服务业水平的高低直接体现了一个国家的经济发展水平。美国是世界公认的经济大国，其有超过70%的人从事服务性行业。随着我国经济体制改革的不断深入，服务业也得到了迅猛的发展。据统计，我国服务业的产值已占国民生产总值的20%以上，而且还在迅速增长。因此，了解并掌握服务业的运作类型及其特点，对于服务业的生产经营活动意义重大。

服务过程的划分与制造企业生产过程划分类似，可以根据不同的划分规则分为多种类型，各种类型各有不同的组织特点和运作特点。

1. 基于服务批量和标准化程度的服务类型划分

在制造企业生产过程类型划分中，根据生产的工艺特点分，把生产分为流程式生产与加工装配式生产；按照生产任务重复程度和工作的专业化程度分，把生产分为大量大批生产、成批生产与单件小批量生产三种类型。服务业也可以比照这样的产品生产类型进行类似的分析，按照服务批量和标准化程度可以将服务过程划分为单件型、成批型、流水线型和流程型，特点见表1-5。

表 1-5 基于服务批量和标准化程度服务过程类型的特点比较

项目	单件型	成批型	流水线型	流程型
服务特性	个性化服务	多样化程度较高	多样化程度较低	多样化程度较低
人员设备特性	人员密集；高知识；技能人员	人员密集；一定的技能人员；一定的设备密集程度	设备密集；一定的人员密集程度	设备密集或人员密集
服务周期	长短不一	较短	短	没有明显的开始标志和结束标志
成本	很高	中等	高低不一	较低
运作管理目标	柔性化；个性化	均衡性；一定柔性	均衡性；稳定性	持续性；稳定性

2. 基于顾客需求和运作系统特性的服务类型划分

服务过程类型还可以按照运作流程的特点来划分，按照这一规则划分从两个方面考虑：一是服务过程与顾客的接触程度及服务需求的个性化程度；二是运作系统的设备密集程度或劳动密集程度。一般服务业人员密集程度高于制造业，对人的管理重于对设备的管理，基于这个思路，服务过程类型可以划分为服务工厂型、服务车间型、大量服务型和专业服务型，如图 1-4 所示。

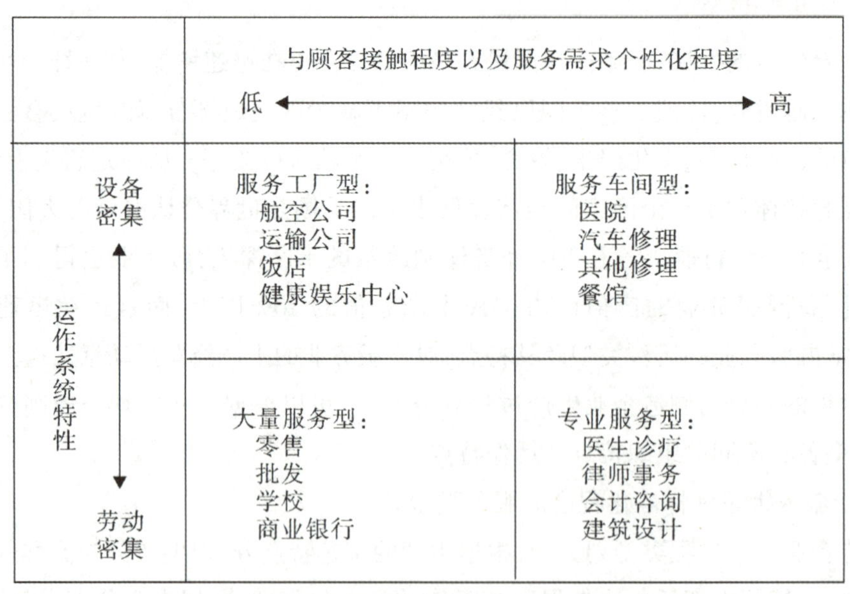

图 1-4 基于顾客需求和运作系统特性的服务类型划分

在以上四种服务过程类型中，服务工厂型设备密集程度较高，顾客接触程度或个性化服务程度较低。航空、运输、饭店的运作属于这种类型，银行、金融、保险服务后台的运作也属于这种类型。当顾客接触程度或个性化服务程度增加时，服务工厂型变成服务车间型，医院、修理、餐馆等的服务属于这种类型。大量服务型的特点是劳动密集程度较高，顾客接触程度和个性化服务程度较低，零售、批发、学校、商业银行的前台服务属于这种类型。当提高顾客接触程度，把个性化服务当作主要的服务目标时，大量服务型就转变成专业服务型，医生、律师、咨询专业、建筑师等的服务属于这种类型。四种服务过程的特点见表1-6。

表1-6　基于顾客需求特性和运作系统特性的服务过程类型的特点比较

项　目	服务工厂	服务车间	大量服务	专业服务
资本密集程度	高	高	低	低
流程模式	刚性较高	有一定柔性	有一定刚性	柔性很高
流程与设备的关联性	设备是流程的集成部分，选择性较低	设备对流程有重要意义，但存在多种利用方式	关联性不强，与设施及其布置有较强关联	与设备或设施的关联都不强
日常计划的难易	有时较难，需求高峰难以应对	一般	较易	较难
能力的度量	比较清楚，有时可以用物理单位	模糊，很大程度上取决于需求组合	能力限制往往取决于设施，而不是流程时间	模糊，不易度量
设施布置	倾向于流水线布置	专业化或固定布置	典型的固定布置，但可以改变	对设施布置的影响不大
库存、物流的重要性	库存和物流都很重要	库存比物流更重要	库存很重要	不太重要
顾客参与程度	较少	较多	有一些	很多
流程质量控制	可以用标准方法	可以用一些标准方法，容易确定检查要点，员工培训比较重要	不宜用标准方法，员工培训很重要	宜用标准方法，员工培训非常重要
员工技能水平	一般较低	较高	有高有低，但多数较低	非常高

导入案例解析

根据【情境1.2】资料，任务实施如下：

（1）判断生产过程的类型。从生产重复程度和工作的专业化程度的角度分析生产过程类型可知，成品车间属于成批生产，模具车间属于单件小批量生产，电机分厂属于大量大批生产。

（2）列出各生产类型的特点。大量大批生产、成批生产、单件小批量生产三种生产过程类型的特点列于表1-4中。

同时要说明，玩具成品生产属于库存式生产或订货式生产，因为既有按订单生产，又有按市场预测生产;电机是通用零件,主要是发挥它的生产能力,是按库存方式生产;模具是根据新产品的开发而进行的配套生产,属于订货式生产,其特点如教材所述。

技能训练

根据【情境1.2】所述,以生产工艺特点为标准,分析成品车间、模具车间和电机分厂的生产过程特点。

要点总结

学习生产过程让我们初步了解生产过程任务范围和主要工作内容,对生产活动有一个初步的了解。学习生产过程的类型,让我们掌握不同生产类型的特点及其对企业管理的影响,为合理地选择生产组织形式、生产技术手段和生产管理方法提供帮助。

任务三　生产运作管理及发展

所谓“生产运作管理”,就是对生产系统或运作系统进行战略决策、设计、运行、控制与改进。通过这些活动过程,人力资源、物力资源、资本和信息的投入被转化成产品或服务。

导入案例

【情境1.3】　20世纪20年代开始出现了“第一次生产方式革命”,即单一品种(少品种)大批量生产方式替代手工制造单件生产方式,但随后代之的是“多品种、小批量生产方式”,即“第二次生产方式革命”。我国传统的生产管理模式,是在20世纪50年代学习苏联的基础上创立发展起来的,与单一品种(少品种)大批量生产方式相适应的,以产品为中心组织生产,使得整个经济处于投入多、产出少、消耗高、效益低的粗放型发展状态,形成生产单一产品的“大而全”“小而全”的工业生产体系。从而可以看出,我国传统的生产管理模式是“以产品为中心”组织生产,“以生产调度为中心”控制整个生产,与单一品种大批量生产方式相适应的生产管理模式。

案例分析

与现代企业的生产和运作管理相比,比对我国企业传统的生产管理模式存在着以下的一些弊端。

一、生产运作职能的地位

(一)生产运作职能是组织的三大基本职能之一

为了创造产品和提供服务,所有的组织都要发挥三种职能(见表1-7)。这些职能是:

1. 市场营销

引导新的需求,至少要获得产品和服务的订单。

2. 生产运作

创造产品和提供服务的过程。

3. 财务会计

跟踪组织运作的状况,支付账单及收取货款。

表 1-7 组织具备三种职能

组织名称	市场营销	生产运作	财务会计
快餐店	电视广告;分发宣传品;赞助儿童组织	做汉堡包、薯条;保养设备;设计新店面	向供应商付款;收取现金;支付员工工资,支付银行贷款利息
学校	邮寄招生目录、宣传学校	探索真理、传播真理	向教职工支付工资;收学费
汽车制造商	电视广告、报纸广告、赞助汽车赛等	设计汽车、制造零部件、装配汽车、发展供应商	向供应商付款:支付员工工资;作出预算;支付股息;出售股票

社会组织的这三种基本职能分别完成不同但又相互联系的活动,这些活动对组织的经营来说都是必不可少的,每项职能对组织目标的实现都起着重要作用。通常,一个组织的成功不仅依赖于各个职能发挥得如何,而且依赖于这些职能的相互协调程度。例如,除非生产部门与营销部门相互配合,否则营销部门推销的可能是那些非盈利的产品或服务,或者生产部门正在创造的是那些没有市场需求的产品和服务。同样,若无财务部门与市场部门的密切配合,当组织需要扩大规模或购买设备时,可能会因资金无着落而难以实现。

(二)生产运作职能是组织创造价值的主要环节

生产运作职能的实质是在转换过程中发生价值的增值。增值是用来反映投入成本与产出价值之间差异的一个概念。对非营利组织而言,产出(如高速公路建设、公安与消防)的价值即它们对社会的价值,其增值部分越大,说明其生产效率越高。而对营利组织来说,产出的价值由顾客愿意为该组织的产品或服务所支付的价格来衡量,企业用增值带来的收入进行研究与开发,投资于新的设施和设备,从而获取丰厚的利润。其结果是,增值越大,可用于这些方面开支的资金就越多。由于生产运作是将投入转换成产出的过程,因此组织创造价值的主要环节是生产运作,即在生产运作环节通过人们的劳动过程创造了财富,增加了价值。组织的产值、利润等预想目标也只能通过生产运作环节转变成现实。

(三)生产运作职能是组织竞争力的源泉

在市场经济条件下,组织竞争到底靠什么?虽然不同的组织有各自不同的战略,但最终都得体现在组织所提供的产品和服务上,体现在产品或服务的质量、价格和及时性上。因此,组织之间的竞争实际上是组织产品和服务之间的竞争。而组织产品或服务的竞争力在很大程度上取决于组织的生产绩效，即如何保证质量、降低成本和把握时间。从这个意义上说，生产运作职能是组织竞争力的真正源泉。

二、生产运作管理的概念、任务、目标

(一) 生产运作管理的概念

生产运作管理有狭义和广义之分。狭义的生产运作管理是指以产品基本生产过程为主要对象的管理，主要包括生产过程的组织，生产计划、生产作业计划的制订和执行及控制，以及生产调度工作等。广义的生产运作管理是指以整个企业生产系统为主要对象的管理，主要包括所有与生产运作密切相关的各方面管理工作。即从生产系统设计开始，到原材料，设备、人力、资金等资源的输入，经过生产转换系统，直到产品或服务输出为止的一系列管理工作。

综合各种表述，一般来讲，生产运作管理是指企业对生产运作系统的设计和对生产活动的计划、组织和控制等管理工作的总称。生产运作管理是企业管理的一个职能领域，它对企业提供主要产品或服务的系统进行设计、运行、评价和改进，其核心是实现价值增值。生产运作管理围绕提高价值的程度、提高价值增值效应而展开，主要包括以下内容。

1. 生产系统安排

生产系统安排是实现生产运作经营目标的手段。这部分内容包括确定生产过程的类型、服务过程的类型、生产设备布置、服务设施布置、生产时间组织、确定生产运作能力等。

2. 生产运作计划安排

生产运作计划安排指生产运作管理工作中的各种计划。这部分内容包括生产综合计划、主生产计划、作业计划、作业排序、物料需求计划等。

3. 生产管理与控制

生产管理与控制指生产运作过程中各项管理与控制活动。这部分内容包括库存控制与管理、劳动消耗管理、物资消耗管理、生产现场管理、设备管理、生产工艺管理、工作设计、质量控制、成本控制、生产进度控制等。

(二) 生产运作管理的任务

一是全面完成生产计划所规定的任务。要低成本、高质量、按时完成计划所规定的品种、数量、质量等。

二是不断提高生产运作系统的效能和效率。一方面做正确的事(效能)，即生产战略正确，生产适销对路的产品；另一方面正确地做事(效率)，高效生产产品。

三是不断提高生产运作系统的柔性(适应性)，提高产品生产的应变能力。只有这样才能使系统生产出满足不同市场需求的多种产品。

(三) 生产运作管理的目标

生产运作管理是在企业整体战略框架下的职能活动，是为提高企业竞争力的生产运作活动。因此，生产运作管理的目标是建立一个科学的生产制造系统，为企业制造有竞争力的产品，具体来说，就是高效、低耗、准时、灵活地生产合格产品或提供满意服务。产品竞争力体现在产品的质量、价格、交货期三个方面。

1. 质量

质量是指用户对产品使用价值的满意程度,既包括产品质量,也包括工作质量。质量的核心是产品性能,产品性能是指一种产品所具有的实际使用价值方面的特性。顾客最关心的指标之一就是产品性能,如汽车全速度、马力、安全性等。

2. 价格

价格是指用户为取得产品使用价值而付出的代价。人们非常关心性价比,性价比高的产品市场就好;反之,就差。在质量基本相同情况下,谁的产品价格低,谁的产品竞争力就强。

3. 交货期

交货期是指卖方将货物装上运往目的地(港)的运输工具或交付承运人的日期,习惯上也称为“装运期”。当今社会有时不是大的打败小的,而是快的打败慢的。时间就是金钱。货币具有时间价值,生产周期越短,效益越高,交货速度越快,竞争力越强。

现代研究表明,产品的质量、价格首先取决于设计阶段,然后形成于制造阶段。这些阶段的管理工作都属于生产运作管理的范围。

三、生产与运作管理的产生

工厂制度刚出现时期,经济学家亚当·斯密在 1776 年撰写的《国富论》一书中,最早注意到了生产经济学。他提出劳动分工的三个基本优点:一是重复完成单项作业会使技能或熟练程度得到发展;二是能够通常由于工作变换而损失的时间;三是当人们在一定范围内努力使作业专门化时,通常会发明出机器工具来。在工厂制度下,由于大量生产需要集中大量的人员,劳动分工作为一个具有普遍意义的方法发展起来,协作的方法是有效的。《国富论》是生产经济学发展中的一个里程碑,生产与运作管理这门学科,从完全叙述的阶段,发展到了具有一门应用科学特征的阶段。

在亚当·斯密之后,英国人查尔斯·巴贝奇扩大了斯密的观察范围,提出了许多关于生产组织和经济学方面带有启发性的观点。他的思想在 1832 年所写的《论机器和制造业的经济》一书中概述出来。巴贝奇同意亚当·斯密关于劳动分工的三个基本优点,但是他注意到亚当·斯密忽略了一个重要的优点。例如,巴贝奇引用了那个时候制针业的调查结果,专业化分工导致制针业有七个基本操作工序:拉线—直线—削尖—切断顶部—作尖—镀锡或镀白—包装。巴贝奇注意到这些不同工序工资等级所付费用是不同的,便指出,如果工厂按照每个人完成全部工序的操作来重新组织的话,就要对这些人按全部工序最难的要求或者最好的技巧来支付工资。实行劳动分工就可以按每种技巧恰好所需要的数量来雇用劳动力。因此,除了亚当·斯密提出的生产率方面的优点外,巴贝奇还认识到对技巧作出界限而作为支付报酬依据的原则。在亚当·斯密和查尔斯·巴贝奇考察之后的年代里,劳动分工继续发展,并且在 20 世纪前半叶里发展更快了。弗雷德里克·W. 泰罗为生产与运作管理的发展作出巨大的贡献,泰罗认为,科学的方法能够而且也应当应用于解决各种管理中的难题,完成工作所用的方法应当通过科学的调查研究,由企业的管理部门来决定。他列举出管理部门的四条新的职责,概述如下:

(1)研究一个人工作的各个组成部分，以替代传统的凭经验的做法；

(2)用对员工进行科学的选拔、培训和提高，代替允许员工选择自己的工作和尽他自己的能力来锻炼自己的传统做法；

(3)在员工和管理部门之间发展诚心合作的精神，以保证工作在科学的设计程序下进行；

(4)在员工和管理部门之间按几乎是均等的份额进行工作分工，各自承担最合适的工作，以代替过去员工负担绝大部分工作和责任的状况。

这四条职责使人们对管理组织有了许多的考虑，几乎是现代组织实践的基本组成部分，并在工程方法与劳动测量领域中得到了发展。泰罗还做了许多著名的开创性的实验。这些实验涉及各个领域，包括基层生产组织，工资付酬理论，以及诸如当时钢铁工业部门中常有的金属加工、生铁搬运和铲掘作业的基本步骤的制定。

在很长的一段时间里，泰罗的基本观点很少变化，他所设想的本来意义上的生产管理科学发展极为缓慢。发展缓慢的原因有很多，如还没有可以运用的、合适的知识与工具，而且必须纠正泰罗的基本观点在一段时期内的滥用情况。多年来，人们试图打破这种僵局，用单一的数字代表人们的产量或单个人机系统化产量来解决一项作业获得产量，可见这个方法不适用于这种情况。在泰罗以后的时期中，困扰着人们的另一个重大困难是：大规模问题的复杂性出现了，任何问题的所有可变因素似乎完全是相互依存的。今天，由于对统计和概率论的普遍认识并日益应用于生产，以及计算机的运用，与以往相比，现在的生产系统模型更加接近于现实了。

四、生产与运作管理的发展

生产与运作管理的发展分为四个阶段：19 世纪末以前的早期管理思想阶段；19 世纪末到 20 世纪 30 年代，以泰罗科学管理和法约尔一般管理思想为代表的古典管理思想阶段；20 世纪 30 年代到 20 世纪 40 年代中期以梅奥的人际关系理论和巴纳德的组织理论为代表的中期管理思想阶段；20 世纪 40 年代中期以后以一系列管理学派(管理科学派、行为科学派系统管理学派等)为代表的现代管理思想阶段。其中一个重大的发展就是引用了线性规划，由于计算机的发展使大规模线性规划问题的解决成为可能。计算机技术推动了生产与运作管理的发展，如生产方式的变更、自动化的实现。见表 1-8。

表 1-8 20 世纪以来运作管理发展演进的重大事件

年份(年)	概念和方法	发源地
1917	科学管理原理、标准时间研究和工作研究	美国
1931	工业心理学	美国
1927—1933	流水装配线	美国
1934	作业计划图(甘特图)	美国
1940	库存控制中的经济批量模型	美国

续表

年份(年)	概念和方法	发源地
1947	抽样检验和统计图技术在质量控制中的应用	美国
1950-1960	霍桑实验、人际关系学说	美国
	工作抽样分析	英国
	处理复杂系统问题的多种训练小组方法	英国
1970	线性规划中的单纯形解法	美国
1980	运筹学快速发展,如模拟技术、排队论、决策论、计算机技术	美国和欧洲
1990	车间计划、库存控制、工厂布置、预测和项目管理、MRP 和 MRP Ⅱ等	美国和欧洲
	JIT、TQC、工厂自动化(CIM、FMS、CAD、CAM、机器人等)	美国、日本和欧洲
	TQM 普及化、各国推行 ISO9000、流程再造(BPR)、企业资源计划(ERP),并行工程(CE)、敏捷制造(AM)、精益生产(LP)、电子商务、因特网、供应链管理	美国、日本和欧洲

导入案例解析

根据【情境 1.3】资料,任务实施如下:

1. 企业生产缺乏柔性,对市场反应能力弱;
2. 企业的“多动力源的推进方式”使库存大量增加;
3. 单一产品的“大而全”“小而全”生产结构;
4. 企业生产计划与作业计划相脱节,计划控制力弱。

技能训练

根据【情境 1.3】所述,以生产运作管理产生和发展,比对我国企业传统的生产管理模式存在着以下的一些弊端:

要点总结

学习生产运作职能让我们初步了解其包含三种职能:市场营销、生产运作、财务会计。再学习生产运作管理 概念、内容和发展演进。

课后练习

一、判断题

1. 在当今市场需求日趋多变、技术进步日新月异的环境下，企业的经营活动与生产活动之间的界限正变得越来越清晰。 ( )
2. 装配式生产车间的设备布置是按照加工的工艺顺序来布置的。 ( )
3. 单件小批量生产一般都是库存式生产。 ( )
4. 有多台设备完成相同的工序，每台设备生产能力各不相同，工序生产能力等于各台设备生产能力之和。 ( )
5. 生产过程类型相同的企业，其生产运作管理流程是一样的。 ( )
6. 加工装配式生产的生产设施集中布置，便于零件加工和产品装配集中管理，使生产管理简单化。 ( )
7. 一种生产方式就是一种具体生产方法的运用。 ( )
8. 生产分为大量生产、成批生产与单件小批量生产，这三种生产组织方式大同小异，基本相同。 ( )
9. 流程式生产又称连续型生产，自动化程度较高，对生产过程的加工工序调整后，可以生产不同类型的产品。 ( )

二、单项选择题

1. ( )是服务型的生产过程与物质生产型的生产过程的共性。

   A. 绩效都是通过顾客满意与否反映出来的

   B. 都是投入—转换—产出的过程

   C. 都是属于劳动密集型

   D. 产品都不可存储

2. 如果( )不符合要求，那么企业可能达到的产出水平将取决于生产系统中生产能力最低的那个环节，其他环节的生产能力则有剩余而得不到充分利用。

   A. 生产过程的连续性　　B. 生产过程的平行性

   C. 生产过程的比例性　　D. 生产系统的柔性

3. 按( )分类，可以把各种生产过程分为单件小批生产类型、成批生产类型、大量生产类型三种基本生产类型。

   A. 产品的形态　　B. 产品的使用特征

   C. 产品的工艺特征　　D. 生产任务重复程度和工作地专业化程度

4. ( )是指在没有接到用户的订单时按已有的标准产品或产品系列进行的生产，生产的目的是补充成品库存。

   A. 订货型组装型生产　　B. 订货型生产

   C. 订货型制造型生产　　D. 备货型生产

5. 现代造船业把船体分成若干段，分别在船体车间内制造，最后把几段制成的船体吊到船台上拼装对焊,这样可以大大缩短每条船的生产周期,提高生产能力。这体现了(　　)。

A. 生产过程的连续性　　B. 生产过程的平行性

C. 生产过程的比例性　　D. 生产系统的柔性

6. 下面哪一类不属于离散型的生产类型(　　)。

A. 水泥　　B. 汽车　　C. 家电　　D. 机床

7. 生产与作业管理的内容不包括(　　)。

A. 生产准备和组织　　B. 生产计划

C. 生产控制　　D. 生产宣传

8. (　　)类企业不是单件小批生产的典型企业。

A. 造船厂　　B. 重型机器制造厂

C. 家用空调生产厂　　D. 大型水轮机制造厂

9. (　　)不是服务运作的特点。

A. 生产率难以确定　　B. 质量标准难以确定

C. 产量减少　　D. 纯服务不能通过库存调节

10. 以产品多样化来满足顾客个性化需求,最为理想的生产形式是(　　)。

A. 大量生产　　B. 成批生产　　C. 单件生产　　D. 多品种小批量生产

三、简答题

1. 按承担任务性质划分,生产过程分为哪几个部分?
2. 合理组织生产过程的基本要求有哪些?
3. 流程式生产与加工装配式生产的特点是什么?
4. 订单式生产与库存式生产的特点是什么?
5. 大量大批生产、成批生产与单件小批量生产的特点是什么?

课堂案例

"中国制造2025"战略部署

制造业是国民经济的主体,是科技创新的主战场,是立国之本、兴国之器、强国之基。当前,全球制造业发展格局和我国经济发展环境发生重大变化,必须紧紧抓住当前难得的战略机遇,突出创新驱动,优化政策环境,发挥制度优势,实现中国制造向中国创造转变,中国速度向中国质量转变,中国产品向中国品牌转变。

《中国制造2025》提出,坚持"创新驱动、质量为先、绿色发展、结构优化、人才为本"的基本方针,坚持"市场主导、政府引导,立足当前、着眼长远,整体推进、重点突破,自主发展、开放合作"的基本原则,通过"三步走"实现制造强国的战略目标:第一步,到2025年迈入制造强国行列;第二步,到2035年我国制造业整体达到世界制造强国阵营中等水平;第三步,到新中国成立一百年时,我制造业大国地位更加巩固,综合实力进入世界制造强国前列。

围绕实现制造强国的战略目标,《中国制造2025》明确了九项战略任务和重点:一是提高国家制造业创新能力;二是推进信息化与工业化深度融合;三是强化工业基础能力;四是加强质量品牌建设;五是全面推行绿色制造;六是大力推动重点领域突破发展,聚焦新一代信息技术产业、高档数控机床和机器人、航空航天装备、海洋工程装备及高技术船舶、先进轨道交通装备、节能与新能源汽车、电力装备、农机装备、新材料、生物医药及高性能医疗器械等十大重点领域;七是深入推进制造业结构调整;八是积极发展服务型制造和生产性服务业;九是提高制造业国际化发展水平。

《中国制造2025》明确指出,要通过政府引导、整合资源,实施国家制造业创新中心建设、智能制造、工业强基、绿色制造、高端装备创新等五项重大工程,实现长期制约制造业发展的关键共性技术突破,提升我国制造业的整体竞争力。

(资料来源:中央政府网,http://www.gov.cn/xinwen/2015-05/19/content_2864538.htm)

项目二　产品开发与服务设计

学习目标

【知识目标】

1. 了解生命周期各阶段的产品研究与开发决策；
2. 熟悉新产品的概念；
3. 熟悉产品设计的程序、内容和方法；
4. 了解服务业中的新技术选择与管理。

【能力目标】

1. 能够根据产品特点了解掌握新产品开发的重要性及时机选择；
2. 能够给不同的产品，选择新产品开发方式与策略。

【素质目标】

1. 能够通过产品开发和设计，培养学生创新能力；
2. 利用技能训练激发创造力和创新性，能锻炼学生表达能力和沟通能力。

任务一　产品生命周期理论

经济发展、技术进步和需求多样化，要求企业能对不断变化的市场作出快速反应，源源不断地开发出满足用户需求的、定制的“个性化产品”去占领市场以赢得竞争，市场竞争也主要围绕新产品的竞争而展开。

【情境 2.1】　旅游是无形产品的具体表现形式。麦积山风景名胜区位于甘肃省天水市麦积区，长江、黄河两大流域分水岭穿过景区。麦积山风景名胜区规划面积 215 平方千米，全景区包括麦积山石窟、仙人崖、石门、曲溪四大景区和一个古镇街亭温泉景区。

麦积山石窟与敦煌莫高窟，龙门石窟、云冈石窟并列为中国四大石窟之一，是景区内的核心景点。从景区门口至石窟路程约 3 千米，走路大概半小时，可以选择乘坐区间车。麦积山石窟大致可以分为突出墙面的高浮塑、离开墙面的圆塑、粘贴在墙面上的模制影塑和壁塑四类，其中数以千计与真人大小相仿的圆塑，栩栩如生，被视为珍品。

仙人崖距麦积山石窟约 15 千米，由三崖、五峰、六寺所组成。仙人崖三崖中有十余座殿宇，里面有唐、宋、明、清各代佛像 100 多尊，艺术价值非常高。其中“仙人送灯”“净土松涛”“仙水湖光”“十八罗汉朝玉帝”是该景区的特色看点。

案例分析

根据旅游产品经济生命周期，旅游经营者研究旅游产品生命周期有利于认清其规律并据此制定不同的营销组合以适应旅游市场要求。

1. 处于经济生命周期不同阶段的旅游产品会呈现出不同的特点，这些特点大致可从市场认知程度、旅游者类型、竞争者数量、销售金额产品、成本、利润水平、产品质量等几个方面进行判断。

2. 根据不同的特点，旅游企业在成本策略、质量策略、渠道策略、价格策略、沟通与促销策略方面也应有所不同，每个阶段的营销工作也应有所侧重。

一、产品生命周期的概念及特征

产品生命周期是指从产品研制成功投放市场开始，一直到最后被淘汰退出市场为止所经历的时间。产品生命周期大致分为导入期、成长期、成熟期和衰退期四个阶段，如图 2-1 所示。

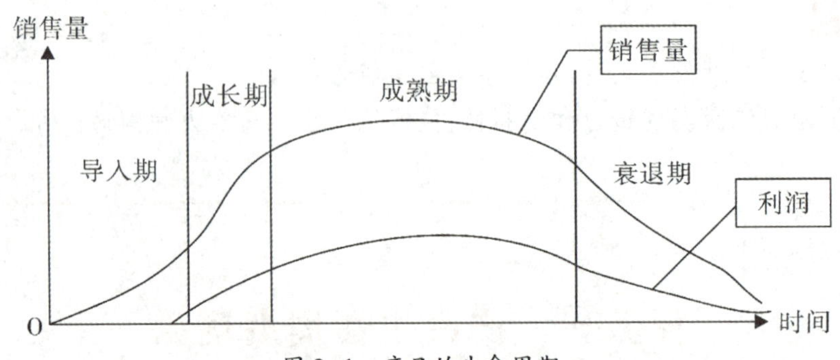

图 2-1　产品的生命周期

导入期是企业新产品刚刚进入市场的时期，此时期用户对产品不太了解，销售量小而且增长缓慢，销售收入不足以弥补生产成本和销售费用，通常不能提供利润。这一阶段要求企业采取增加广告宣传、改善工艺、提高生产效率、降低成本、稳定和提高产品质量等措施，使产品尽快进入成长期。

成长期是指产品被消费者接受，销售量迅速增长的阶段。这时产品的产销量大幅度上升，成本下降，利润迅速增长。这一阶段企业要进一步采取措施，提高生产效率，降低成本，稳定和提高质量，促进产量高速增长并进入成熟期。在正常情况下，这一阶段的销售增长率可达 10%以上。

成熟期是产品的主要销售阶段。这时产品已经享有盛誉，占有一定市场，企业为开发新产品和营销所支付的投资已经全部收回，产品所提供的利润也达到了最高水平。但与此同时，竞争者会加入进来，使竞争逐渐加剧，令产品进入衰退期。因此，要注意对产品进行改进，发展新产品以延长成熟期，否则会因产品不能适应市场需求而销售量锐减，直至被市场淘汰，退出市场。因此，这时要果断抉择，作出是用改型产品取代原产品，还是退出原有市场，开发新产品，进入其他市场的决策。

二、生命周期各阶段的产品研究与开发决策

新产品的开发和产品生命周期有着密切的关系。在产品生命周期的各阶段，产品研究与开发的内容、重点及数量都有不同变化。

（一）导入期

在产品导入期，市场需求与有关技术尚不明确，产品研究与开发着重于改进产品的功能和特征，从多种多样的产品创新型号中筛选出性能最好、最具竞争力的型号。经过不断的评价和改进，确定产品的基型设计。基型设计是产品引入阶段中一项非常重大的工作，它可使产品具有创新的性质。在组织方面，不求规模大，需要的是生机勃勃、富有创业精神的、灵活的组织形式。

（二）成长期

在产品成长期，产品的标准化和工艺的合理化是该阶段的标志。从技术创新的角度来看，这是从产品创新向工艺创新过渡的阶段。由于产品性能和结构已逐渐趋向定型化，有可能在工艺方面进行创新和改进。另外，市场上同类产品的竞争已从性能方面转向价格方面。因此，必须在工艺与生产组织方面为降低成本而创造良好的条件。在这一阶段，产品研究与开发工作的重要性大大提高。

由于风险较前一阶段小，因此这一时期只要决定了企业的核心技术和明确了市场的需求，便可增大产品研究与开发的投资力度，大量开展应用研究与技术开发工作。但是，为了长远的技术发展与储备的需要，在基础研究上也应该保证一定的力量。在组织上，特别要求那些同市场、产品研究与开发、规划及生产有关的职能部门之间加强合作与协调。导入期营销策略如下：

1. 快速撇脂策略

以高价格、高促销费用推出新产品。实行高价策略可在每单位销售额中获取最大利润，尽快收回投资；高促销费用能够快速建立知名度，占领市场。实施这一策略须具备以下条件：产品有较大的需求潜力；目标顾客求新心理强，急于购买新产品；企业面临潜在竞争者的威胁，需要及早树立品牌形象。一般而言，在产品引入阶段，只要新产品比替代的产品有明显的优势，市场对其价格就不会那么计较。

2. 缓慢撇脂策略

以高价格、低促销费用推出新产品，目的是以尽可能低的费用开支求得更多的利润。实施这一策略的条件是：市场规模较小；产品已有一定的知名度；目标顾客愿意支付高价；潜在竞争的威胁不大。

3. 快速渗透策略

以低价格、高促销费用推出新产品。目的在于先发制人，以最快的速度打入市场，取得

尽可能大的市场占有率。然后再随着销量和产量的扩大,使单位成本降低,取得规模效益。实施这一策略的条件是:该产品市场容量相当大;潜在消费者对产品不了解,且对价格十分敏感;潜在竞争较为激烈;产品的单位制造成本可随生产规模和销售量的扩大迅速降低。

4. 缓慢渗透策略

以低价格、低促销费用推出新产品。低价可扩大销售,低促销费用可降低营销成本,增加利润。这种策略的适用条件是:市场容量很大;市场上该产品的知名度较高;市场对价格十分敏感;存在某些潜在的竞争者,但威胁不大。

(三)成熟期

在产品成熟期,产品创新和工艺创新都已减少而趋于稳定,产品结构和工艺上的相互依赖性进一步增强,一种产品结构的改进往往要大量增加工艺改革费用。这时,产品研究与开发工作集中在技术服务和工艺改进方面。在组织方面,强调组织的稳定,各职能部门之间的矛盾已相应减少。

(四)衰退期

在产品衰退期,随着科学技术的发展,新产品或新的代用品出现,将使顾客的消费习惯发生改变,转向其他产品,从而使原来产品的销售额和利润额迅速下降。

从以上分析可以看出,在整个产品生命周期中,产品创新和工艺创新在有规律地变化。要使产品创新和工艺创新能有计划地进行,企业必须在产品生命周期的各阶段进行相应的组织调整与改革,按照产品生命周期的不同阶段制定产品研究与开发策略。

导入案例解析

根据【情境2.1】资料,任务分析如下:

1. 导入期

麦积山具有得天独厚的旅游资源,由麦积山石窟、仙人崖、石门、曲溪、街亭温泉五个子景区180多个风景点组成,景区内动植物物种丰富多样,地质地貌、气候典型独特,石窟文化保存完好。这样的麦积山旅游开发股份有限公司投入大量资金开设多个旅游区甚至投入酒店建设,这样便于更早投入上市。采用缓慢渗透策略。麦积山旅游市场作为一个旅游产品,虽然前期开发投入较多,但市场发展潜力大,同时拥有一定的市场知名度,以低价格、低宣传既可节约成本也可扩大市场知名度,前期投入的成本会在日后的营业中收回,重要的是旅游景点的后期投入极少,可以说是一次投入多次甚至无限次重复使用。

2. 成长期

麦积山石窟应努力提高产品质量,增加产品特色,提高知名度,同时明确真正的目标市场,努力扩大市场占有率,挖掘潜在石窟旅游市场。

3. 成熟期

麦积山旅游在此期间应集中提高服务水平,并根据市场需求设计和生产能够满足旅游者需求的新景点,开创新市场,在价格方面应实行优惠,运用多种定价技巧以保持原有市场和吸引新的细分市场。总之,在景点成熟期的经营重点应放在保护市场面和开拓新市场上,用产品和价格的差异来吸引顾客。

4. 衰退期

这时应该采用收缩和创新策略。麦积山景区一方面应把促销的重点放在有利润的产品(门票、特色工艺)上,价格上要么保持原价或降低价格,这样可以争取到游客,以便阻止销量的大幅下降;另一方面,积极发展新产品,有步骤地撤退老景点,使新景点顺利接替,最大限度地减少企业损失,使企业保持良好的经营状态。

技能训练

根据【情境 2.1】所述,以产品生命周期,分析旅游产品各阶段特点。

要点总结

掌握研究产品生命周期的发展变化,可使企业掌握各种产品的市场地位和竞争动态,分析产品处于什么时期具有什么特征,便于制定产品策略,对增强企业竞争能力和应变能力有重要意义。

任务二　新产品开发与设计

产品开发与工艺选择是在企业经营战略指导下进行的。产品开发工作需要根据市场需求对产品系列、产品功能、质量特性、产品的成本和产品发展的步骤等作出决策。企业为了适应顾客的个性化需求和市场的多变性,必须加强产品开发和产品生产过程的设计与优化工作。

导入案例

【情境 2.2】 2019 年 2 月 24 日晚,在 MWC2019 华为终端全球发布会上,华为正式发布 HUAWEI Mate X。华为 Mate X 是华为公司研发的 5G 折叠屏手机,采用可折叠全面屏设计,屏幕 6.6 英寸,搭载麒麟 980 处理器,配置 8GB 运行内存,后置三摄像头。这个是全球首个 5G 手机,承载着最新的 5G 网络通信技术,将 5G 带入人们的视野。

案例分析

试述新产品 HUAWEI Mate X 开发流程。

1. 从概念阶段开始,概念阶段是接收到了市场的需求,或是承接了来自公司的 HUAWEI Mate X 产品规划,将接收到的输入需求转化成产品的概念。

2. 计划阶段,计划阶段要解决 HUAWEI Mate X 三个问题:时间计划、成本计划、执行的工作分解的具体计划。

3. 开发阶段,HUAWEI Mate X 按照计划阶段的产出来协作,计划阶段产出了产品开发方案和计划。开发阶段就按照通过所有团队一致认可的方案和计划来协同合作。并且根据这个基准分别进入各自的领域实施开发工作。

4. 发布阶段,当产品验证通过后,产品就可以发布了,这个阶段也尤为重要。常常看到很多产品有发布的动作,但是没有发布管理的过程,导致发布过程引入了很多不必要的问题。

一、新产品的开发管理

(一)新产品的概念

新产品是指与老产品相比,在产品结构、性能、材质等方面(或仅一方面)具有新的改进的产品。新产品是一个相对的概念,在不同的时间、地点和条件下具有不同的含义。为了加强对新产品的管理,我国政府根据管理上的需要,对新产品的条件、范围作了相应的规定。作为新产品必须同时满足以下四个条件:①产品在结构、性能、材质和技术特征等某一方面或几方面比老产品有显著改进和提高,或有独创的;②具有先进性、实用性,能提高经济效益,有推广价值的;③在一个省、自治区、直辖市范围内第一次试制成功的;④经过有关部门鉴定确认的产品。产品的结构、性能没有改变,而只是在花色、外观、表面装饰、包装装潢等方面有改进提高的,不能算作新产品。

(二)新产品开发的方向

新产品的开发要从适应国民经济发展和提高人民生活水平的需要出发,在把握科学技术发展趋势的基础上,努力做到市场上需要,技术上适宜,生产上可行,经济上合理,时间上及时。企业不论采用何种方式开发新产品,都要把握住新产品开发的方向。具体来说,新产品开发有如下可供选择的方向:

(1)多能化,是指提高产品的性能,增加产品的功能,由单功能发展成为多功能,达到一物多用,一机多能。

(2)高能化,是指开发性能高的,即高效率,高精度的产品。

(3)小型化,是指要开发小巧轻便的,即体积、重量比同类产品小(轻)的产品。

(4)简化,是指要开发在结构等方面简化的产品。减少产品基型、系列,对于生产产品品种过多的企业,也应通过新产品开发加以简化。

(5)多样化,是指要开发多品种、型号的产品,以满足多方面的需要。

(6)标准化,是指产品的结构、零件要实行标准化,以减少专用件的种数,加速产品的设计和发展。

(7)节能化,是指要开发节能的新产品。

(8)美化,是指产品设计要注意美化,外形要美观大方,色调要柔和,款式要新颖。

(9)环保化,是指产品符合环保的要求。

这“九化”是新产品开发的方向,企业要根据自己的条件,选择某“一化”或“几化”作为方向,制订出有阶段目标、长远要求的新产品开发规划,以指导行动。

(三)新产品开发的程序

产品开发程序,是指从新产品的总体设想、调查研究、设计、工艺、试制、鉴定到正式投产销售所经历的阶段和步骤。如图 2-2 所示。

由于新产品的种类,行业差别和企业生产类型等不同,尤其是所选的新产品开发的方式不同,新产品开发程序不可能完全一样,但一般来说新产品开发可归纳为四个阶段:

1. 调查研究和前期开发阶段

这一阶段的主要任务是进行新产品开发决策,其工作内容主要有:产品开发创意、调查和预测、提出方案和方案的评价选择、编制新产品开发技术建议书。

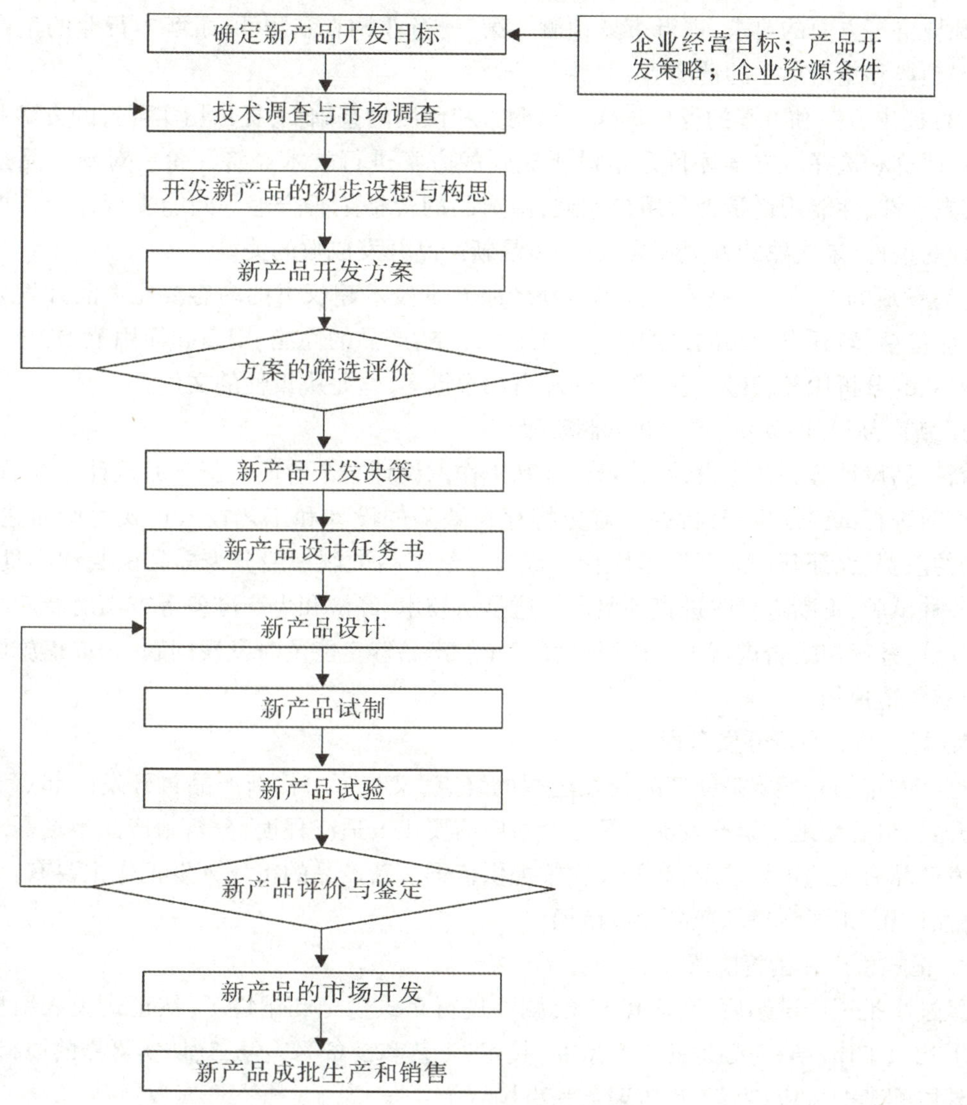

图 2-2　新产品开发程序图

(1)产品开发创意。产品开发创意是企业根据市场需求和本身条件,在一定范围内首次提出发展新产品的设想或构思。创意是新产品诞生的开始,如方便面,就是源于“开水一冲可食用”的创意设想开发而来的。新产品要新,就必须有打破常规的创意,创意的过程实质就是创造性思维的过程。企业新产品构思创意主要来自两个方面:第一,企业的外部来源:政府、学校、科研部门、专利机构、竞争者和顾客。第二,企业的内部来源:内部的企业员工、干部、技术人员、管理人员、财务人员和推销人员等。

(2)调查和预测。企业在收集了各种创意后,通过去粗取精从多个创意中选择出具有开发价值的产品。为此必须进行调查和预测,它包括以下三个方面内容:第一,技术调查和预测,即了解产品的技术发展状况,本企业达到的水平,国内和国际先进水平以及预测技术发展趋势。第二,市场调查和预测,即了解对老产品的改进意见和对新产品品种、质量、数量、价格和规格等方面的要求,进行市场预测。第三,行业调查和预测,了解本行业的生产现状与发展趋势和竞争对手的情况等。

(3)提出方案和方案的评价选择。在调查和预测的基础上,提出切实可行的方案并对方案进行评价和选择。方案评价是指对所提到的方案进行技术经济评价。对新产品是否可行,其先进性、性能用途是否为用户欢迎,新产品的价格是否合理等问题进行评价。把一些不合理的条件、未成熟的方案筛去,这一步是新产品开发成败的关键。

(4)编制新产品开发技术建议书。新产品开发技术建议书的内容要比产品开发方案具体,它应包括:新开发产品的结构、特征和技术规格,产品的性能、用途和使用范围,与国内外同类产品的分析比较,开发这一产品的理由和根据等,这是决策性的文件。

2. 新产品设计、评价、鉴定和试制阶段

新产品设计分为初步设计、技术设计和工作图设计三个阶段。新产品设计出来后,在正式生产前进行试验性生产,目的是避免将存在缺陷的设计和工艺投入正式生产而造成人、财、物的浪费,保证新产品开发尽快获得成功。新产品试制一般分为样品试制和小批试制。通过各种试验,不断进行改进直到鉴定。这是从技术、经济和生产准备等方面对新产品作出全面评价,并确定是否进行下一阶段开发工作。产品鉴定能及时发现问题,采取措施解决问题,以避免造成损失。

3. 新产品的市场开发阶段

产品的市场开发既是新产品开发进程的终点,又是下一代新产品再开发的起点。通过市场开发,可确切地了解开发的产品是否适应需要以及适应程度,分析新产品市场需求情况及开发产品有关的市场情况,为开发决策提供依据。新产品的市场开发工作主要有:市场分析、样品试用、市场试销和产品投放市场。

4. 正式生产和销售阶段

经过小批试产试销后,确认有市场,就可进行正式生产和销售了,在正式投入销售前要做以下几项工作:第一,必备的生产条件(技术、工艺和设备等);第二,切实可靠的原材料、动力和外协配套的供应;第三,销售渠道和市场。

(四)新产品开发的组织计划管理

强有力的组织领导是新产品开发的保证。

1. 产品设计的组织形式

(1)单线式。它是按产品成立设计组,在一名主任设计师领导下负责全部设计工作,并参与试制、试验活动。

(2)复线式。这种组织形式是把新产品设计分成两类:一类是独立开发性,另一类是一般性,分别组织设计组进行设计。

(3)矩阵式。这种组织形式是既按产品设置综合设计组,又按不同专业设有很多专业设计组,每个专业设计组都要承担不同产品的相同或相似的设计任务。

(4)项目中心式。这种组织形式是按新产品开发项目将车间(分厂)里的设计、工艺和试验等有关人员都集中起来,与企业产品设计人员一起组成开发中心。

一个企业采取哪种产品设计组织形式,要依开发的新产品多少、复杂程度以及设计人员的素质等而定。新产品开发涉及很多部门,是一个复杂的延续过程,有的产品开发过程要延续多年。因此,企业需要制订新产品开发计划,用计划把开发活动从空间和时间上协调起来,以取得预期成效。

2. 新产品开发计划的主要工作内容

(1)搜集资料。包括:国家有关技术政策和法令等;计划期内市场对新产品的需求情况、销售价格和功能要求等方面的预测分析资料;企业内部人力、物力、财力和技术状况分析资料;材料、设备和协作配套件等的供应前景分析资料;国内外同行业技术、产品发展动向等的分析资料等。

(2)制订目标。制定新产品开发的计划目标,企业预定计划期内新产品开发应当达到的目标,它包括:①产品目标,即在计划期内要研制成功多少,试制多少,预研多少,以及这些产品要达到的技术水平等;②销售目标,即在计划期内要有多少种新产品投入市场,要达到多大销售量;③利润目标,即在计划期内要从新产品开发中获得多少收益等。

(3)提出措施。实现计划目标需要增加多少设计、生产和销售人员;需要增添多少设备、仪器和其他物质条件;需要多少资金等,以及解决它们的途径和办法。

(4)开发方式。在计划中要规定出新产品开发方法,即在开发方式上是采取技术引进、引进和自行研制相结合,还是独立研制;在组织形式方面是与外单位联合开发,还是本企业独立开发;在开发手段上,所需仪器设备是自制,还是外购,等等。

(5)安排进度。按产品安排各开发阶段的日程进度,以及围绕着新产品开发进度对其他工作的进度要求。

(6)明确责任。每个待开发的产品,在产品开发中将进行的每项独立工作,每项重要措施,都要确定出负责单位和个人。

二、新产品开发策略

新产品开发策略就是把有限的资源有效地运用到最适宜的产品上去,以求得最佳经济效益。开发产品要消耗和占用企业资源。产品生产出来后投放市场,各种资源可以用于不同的产品,各种产品亦可投入不同的目标市场。把资源、产品和市场组合起来,就形成一系列产品发展策略,企业管理部门的任务,是从多种产品发展策略中作出最佳决策。

(一)产品线策略

一个企业生产具有相同的使用性能但规格不同的一组产品,构成一条产品线。一条产品线包含的同类产品数目称为产品线的深度,一个企业拥有产品线的数目称为产品线的宽度。产品线的深度与宽度构成企业产品的组合。产品组合又称为产品线的组合,从纵向分为产品线的宽度;从横向分为产品的深度,如图 2-3 所示。

由于科学技术的进步和商品生产的高度发展,以及社会需求的多样化,企业需科学地分析影响产品结构的因素,采取相应的策略。影响企业组成何种产品结构的因素有:①社会需要及企业经营环境的相对稳定;②竞争对手及企业实力的对比;③资源条件、资金筹集及盈利大小的分析。

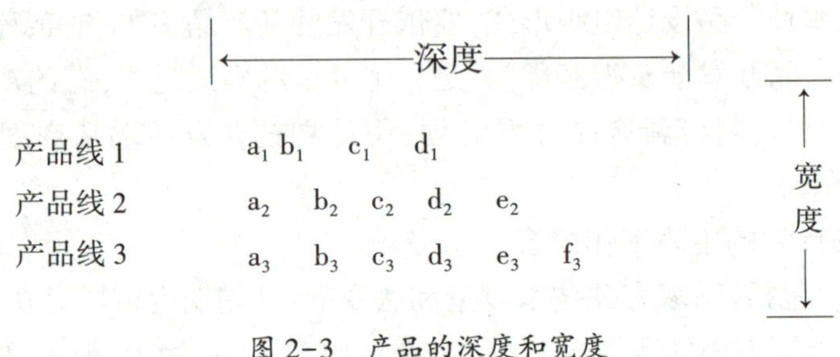

图 2-3 产品的深度和宽度

产品线策略分为产品线宽度策略和产品线深度策略。

1. 产品线宽度策略

产品线宽度策略分为产品线扩充策略和产品线简化策略。产品线的扩充策略是指增加产品线;产品线简化策略是减少产品的种类,而放弃一些疲软的产品。

2. 产品线深度策略

产品线深度策略分为向上延伸、向下延伸和上下延伸三种策略。向上延伸策略是指原来生产的是中、低档产品,现在发展成也生产高档产品;向下延伸策略是原来生产高档产品,现在发展成也生产中、低档产品;上下延伸策略,是指原来生产中档产品,现在发展成也生产高档和低档产品。

(二)新产品的价格策略

1. 质量定价组合策略

质量定价组合策略即综合考虑产品质量与价格的关系,分别制定不同的价格策略。见表 2-1。

表 2-1 质量定价组合策略表

策略 / 价格 / 质量	高	中	低
高	优质优价	渗透	倾销
中	高价投放	常规	进占
低	侥幸	试探	常规

2. 价格促销组合策略

产品在导入期,可以采用以下不同的价格与促销组合策略。如图 2-4 所示。

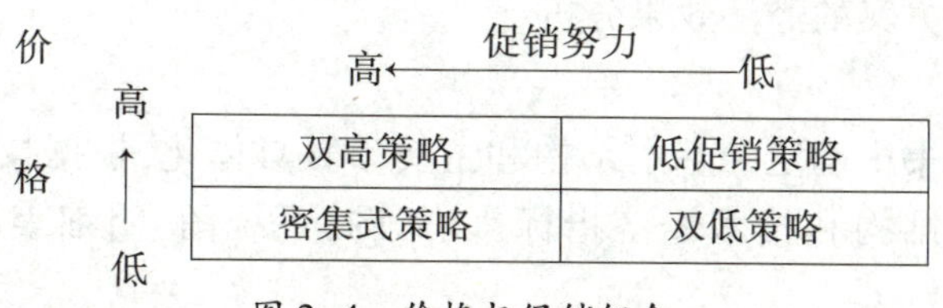

双高策略	低促销策略
密集式策略	双低策略

图 2-4 价格与促销组合

(三)提高竞争力的策略

在市场经济条件下，影响产品竞争力的因素包括产品品种、质量、交货期、价格和服务等。这些因素构成一个统一的有机整体，并表现为动态平衡。如图 2-5 所示。

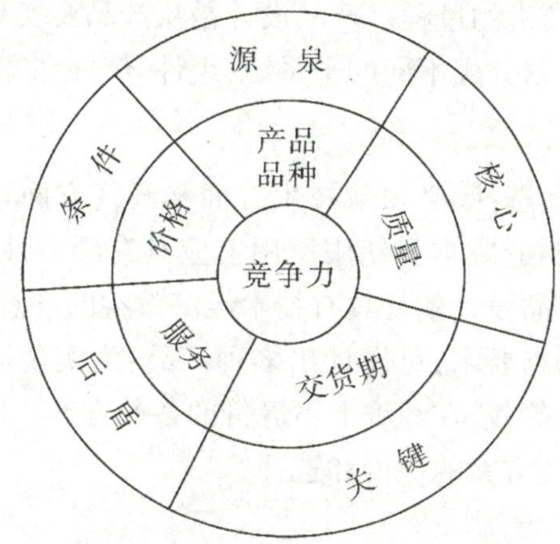

图 2-5 产品竞争因素

为了提高新产品的竞争能力，企业可采用以下策略：

(1)抢先策略，指企业开发新产品，要在其他企业还未开发成功，或还未投入市场前抢先开发、抢先投入市场，使企业的某些产品处于领先地位。

(2)紧跟策略，指企业发现市场上竞争力量强的产品，或者发现刚露脸的畅销产品，就不失时机地进行仿制，并迅速地将仿制的新产品投放市场。

(3)最低成本策略，指企业大力降低新产品成本，使新产品的价格具有竞争力。

(4)周到服务策略。指加强新产品的售前和售后服务，提高产品的竞争力。

三、产品设计过程

产品设计过程指包括从明确设计任务开始，到确定产品的具体结构为止的一系列活动。无论是新产品开发、老产品改进，还是外来产品的仿制、顾客产品定制，产品设计始终是企业生产活动中的重要环节。设计阶段决定了产品的性能、质量和成本。因此，产品的设计阶段决定了产品的前途和命运，一旦设计出了错误或设计不合理，将导致产品的先天不足，工艺和生产上的一切努力都将无济于事。为了保证设计质量，缩短设计周期，降低设计费用，产品设计必须遵循科学的设计程序。产品设计一般分为总体设计、技术设计和工作图设计三个阶段。

(一)总体设计

通过市场需求分析，确定产品的性能、设计原则和技术参数，概略计算产品的技术经济指标和进行产品设计方案的经济效果分析。

(二)技术设计

将技术设计任务书中确定的基本结构和主要参数具体化,根据技术任务书所规定的原则,进一步确定产品结构和技术经济指标,以总图、系统图、明细表和说明书等形式表现出来。

(三)工作图设计

根据技术设计阶段确定的结构布置和主要尺寸,进一步作结构的细节设计,逐步修改和完善,绘制全套工作图样,编制必要的技术文件,为产品制造和装配提供确定的依据。

产品设计是一个递阶、渐进的过程。产品设计是从产品要实现的总体功能出发,系统构思产品方案,然后逐步细化,划分成不同的子系统、组件、部件和零件,最后确定设计参数。

四、产品设计原则和经济效益评价

对产品设计方案的评价、选择,必须从技术方面和经济方面来衡量,即产品在功能和质量上应具备有效的技术,在制造成本和使用费用上应具有经济性。能满足预定的技术要求和达到期望的经济要求的产品设计就是具有技术经济效益的满意设计。

为了满足同一使用目的与要求,可设计出多种产品;为实现同一功能,可设计出多种结构。由此可以获得在技术上等效、在经济上不等价的各种方案。因此,要通过对设计方案的技术经济效益分析,进行最佳方案的评价和选择。

(一)产品设计和选择的原则

选择一个真正能为企业带来效益的产品并不容易,关键看产品设计人员是否真正具备市场经济的头脑。一方面,新技术的不断出现对新产品的形成有重要影响;而另一方面,则主要看企业是否真正把用户放在第一位。产品设计和选择应该遵循以下几条原则:

(1)必须贯彻国家的技术经济政策;

(2)设计用户需要的产品(或服务);

(3)设计出制造性强的产品;

(4)设计绿色产品。

(二)技术经济效益分析的指标体系

产品设计的效果可以用数量指标和质量指标来衡量。产品设计的数量指标主要是指产品的上市时间、生产效率、材料利用率和能源消耗等指标;产品设计的质量指标,主要是指产品满足社会需要的程度,对劳动条件和环保的影响、安全指标等。

导入案例解析

根据【情境 2.2】资料,任务实施如下:

1. 华为折叠手机的创新却皆始自 2006 年的一件实用新型,实现新产品概念设计。

2. 2016 年,一种华为手机折叠功能的技术方案在 2016 年的申请中国专利上,完成初步设计。

3. 2019 年,正式投入生产销售。

技能训练

根据【情境 2.2】所述，以 HUAWEI Mate X 新产品开发，了解新产品开发流程。

要点总结

新产品开发工作需要根据市场需求对产品系列、产品功能、质量特性、产品的成本和产品发展的步骤等作出决策。企业为了适应顾客的个性化需求和市场的多变性，必须加强产品开发和产品生产过程的设计与优化工作。企业产品开发对生产成本的影响、生产流程的种类和特点、影响生产流程设计和决策的主要因素等问题。

任务三 服务设计

服务业是一个涵盖面极广的概念，金融业、房地产业、邮电通信、广播电视、交通运输、零售业、律师咨询业、娱乐业、医疗保健、文化教育等都可以归入服务业。从制造效用的角度看，服务业的服务过程与制造业的制造过程没有什么差别，只是服务项目的外部表现形态差异较大。但是，服务业也有自己的产品，有自己的生产工艺。由于其产品与工艺的特殊性，使服务业的管理也具有某些特殊性。

导入案例

【情境 2.3】 调查发现，在屈臣氏的口腔护理区，人们平均会停留 3 分 3 秒，然后什么都不买就走了。为什么他们会花这么多时间来找一支牙膏呢？又该如何通过设计创新，来解决这一问题呢？

案例分析

经过采访用户，设计团队提炼了两种不同的用户类型出来。

1. 用户知道自己要哪款牙膏，但是由于品类繁多，他们往往会花大量时间去找。

2. 用户没有明确的购买目标，但他们想找到质量有保障的，并且具有某种功能的牙膏。

他们的共同点都是，无法在短时间内快速找到自己那支“命中注定”的牙膏。

一、服务业的产品与服务过程分类

服务业的产品与制造业相比有明显的不同之处，制造业的产品是可见的、可储存的，而服务业的产品一般是不可见的、不可储存的，并且服务业产品的制造过程与消费过程常常是合二为一的。例如，银行的存款业务与贷款业务可理解为银行业的两大产品系列，存款业务中的企业存款与居民存款是两个产品品种，不同存期的存款业务则是不同规格的产品；保险公司以各种险种作为自己的产品；电视台以各档专栏节目作为产品，每天不同的播放内容是产品的具体表现形式，电视台播放电视节目是服务过程，而与此同时人们收看节目是消费过程；航空公司的航班被认为是产品，航空公司执行某个飞行航班是服务过程，同时也是乘客的消费过程。我们可以自行分析所熟悉的服务业产品、服务过程和消费过程。

服务行业是以服务内容来分类的,这在统计国民经济数据时是有用的;但是从管理的角度看,由于这种分类忽视了服务过程的特点,因此是不恰当的。制造业可按照制造过程的特点,如加工的连续性、加工的重复性来分类。服务业也可以按照某种特点来分,这就是与顾客的接触程度。所谓“接触程度”,可以粗略地定义为在整个服务时间中顾客在服务系统中所停留的时间,这是一个重要参数,对管理活动影响很大。一般来说,接触程度越高,相互间的影响也越大,越会影响服务所需要的时间和顾客对服务质量的接受程度,因此对系统的控制越难。

总之,服务业的产品就是我们平时所理解的服务项目,不管是称作“项目”还是“产品”,都是同一个事物,这就要求服务企业像制造业那样主动地推销自己的产品。在制造业中已形成了一套完整的市场营销理论与方法,服务业完全可以从中吸取大量的知识。服务业的服务过程与制造业的加工过程有很大的差别,制造业中顾客不参与加工过程,却必须在服务过程中接受服务,是服务对象,处于服务系统的中心地位。如何直接使顾客对服务感到满意,是服务业管理的核心问题。

二、服务业产品开发

(一)服务业产品开发的意义

服务业企业开发新产品的意义与制造业是相同的,既是为了保持自己的竞争优势,也是为了扩大市场份额或开拓新的经营领域,寻找新的经济增长点。下面用我国的国债市场为例来说明这个道理:刚开始发行国债时,国债市场是不存在的,发放国库券是通过行政渠道摊派下去。由于没有国债市场,国库券无法流通,因此自发地产生出了非正式的流通渠道,这不利于对国库券的管理。当有了国债市场后,国库券可以上市流通,非正式渠道就自然被堵住了。开始时,国债市场的交易规模十分有限,后开发出了期货交易,使国债市场的规模迅速扩大,市场十分活跃,后来又开发了回购交易,进一步增大了市场交易量。许多服务业企业的迅速发展与不断开发出切合市场需求的产品有密切的关系。

服务业的产品开发与制造业又有许多不同。服务业的产品开发投资少、风险小,开发的主要方式是依靠人的创造性思维。服务业以手工操作为主,所以开发一个新产品一般不涉及或较少涉及设备投资问题,这与制造业不同,是服务业开发产品的优势。因此,服务业完全有理由将产品开发搞得比制造业更活跃。需要注意的是,服务业开发产品也必须贴近市场,为满足市场需求而设计新的产品。

由于服务性质的千变万化,所以很难对服务产品的开发和管理做一般性的描述。然而,必须充分认识服务环境的独特性,这对于理解服务需求的内容、进行服务产品开发是十分重要的。

(二)服务包

服务包是指在某种环境下提供的一系列产品和服务的组合,该组合有以下四个方面:

(1)支持性设备,是指提供服务前必须提供的物质资源,如高尔夫球场、滑雪场的缆车、医院和飞机等。

（2）辅助物品，即顾客购买和消费的物质产品，或是顾客自备的物品，如高尔夫球棒、滑雪板、食物、更换的汽车零件、法律文件及医疗设备。

（3）显性服务，即那些可以用感官察觉到的和构成服务基本或本质特性的利益，如补牙后没有感觉到疼痛、经过修理后的汽车能平稳行驶、消防部门作出反应的时间等。

（4）隐性服务，即顾客能模糊感到服务带来的精神上的收获或服务的非本质特性，如院校学位的身份象征、贷款机构的保密性、无忧汽车维修等。

所有这些特性都要为顾客所经历，并形成他们对服务的感知。更重要的是，服务企业要为顾客提供与他们所期望的服务包一致的整个经历。以廉价旅馆为例，支持性设施是一幢混凝土大楼，有简单的家具；辅助物品减少到了最低限度，仅有肥皂和纸；显性服务为干净房间里的一张舒适的床；隐性服务可能是有一位和蔼可亲的前台服务员及一个安全的、照明良好的停车场。偏离这个服务包（如增加旅馆服务生）将会破坏"廉价旅馆"的概念。

可以按辅助物品的重要程度来划分服务包，其中有纯服务到各种程度的混合型服务。例如，没有任何辅助物品的心理咨询可以视为纯服务，混合型服务中的汽车维修比理发需要更多的辅助物品。

在服务业中，应该对投入和资源进行区分。对于服务业来说，投入是顾客本身，资源是服务企业可以调用的辅助物品、劳动力和资本。因此，服务系统的运转有赖于系统与作为服务过程参与者的顾客的交互。由于顾客通常是凭自己的判断上门来的，而且他们对服务系统有着独特的需求，因此如何将服务能力与需求相匹配也是一个挑战。

对某些服务业（如银行）来说，服务的重点是信息处理而不是人。在这种情形下，信息技术（如电脑转账）可以替代实物的工资支票存款。这样顾客就没有必要亲自到银行了。在这里需要指出的是，服务的许多特性（如顾客参与和易逝性）往往是相互联系的。

三、服务业中的加工工艺

在制造业中，工艺是指加工产品所使用的特定方法，是一项非常重要的技术工作。按此定义，服务业的服务方法就可以理解为服务业的工艺，它对企业的服务质量、经营效果同样十分重要。

以零售业为例，最初的零售方式是店铺销售，铺面需要装修，需要布置柜台、货架等，

由营业员一对一地为顾客服务，这种营业方式效率比较低，经营成本高。后来发展出了多种营业方式，如连锁超市、仓储式销售、无店铺销售等，这些方式都具有明显的成本优势。这些优势来自服务方式的下列简化：

（1）店铺装潢简单，甚至没有店铺，节省了开支。

（2）货位与仓库合二为一，营业面积得到了充分利用。

（3）顾客自己取货运货，参与了服务过程，省下了营业员的劳动，这样就促进了这些新型零售企业的迅速发展。

特别是连锁超市，通过采取配送中心统一送货、结算中心统一结账、统一服务标准等措施，降低了成本，提高了服务质量，竞争优势十分明显，许多这类企业都发展成了规模巨大的集团公司，如美国的沃尔玛公司一年营业额达 200 多亿美元。中国的超市公司目前规模虽

然还不大,但有的营业额已接近10亿元,发展势头十分强劲。

服务业是劳动密集型行业,手工作业是服务业的主要加工手段。除了个别行业,如医疗、通信等行业的服务方式得到了高科技的支持,使企业与消费者得益外,大多数行业很少能分享科学技术带来的好处。随着信息技术的发展,为服务业使用新技术创造了良好的条件,如航空公司的售票网络、金融业的信用卡都得益于信息技术的支持,大大改变了服务方式,更方便了顾客。在我国的大多数服务行业中,科技人员占就业人员的比例是很低的,这不利于应用新技术,创造新工艺。科技在服务中存在着广阔的应用天地,大胆引进科技人才,积极采用高新技术,改变单纯使用手工作业的服务方式,能够提高企业的劳动生产率和竞争力。

导入案例解析

根据【情境2.3】资料,任务实施如下:

设计团队把牙膏分类放在重力自动装货箱里,并且放置了一个电子屏幕在口腔护理区,就像网购一样,人们可以快速在屏幕上找到自己想要的牙膏,按下确认键后,对应的货箱就会亮灯,人们便可以立马拿到自己想要的牙膏。

这个解决结果结合了线上线下购物的优势,让人们可以快速找到并且立即拿到自己想要的产品。

技能训练

根据【情境2.3】所述,以服务设计为出发点,判断解决服务设计问题。

要点总结

学习服务业按照某种特点来分,是与顾客的接触程度。服务系统的运转有赖于系统与作为服务过程参与者的顾客的交互。由于顾客通常是凭自己的判断上门来的。服务业的服务方法就可以理解为服务业的工艺。

课后练习

一、判断题

1. 制造业的生产过程是以产品为中心,非制造业的运作过程是以服务为中心。 ( )
2. 与制造业相比,服务业的产品开发投资少、风险小。 ( )
3. 服务业管理的核心问题是为顾客提供何种服务。 ( )
4. 一般产品通常由企业自己进行鉴定。 ( )
5. 从加工技术和方法的角度看,能否将一个产品加工出来属于产品的可生产性范畴。 ( )
6. 产品按要求批量生产时,企业在设备生产能力和人员能力上能否达到相应要求属于产品的可制造性范畴。 ( )

7. 产品设计中,粒度越大清晰度越小,反之亦然。（　　）

二、单项选择题

1. 按照产品生命周期理论,可以为企业带来最大销售利润的时期是(　　)。
   A. 导入期　B. 成长期　C. 成熟期　D. 衰退期
2. 在产品的导入期,产品研究与开发决策的重点是(　　)。
   A. 功能开发　B. 工艺创新　C. 技术服务　D. 客户管理
3. 在产品的成长期,产品研究与开发决策的重点是(　　)。
   A. 功能开发　B. 工艺创新　C. 技术服务　D. 客户管理
4. 在产品的成熟期,产品研究与开发决策的重点是(　　)。
   A. 功能开发　B. 工艺创新　C. 技术服务　D. 客户管理
5. 以下哪项不在产品设计阶段之内?(　　)
   A. 总体设计　B. 技术设计　C. 工作图设计　D. 施工设计
6. 在产品开发的概念形成阶段,以以下哪类人员为主?(　　)
   A. 设计人员　B. 制造人员　C. 营销人员　D. 质量人员
7. 在产品开发的设计阶段,以以下哪类人员为主?(　　)
   A. 设计人员　B. 制造人员　C. 营销人员　D. 质量人员
8. 在产品开发的制造阶段,以以下哪类人员为主?(　　)
   A. 设计人员　B. 制造人员　C. 营销人员　D. 质量人员

三、简答题

1. 简述新产品的概念。
2. 试述新产品开发的方向。
3. 企业为什么要开发新产品?

课堂案例

制造业服务化成各国共识

基于制造业和服务业日益普遍的跨界融合现象,特别是研发设计、第三方物流、融资租赁、信息技术、节能环保、检验检测认证、电子商务、商务咨询、服务外包、售后、人力资源和品牌建设等生产性服务业对制造业转型升级的重要支撑作用,世界各国都把先进制造业和现代服务业的融合发展作为一项重要政策推进。

美国早在20世纪90年代就提出“现代制造”理念,其先进制造伙伴(AMP)2.0计划(2014年)致力于提供制造业所需“中间服务”解决方案,包括专业技术、供应链伙伴、融资渠道等。同为发达国家的英国也早在2006年就提出了“复杂产品系统创新中心”计划。美英两国政府均试图通过向制造业注入更多服务元素,推动制造业服务化发展。

欧盟促进两业融合政策具有明显的连续性,从提出“延伸性产品”概念的“欧盟第五框架计划(FP5)"(1998年)到"FP7计划"(2007年),均聚焦不断出现的新需求,通过制造业服务化,应对日益消失的产业边界。

德国在"工业4.0计划"(2013年)中,提出"互联网+制造业"理念,试图将信息物理融合系统(CPS)与制造业发展深度融合,实现制造业智能化。通过企业内部的灵活生产和不同企业之间的横向集成,实现生产厂商、消费端和物流系统更高水平的万物互联,进一步重塑德国制造业竞争优势,引领全球制造业新规则制定。德国工业4.0计划的本质,是通过不断融合服务要素推动制造业的现代化转型。

这些传统意义上的制造业强国,都意识到制造业与服务业融合发展的巨大作用,积极推动其深度融合,以期保持本国制造业在新生产组织方式下的竞争力。大力发展现代服务业的同时,是可以保持制造业比重稳定的。而且,通过大力发展服务型制造和制造业服务化,不断开发新技术新产品并应用新技术新产品对传统行业进行改造升级,可以使现代服务业和制造业相互促进,从而进一步为我国现代产业体系的发展提供动力。

(资料来源:整理编辑,光明网:http://www.xinhuanet.com/techc.html)

项目三　生产、服务设施选址与布置

学习目标

【知识目标】

1. 熟悉设施选址的含义和内容；
2. 理解选址的原则和方法；
3. 了解几种典型的服务设施布置方法；
4. 掌握企业生产服务设施布置的基本方法。

【能力目标】

1. 能根据选址方法对生产设施合理选址；
2. 能够根据设施布置的方式判断设施布置的合理性；
3. 能根据服务设施布置方法合理布置服务设施。

【素质目标】

1. 能够通过设施选址，培养学生严谨认真的工作态度；
2. 培养学生树立劳动意识。

任务一　生产设施选址

生产设施选址对今后设施的建设和生产运作的效果影响甚大甚远，是关系到企业生存发展百年大计的关键因素。企业组织机构如有不善，规章制度如有不妥，还可研究并重新改组或变革；但一旦选址失误，或者注定失败，或者注定长期遭受麻烦。因此，需要认真地进行内部和外部环境条件的综合分析与平衡，使之满足企业生产运作活动当前和长远发展的要求。

【情境3.1】　一家生产企业有A、B、C三个工厂，有P、Q两个仓库，位于不同位置。每个仓库月需供应市场2100吨产品。为更好地服务顾客，公司决定再新增一个仓库，经调查确定 X 和 Y 两个点可建仓库。

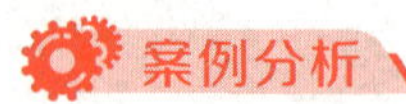

根据以下资料,则 X 和 Y 哪点较好?

表 3-1 工厂生产能力和到各仓库单位运费

工厂	生产能力(吨/月)	到各仓库单位运费(元)			
		P	Q	X	Y
A	2400	15	27	48	51
B	2400	27	12	24	27
C	1800	45	24	9	15

一、设施选址的内容及分类

(一)设施选址的含义

设施是生产运作过程得以进行的硬件手段,通常由工厂、办公楼、车间、设备、仓库等物质实体构成。所谓"设施选址",就是指如何运用科学的方法决定设施的地理位置,使之与企业的整体经营运作系统有机结合,以便有效、经济地实现企业的经营目标。

(二)设施选址的内容

设施选址包括两个层次的内容:一是选位,即选择在什么地区或区域设置设施,如国内还是国外、沿海还是内地、北方还是南方等;二是定址,即地区确定后,具体选择在该地区的什么位置设置设施,也就是说在已经选定的地区内选定一片土地作为设施的具体位置。通常这两项内容要结合起来进行。设施选址工作一般随着规划设计各阶段的展开逐步深入。在项目建议书中,要提出场址的初选意见,在可行性研究报告中要提出选址的推荐意见,在审批时要确定场址,在总体设计(初步设计)阶段要对场址的各种条件做详细的勘察落实,并且最终确定具体位置,标定四周界址。

设施选址对于生产布局、企业投资、项目建设速度及建成后的生产经营状况都具有十分重要的意义。如果设施选址先天不足,会造成很大损失。但要判断一项设施选址是否合理是一个复杂的问题。随着选址因素的变化,目前较好的选址方案在 10 年、20 年后不一定还好。选择场址可能是由于国家或企业发展新的生产或服务能力而建设新设施的需要,也可能是原有企业的某种需要。不论哪种情况,设施选址都要进行充分的调查研究与勘察,要进行科学分析,不能凭主观意愿决断。选址工作不能过于仓促,要有长远观念,综合考虑自身设施和产品的特点,同时注意自然条件、市场条件、运输条件等因素。

设施选择不可能由设施规划人员单独完成,而是常常由企业的许多部门或其代理人主持,由地区(城市)规划人员、设施规划人员、勘察人员、环保部门等配合进行,最终由决策部门作出决定。

二、选址的影响因素

企业选址的影响因素可分为两大类:选择地区时的影响因素和选择具体位置时的影响因素。选择地区时的主要影响因素有:

(一)是否接近市场

这里“市场”的概念是广义的,也许是一般消费者,也许是配送中心,也许是作为用户的其他厂家。设施位置接近产品目标市场的最大好处是有利于产品的迅速投放和降低运输成本。

(二)是否接近原材料供应地,即与原材料供应地的相对位置如何

对原材料依赖性较强的企业应考虑尽可能接近原材料供应地,特别是在与产品相比原材料的重量和体积更大的情况下,应尽量靠近供应地选择厂址。资源供应地和产品供应市场实际上是企业经营生产活动的两头,只有两头都抓好,才能形成产供销一条龙。

(三)运输问题

根据产品及原材料、零部件的运输特点,考虑靠近铁路、海港还是其他交通运输条件较好的区域。美国的凯泽(Kaiser)钢铁公司第二次世界大战期间建于加利福尼亚州南部,生产造船用的钢材,当时厂址选在该地是为了防止敌人袭击,但后来厂址成了阻碍钢铁厂发展的致命障碍,巨额交通运输费用使该厂无法与他人竞争,只好宣布破产,后来被我国首钢买走,运回中国,这是一个运输条件影响选址的典型例子。

(四)与外协厂家的相对位置

若企业所需的外协厂家较多,比如机械装配工业需要各种外协零部件,应尽量接近外协厂家,或使中心企业与周围企业处于尽量接近的地域内。外协零部件较多的典型企业是汽车制造企业。美国的底特律、日本的丰田市都是有名的汽车城,主要就是由于集中了大批的汽车装配厂和零部件供应厂家而形成的。

(五)劳动力资源

不同地区劳动力的工资水平、受教育状况等都不同,有些特殊情况下,还有可能在某些特定地区更易提供符合某些特定要求的熟练劳动力等,这也是进行选址时必须考虑的重要因素之一。实际上,今天的企业生产全球化的主要原因之一,就是企业试图在全球范围内寻找劳动力成本最低的地区。

(六)基础设施条件

基础设施主要指企业生产运作所需的水、电、气等的保证。此外,从广义上来说,还应考虑对“三废”的处理。某些企业,如造纸、化学工业、制糖等用水较多,需优先考虑在水源充足的地方建厂;有时根据产品的不同,还需要考虑水质是否适用的问题;而电解铝厂等用电比一般企业要多得多,则应优先考虑在电力供应充足的地方建厂。

(七)气候条件

根据产品的特点,有时还需要考虑温度、湿度、气压等气候因素,如精密仪器等对这方面的要求就比较高。

(八)政策、法规条件

在某些国家或地区建厂可能会得到一些政策、法规上的优惠待遇，如我国的经济特区、经济开发区，某些低税率国家等，这也是当今跨国企业在全球范围内选址时要考虑的重要因素。此外，与这方面因素相关的还有政治和文化因素。在某些情况下，选址时必须考虑政治、民族、文化等方面的因素，否则有可能带来严重后果。

三、选址的原则

在选址这个问题上，我们既要有定性的分析，也要有定量的分析。影响选址的因素很多，想要全面评价各影响因素的作用，采取大量的定量分析是必需的。但是，定性分析是定量分析的前提，没有定性分析作指导，定量分析不可能得出科学的结论。因此，我们需要为选址确定几项定性的原则。

(一)费用原则

企业是独立自主、自负盈亏的市场竞争主体，经济利益对于企业来说当然是最重要的考虑因素。建设初期的固定费用、投入运行后的变动费用、产品出售以后的年收入都与选址有关。因此，想办法使企业选址所带来的费用最小化就成了企业选址的首要原则。

(二)集聚人才原则

人才是企业当中最有价值的资源，人力资本的作用在现代市场经济条件下已经变得越来越突出，企业选址恰当有利于吸引人才。四川长虹曾是我国彩电业的老大，但就是因为其厂址在偏远的四川，使得很多高级人才不愿意去那里扎根，而地处深圳的康佳在这方面就显出了优势，每年都有许多名牌院校和科研院所的中高级人才加盟进来。原来在陕西的大唐电信也将其总部由西安迁到了北京，其中吸引人才是一项重要考虑因素。当然，企业的竞争力是多种因素作用的结果，但不可否认地理位置也非常重要。

(三)接近用户原则

对一些制造业企业而言，接近用户很重要。比如说啤酒厂，其产品大多在产地销售，所以就要离人口密集的城市近一些，这样可以接近市场，节省运费，减少损失。对服务业来说，几乎无一例外地都需要遵循这条原则，银行、邮局、医院、学校、商场等都是如此。

(四)长远发展原则

企业的地址一旦确定下来，将长期在那里从事生产经营活动。因此，选址是一项战略性的决策，开展时必须有战略意识。选址工作要考虑企业生产力的合理布局，要考虑市场的开拓，要有利于获得新技术、新思想。在当前全球经济日益走向一体化的背景下，我们还要考虑如何有利于参与全球间的竞争。

四、单一设施选址的一般步骤

单一设施选址是指独立地选择一个新的设施地点，其生产与运作不受企业现有设施网络的影响。在有些情况下，所要选择位置的新设施是现有设施网络中的一部分。如某餐饮公司要新开一个餐馆，但餐馆是与现有的其他餐馆独立运营的，这种情况也可看作单一设施选址。

单一设施选址问题常出现于以下几种情况：

（一）新成立企业或新增加独立经营单位

在这种情况下，设施选址基本不受企业现有经营因素的影响，在进行选址时要考虑的主要因素与一般企业设施选址考虑的因素相同。

（二）企业扩大原有设施

这种情况下可首先考虑两种选择：原地扩建及另选新址。原地扩建的益处是便于集中管理，避免生产运作的分离，充分利用规模效益，但也可能带来一些不利之处，如失去原有的生产运作方式的特色，物流变得复杂，生产控制也变得复杂。在某些情况下，还有可能失去原来的最佳经济规模。另选新址的主要益处是，企业可以不依赖于唯一的设施场地，便于引进、实施新技术，可使生产组织方式特色鲜明，还可在更大范围内选择高质量的劳动力等。只有在后一种选择下，才会有真正选址的问题。

（三）企业迁址

这种情况不多，通常只有小企业才有可能考虑这种方式。一个从白手起家的小企业，随着事业的发展，可能会感到原有的空间太小，而考虑重新选择一处更大的设施空间，这种情况下的新选位置不会离原有位置太远，以便仍能利用现有的人力资源。但在某些特殊情况下，也会遇到一些大企业迁址的问题。

单一设施选址通常包括以下主要步骤：

第一步，明确目标。即首先要明确，在一个新地点设置一个新设施是符合企业发展目标和生产运作战略的，能为企业带来收益。只有在此前提下，才能开始进行选址工作。目标一旦明确，就应该指定相应的负责人或工作团队，并开始进行工作。

第二步，收集有关数据，分析各种影响因素，对各种因素进行主次排列，权衡取舍，拟订出初步的候选方案。这一步要收集的资料数据应包括多个方面，如政府部门有关规定，地区规划信息，工商管理部门有关规定，土地、电力和水资源等有关情况，以及与企业经营相关的该地区物料资源、劳动力资源和交通运输条件等信息。在有些情况下，还需征询一些专家的意见。在收集数据的基础上，列出很多要考虑的因素，但对所有列出的影响因素，必须注意加以分析，分清主次，并进行必要的权衡取舍。在必要的情况下，对多种因素的权衡取舍也需要征询多方面的意见，如运用德尔菲法等经过这样的分析后，将目标相对集中，拟订出初步的候选方案。候选方案的个数根据问题的难易程度或可选择范围的不同而不同，例如，从3个到5个，或者更多。

第三步，对初步拟订的候选方案进行详细的分析。所采用的分析方法取决于各种要考虑的因素是定性的还是定量的。例如，运输成本、建筑成本、劳动力成本和水等因素等，可以明确用数字度量，因此可通过计算进行分析比较。也可以把这些因素都用金额来表示，综合成一个财务因素，用现金流等方法来分析。另外一类因素，如生活环境、当地的文化氛围和扩展余地等，难以用明确的数值来表示，则需要进行定性分析，或采用分级加权法，人为地加以量化，进行分析与比较。也有一些方法，可同时考虑定性与定量因素，如选址度量法。

第四步，在对每个候选方案都进行上述的详细分析之后，将会得出各个方案的优劣程度的结论，或找到一个明显优于其他方案的方案。这样就可选定最终方案，并准备详细的论证材料，以提交企业最高决策层批准。

五、选址的方法

基于厂址选择的重要性和高风险性，选择厂址时必须提供较多的备选方案，因此这是一个多方案、多因素的决策问题。解决这类问题的方法很多，但归结到一点，都是计算出一个综合性的数值，从中选择最佳的方案。不同点在于确定各因素权重的方法差异很大。下面介绍两种方法：

(一)分级加权评分法

为便于叙述，在这里结合一个实例加以说明。

【小练习 3.1】 某电视机公司因业务发展需要，决定建一新厂，提出了 3 个备选厂址(A、B、C)见表 3-2，影响因素共选定了 9 个。评价过程分四步进行，说明如下：

表 3-2 用分级加权评分法选厂址计算表

影响因素	权数	备选厂址		
		A	B	C
土地资源	4	2	3	2
气候条件	1	1	1	2
水资源	3	4	2	3
资源供应条件	6	3	4	2
基础设施条件	7	4	3	4
市场空间	7	3	4	3
生活条件	5	4	3	4
劳动力资源	2	4	2	4
地方性法规	5	4	3	4
总评分		136	126	204

解：1. 确定权数。本环节是对影响因素的相对重要性程度打分，本例中选影响程度最小的气候条件因素为基础，确定其权数为 1，其他因素的权数与它比较后确定，结果如表 3-2 中的第二列所示，一般可由有经验的专业人员完成这项工作。

2. 确定评价标尺并为各因素定级。评价标尺是为影响因素对选址的影响程度规定一组评价等级，本例采用 4 级评分制，影响最大的得 4 分，最小的得 1 分。如对“水资源”因素而言，A 厂址最好，得 4 分；C 厂址次之，得 3 分；B 厂址最低，得 2 分。

3. 计算评价值。本环节是计算每个因素的权数与其等级得分的乘积，得到评价值，如厂址 A 的市场空间因素评价值为 7×7＝21，其余类推。

4. 计算总评分。本环节是将每个选址方案各因素的评价值相加求和,取总评分最高者为所要选择的最佳厂址。本例中厂址 A 分数最高,所以选定 A 厂址。从上述例子中可见,厂址 A 与 B 总评分差 10 分,仅凭这一点就否定另一个方案是否可靠,这是个很值得考虑的问题。在计算过程中我们可以看到,确定权数和等级得分完全靠人的主观判断,只要判断有误差就会影响评分数值,影响决策的可靠性。目前确定权数的方法很多,比较客观准确的方法是层次分析法。该方法操作并不复杂,有较为严密的科学依据,故推荐在作多因素评价时尽可能采用层次分析法。

(二)重心法

重心法是一种布置单个设施的方法,这种方法要考虑现有设施之间的距离和将要运输的货物量。重心法的计算公式为:

$$C_x = \frac{\sum D_{ix} V_i}{\sum V_i} \qquad C_y = \frac{\sum D_{iy} V_i}{\sum V_i}$$

式中:C_x——重心的 x 坐标;C_y——重心的 y 坐标;D_{ix}——第 i 个地点的 x 坐标;D_{iy}——第 i 个地点的 y 坐标;V_i——运到第 i 个地点或从第 i 个地点运出的货物量。

重心法的假设条件是:

1. 运输费只与配送中心和客户的直线距离有关,不考虑城市交通状况。

2. 不考虑配送中心所处地理位置的地产价格。

【小练习 3.2】 某公司拟在某城市建设一座化工厂,该厂每年要从 P、Q、R、S 四个原料供应地运来不同的原料。已知各地距城市中心的距离和年运量见表 3-3,假定各种材料运输费率相同,试用重心法确定该厂的合理位置。

表 3-3 厂址坐标及年运输量表

供应地	P	Q	R	S
供应地坐标	(50,60)	(60,70)	(19,25)	(59,45)
年运输量(t)	2200	1900	1700	900

解:$X_0 = 50\times2200+60\times1900+19\times1700+59\times900\ \text{km} = 46.2\ \text{km}$

$Y_0 = 60\times2200+70\times1900+25\times1700+45\times900\ \text{km} = 51.9\ \text{km}$

重心法的局限性:重心法将纵向和横向的距离视为互相独立的量,这与实际不相符,求出的解比较粗糙。它的实际意义在于能为选址人员提供一定的参考。

(三)线性规划——运输模型方法

即用线性规划的特殊问题——运输问题的求解方法确定使总"运输成本"最小的新设施位置的方法。选择不同的位置,将产生不同的生产成本,同时也将在新设施、各现有设施与现有的各分配中心之间产生不同的运输成本,最优的设施位置将使全部设施的生产成本与运输成本之和最小。该方法对于综合分析选址的客观因素有很强的适用性,其基本步骤如下：

(1)确定各备选新设施、各现有设施的生产能力(最大供应量)和单位生产成本；

(2)确定各现有分配中心的需求量及其与各现有设施、各备选新设施之间的单位运输成本(包括运费、装卸费、存储费等)；

(3)计算各现有设施、各备选新设施与各分配中心相关的单位成本(单位生产成本+单位运输成本)；

(4)对于每个备选新设施，建立一个与所有现有设施、现有分配中心相联系的运输模型，并分别求解，得到各备选新设施的总成本；

(5)比较各备选设施位置相应的总成本，以其值最小的设施位置为最优设施位置。

导入案例解析

根据【情境 3.1】资料，利用线性规划法计算。

首先，假定 X 选中，其解如下表所示(虚拟仓库表示假定存在一个仓库，用以“储存”和“分配”三个工厂剩余的供应能力。表中，假定 A 工厂提供给 P 仓库 2100 吨产量后还剩余 300 吨，暂放在虚拟仓库；同样，B 工厂提供给 Q 仓库 2100 吨产量后还剩下 300 吨，也暂放在虚拟仓库。C 工厂提供给 X 仓库 1800 吨产量后，X 仓库所处市场存在 300 吨需求缺口，企业将 B 工厂剩余的 300 吨调度给 X 仓库)。选 X 的月总运输费用为：

$$2100\times15 + 2100\times12 + 300\times24 + 1800\times9 = 80100(\text{元})$$

表 3-4 选中 X 的总运输费用

工厂	仓库				供应能力
	P	Q	X	Y	虚拟仓库
A	(2100) 15	27	48	(300)	2400
B	27	(2100) 12	(300) 24		2400
C	45	24	(1800) 9		1800
需求	2100	2100	2100		

其次，假定 Y 选中，其解见表 3-5。

表 3-5 选中 Y 的总运输费用

工厂	仓库				供应能力
	P	Q	X	Y	虚拟仓库
A	(2100) 15	27	51	(300)	2400
B	27	(2100) 12	(300) 27		2400
C	45	24	(1800) 15		1800
需求	2100	2100	2100		

选中 Y 的月总运输费用为：

2100×15+2100×12+300×27+1800×15 = 91800(元)

因此，选择 X 的月总运输费用较小，为较好选择。

技能训练

一家大型超市要在 A、B、C、D 各个分店之间设立一个配送中心 M，已知各分店的分布及其到配送中心的物流量(见表 3-6)，M 应设在何处？

表 3-6 各分店位置与物流量

位　　置	各分店到配送中心的物流量
A(200,40)	1 000
B(450,60)	500
C(500,70)	1 500
D(600,50)	2 000

要点总结

设施选址是指如何运用科学的方法决定设施的地理位置，使之与企业的整体经营运作系统有机结合，以便有效、经济地达到企业的经营目的。设施选址需要解决的基本问题有两个，即选位与定址。

任务二 生产设施布置

生产设施布置影响生产系统的运作效率。从缩短生产物流和方便业务密切性的角度对生产设施进行空间布置；合理布置生产设施的目的是使产品在生产过程中路线最短、时间最省、耗费最少。首先要了解企业生产过程，了解合理地组织生产过程的基本要求；其次按照这一要求对厂区平面合理地布局，对车间、仓库等生产单位的设备合理地布置。

【情境 3.2】 某机械厂生产大型阀门和减速机产品，工厂设有材料库、成品库、铸造车间、焊接车间、热处理车间、机加工车间、精加工车间和装配车间等。大型阀门和减速机都是专用性比较强的产品，实行定制生产，专门设计、专门生产。两种产品的结构有很大的不同，总装过程的技术要求和工艺不同，但是零件生产设备通用，生产工序如图 3-1 所示。阀体的毛坯由铸造车间铸造，阀门内件(除阀体的其他零件)毛坯在机加工车间制造；减速箱的箱体、齿轮先由铸造车间铸造，轴类零件在机加工车间下料。请分析生产过程特点，初步画出厂区布置图，按三排三列布置（暂不考虑各车间的面积），且铸造车间不能与锻造车间相邻。说明各车间布置原则，假设运输量以单位计，列于工序图3-1中。

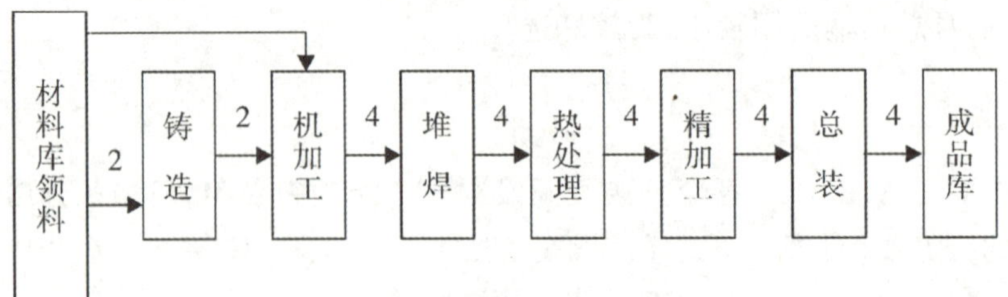

（a）阀门零件加工工序图

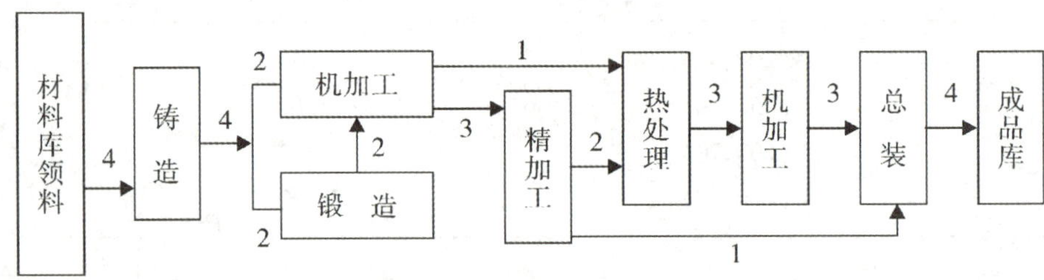

（b）减速机零件加工工序图

图3-1 减速机零件加工工序图

案例分析

两种产品类型不同但是使用通用设备，工艺类似，要合理布置各个生产单位，使零件移动距离最短，要掌握以下知识。

（1）生产设施布置的基本原则，即布置生产设施有怎样的要求；

（2）生产设施布置的方法，就是布置生产设施用什么样的工具方法。

一、厂区平面布置

在厂区空间合理地布局各个生产单位（部门）非常重要，是合理组织生产的先决条件。

（一）厂区平面布置的原则

（1）应满足工艺流程设计的要求，并有助于最大限度地提高生产率，尽量减少迂回、停顿和搬运；

（2）保持灵活性，具有适应变化和满足未来需求的能力；

（3）有效地利用人力和占地面积；

（4）有利于员工的健康和安全，有助于提高士气，便于员工相互沟通；

（5）为良好的设施管理和维护保养提供方便。

（二）厂区布置的方法

1. 物料运量图法

物料运量图法是根据原材料进厂后经过加工、装配等环节，物料在生产过程的总量大小来布置各个车间、仓库和其他设施，物料流量大的生产单位安排在相近的位置，尽量使物料一直向前移动，减少往返运输。这种方法适合运输量较大的企业，有利于降低运输费用。

采用物料运量图法的基本步骤如下。

第一步，根据产品加工的要求编制工艺路线图；

第二步，统计各个生产单位间的运输量，编制运量表；

第三步，绘制运量相关线图；

第四步，根据运量相关线图按照运输量大小依次安排，运输量大的单位靠近在一起。

【小练习 3.3】 某企业有六个生产单位，根据各种型号产品的工艺路线图编制出运量表，见表 3-7。试合理布置这六个生产单位。

表 3-7 物料运量从至表 （单位：吨）

至 从	01	02	03	04	05	06	合 计
01		10				2	12
02			7	4		2	13
03		4		4	6		14
04		2			8	8	18
05				4			4
06	1						1
合 计	1	16	7	12	14	12	62

解：(1)根据表 3-7 运量从至表画出物料运量相关线图，如图 3-2 所示。

(2)按单位间的运输量大小排列顺序。04↔05，12 吨；02↔03，11 吨；01↔02，10 吨；04↔06，8 吨；02↔04，6 吨；03↔05，6 吨；03↔04，4 吨；01↔06，3 吨；02↔06，2 吨。

(3)与 04↔05 相关的运量大的还有 04↔06；将 04、05、06 排在相邻的位置；与 02↔03 相关运量大的还有 01↔02；把 01、02、03 排在相邻的位置；在两组相邻的排列中，再考虑运量大的 03↔05、02↔04 之间的运量。布置结果如图 3-3 所示。

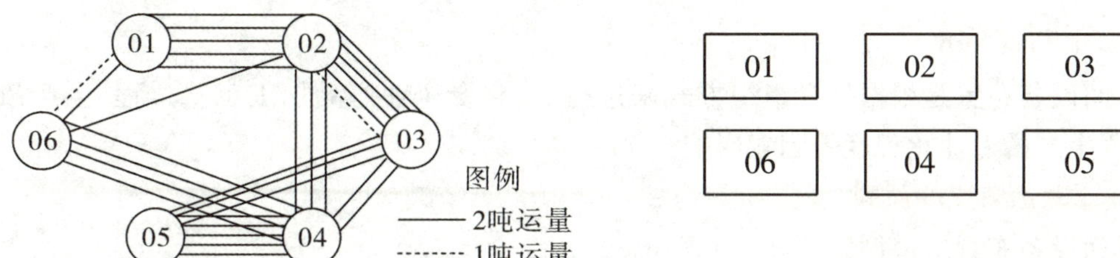

图 3-2 运量相关线图

图 3-3 某企业生产单位平面布置图

2. 作业相关图法

除了考虑物流关系，还要考虑其他因素的影响。在企业中生产车间、仓库之间存在大量的运输业务，生产单位、辅助生产单位和业务管理部门之间没有物流关系，它们之间存在业务关系，但密切程度不同。我们可以根据各个单位之间业务活动关系的密切程度来布置它们之间的位置，这种方法就是作业相关图法。作业相关图法通常采用如下步骤。

第一步，用图表示部门关系密切程度，分为六个等级，A 表示绝对紧密；E 表示特别紧密；I 表示较紧密；O 表示紧密关系一般；U 表示不重要；X 表示没有关系。

第二步，将关系密切程度符号填写在两个部门交叉的方格中，确定出相互关系的密切程度，如图 3-4 所示，然后按照密切等级高的部门相邻布置的原则，布置各个部门。

【小练习 3.4】 某公司专业生产大型非标机械设备，要将技术、生产、业务、工艺、质量、供应布置成二排三列，已知六个部门业务关系的密切程度如图 3-5 所示，请据此合理布置。

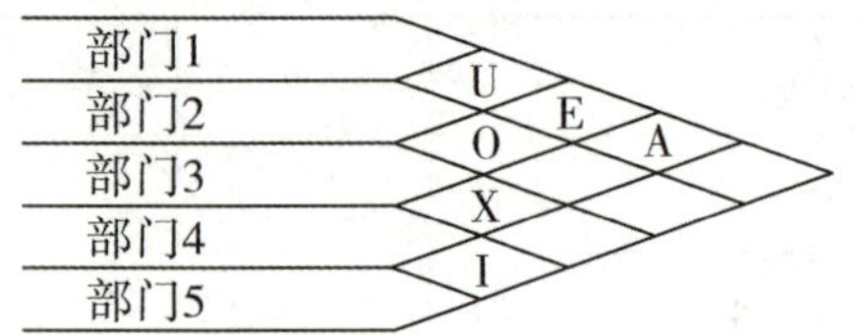

图 3-4 作业相关图示例

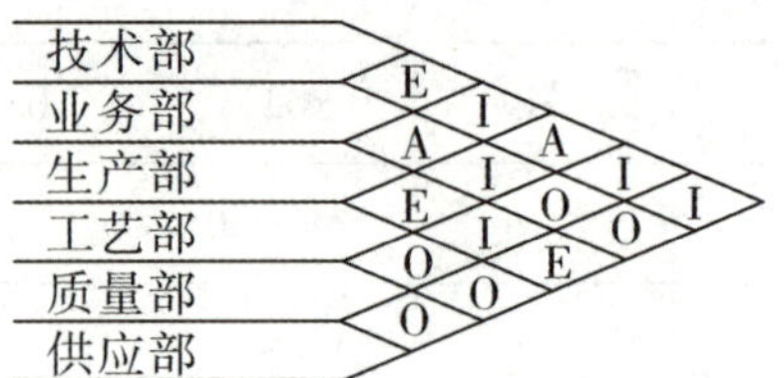

图 3-5 某企业六个部门业务关系相关图示例

解：(1)初步设置好关系为 A 的部门，如图 3-6 所示。

(2)设置好关系为 E 的部门，调整技术部与业务部相邻，业务部与生产部相邻，供应部与生产部相邻，如图 3-7 所示。

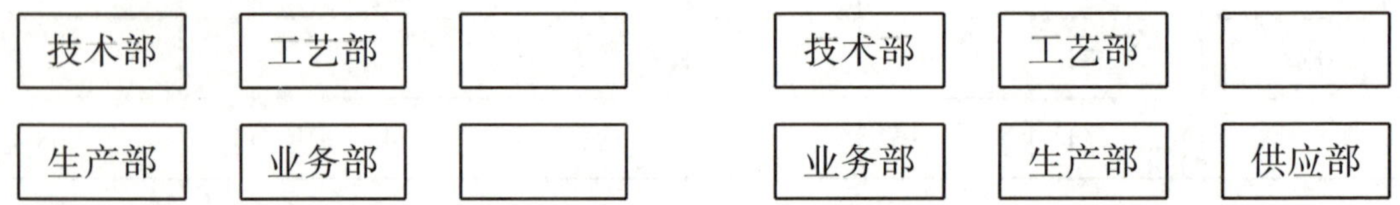

图 3-6 某企业部门初步布置图　　图 3-7 某企业部门初步布置图

(3)设置好关系为 I 的部门，最后布置质量管理部如图 3-8 所示。

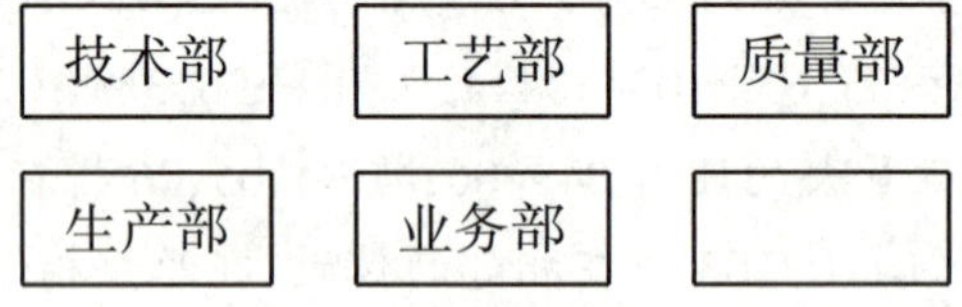

图 3-8 某企业部门布置图

二、车间设备布置

车间设备布置是根据生产组织方式来进行的，它受企业产品加工工艺过程、生产量、技术水平、生产的专业化程度等因素影响。

(一)设备布置的原则

车间设备布置应遵循以下几项原则：

(1)工人工作方便，尽可能使工人在工作过程中的移动距离最短；

(2)合理设计设备间距，保证工人操作方便，保证工人的安全环境；

(3)保证设备的维护方便；

(4)充分利用车间面积。

(二)车间设备布置的基本形式

1. 产品原则布置

产品原则布置又称为对象专业化布置,如图3-9所示。它是指按照产品(零件、部件)的不同来设置生产单位,在这个生产单位里,各种设备按产品(零件、部件)加工顺序排列,形成一套封闭的工艺过程,全部或者大部分加工过程在这一生产单位完成。产品原则布置形式适合重复度较高的生产活动,生产的品种较少或者加工对象相似。比如,汽车发动机、标准件生产均采用产品原则布置形式。

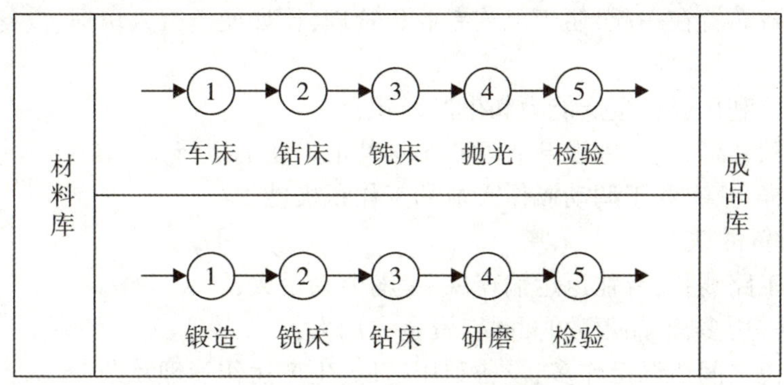

图3-9 产品原则布置示意图

产品原则布置的优点:

(1)可以大大缩短产品生产过程的运输路线,节约运输成本;

(2)便于采用先进的生产组织形式,缩短生产周期,减少在产品占用;

(3)减少单位之间的工作协调,简化计划、调度、核算等管理工作;

(4)设备专业化程度高,对操作工人技能要求不高。

产品原则布置的缺点:

(1)设备专用性强,对产品变化的适应性差;

(2)个别设备故障可能影响整个生产系统运行;

(3)工艺复杂难以对工艺进行专业化管理;

(4)分工过细,工作单调乏味,工人发展机会少。

2. 工艺原则布置

工艺原则布置又称为工艺专业化布置,如图3-10所示,是指把相同或相近的设备布置在一起,完成相同工艺加工任务,比如机械厂的铸造车间、机加工车间、铆焊车间、热处理车间等。不同的加工对象有不同的工艺路线、不同的工艺操作程序,设备用途广泛,有利于适应加工工艺变化调整。

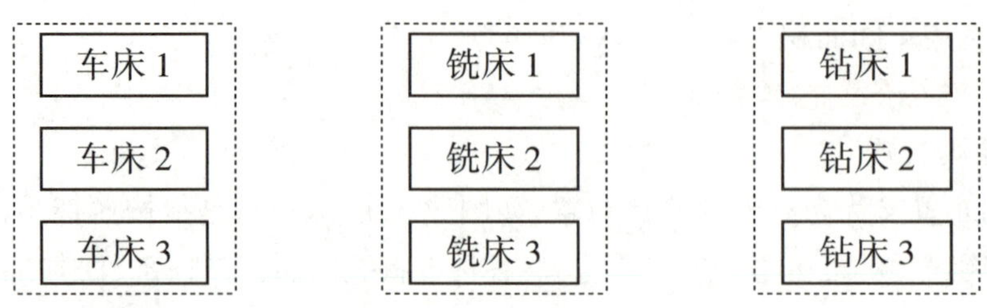

图 3-10　工艺原则布置示意图

工艺原则布置的优点：

(1)能适应产品品种变化的工艺要求，产品生产适应性强；

(2)同种设备布置在一起，便于工艺专业化管理，比如便于工人培训、设备维修和技术指导等；

(3)能够充分利用设备生产能力和生产面积；

(4)设备是独立运行，个别设备故障不影响其他设备的运行；

(5)作业多样化，有利于调动操作人员的工作积极性。

工艺原则布置的缺点：

(1)产品加工路线长，有往返运输现象，运输劳动量大；

(2)在制品占用多，产品停放时间长，资金占用大；

(3)生产单位之间协调工作多，设备利用率低，生产运作管理复杂；

(4)对员工技术等级要求高。

3. 混合布置

在实际生产中单纯的产品原则布置和工艺原则布置很少，而是两种布置结合起来，既有产品原则布置，也有工艺原则布置，这种结合的布置方式就是混合布置。比如，像前面所述的机械厂的铸造车间、机加工车间、铆焊车间、热处理车间等是按工艺原则布置，总装车间又是按产品原则布置。混合布置包括一人多机、成组技术等具体应用方法。

(1)一人多机，是一种常用的混合布置方式。其基本原理是：如果一个人看管一台设备的生产量达不到满负荷，可以让一个工人同时看管几台设备组成的小生产线，既充分利用人力，又可以在这个小生产线上使物流有一定的秩序。比如，丰田汽车公司生产配件的小松公司采用 U 形装配线，一般每条线有 5 至 6 台设备，由 1 至 2 名工人操作，如图 3-11 所示。其工艺过程不一定是 Ml 至 M5 顺次加工，也可能是 M1→M2→M4 或者 M2→M3→M4→M5，这种布置使生产线更加紧凑，减少物料运量。

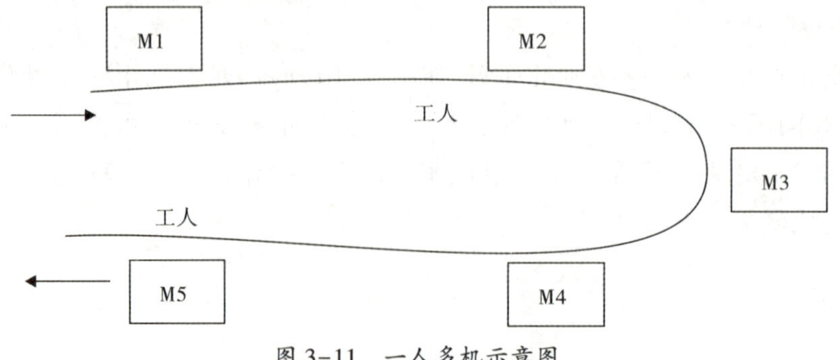

图 3-11　一人多机示意图

(2)成组技术布局,是将不同的设备分成单元来生产具有相似形状和工艺要求的产品。成组技术布局中一组技术完成的是一组相似零件所必需的工艺,所有的零件遵循相同的路线,这种方法被广泛应用于金属加工、计算机芯片制造和装配作业,大大提高了多品种小批量相似零件生产加工的效率。

(三)车间设备布置的方法

车间设备布置除了可以采用物料运量图法和作业相关图法外,从至表法也被经常采用。从至表法是根据设备之间的相对位置和距离,先计算出零件在各工作地之间的运输次数及总运输距离,再按零件运输次数最少、运输距离最短的基本原则确定设备的布置方案的方法。它主要适用于机械制造企业多品种小批量生产情况。产品品种多,加工路线各不相同,适合采用从至表法。采用从至表法布置设备的基本步骤如下。

第一步,编制零件综合工艺路线图;

第二步,按照工艺路线图编制零件从至表;

第三步,调整从至表,使移动次数多的靠近对角线;

第四步,绘制改进后的从至表;

第五步,计算改进后的零件移动距离以验证方案。

【小练习 3.5】 某车间共有七台设备及毛坯库和检验台,共生产七种零件,产品的加工路线如图 3-12 所示,假设相邻的设备之间距离相等,七种零件分别各按一个单位计算,试用从至表法对生产单位进行合理布置。

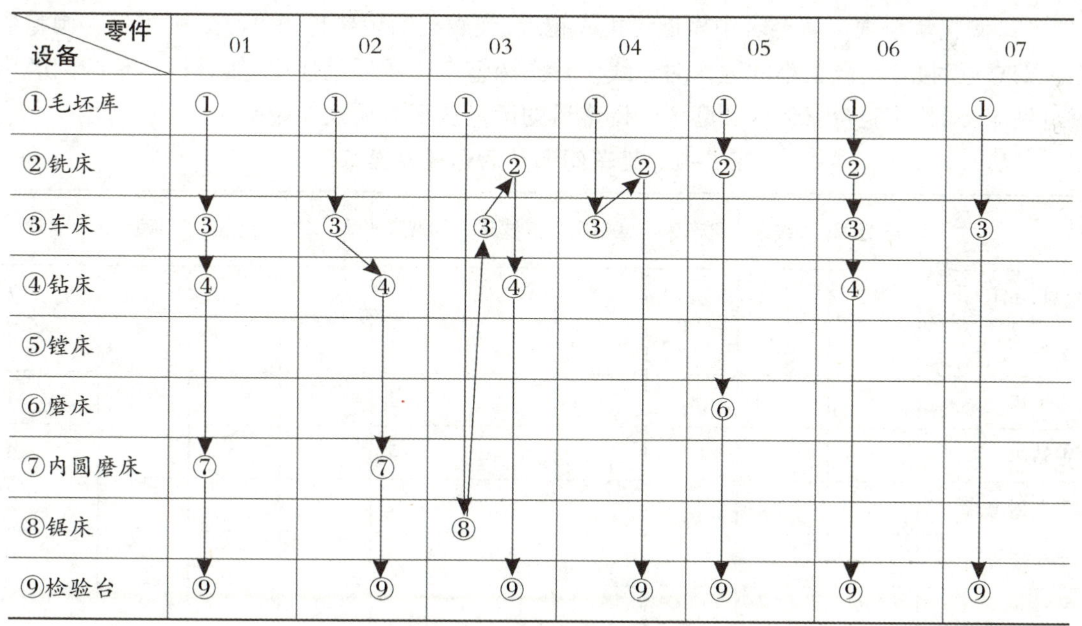

图 3-12 零件综合工艺路线图

解:(1)根据零件综合工艺路线图编制从至表。零件的移动路线是:零件 05 和零件 06 两个计量单位的零件是从毛坯库到铣床;零件 01、02、04 和 07 共四个计量单位的零件从毛坯库到车床；零件 01、06 两个计量单位零件从车床到钻床等等，同理将各个设备之间的运量列于表 3-8 中。

表 3-8　某车间运量从至表

从＼至	①毛坯库	②铣床	③车床	④钻床	⑤镗床	⑥磨床	⑦内圆磨床	⑧锯床	⑨检验台	合计
①毛坯库		2	4					1		7
②铣床			1	1		1			1	4
③车床		2		2	1				1	6
④钻床							2		2	4
⑤镗床				1						1
⑥磨床								1	1	
⑦内圆磨床								2	2	
⑧锯床										1
⑨检验台										
合　计		6	4	4	2	7	1	1	1	26

(2)调整从至表。从至表中靠近对角线越近，代表运输距离越短，反之，则越长。调整数据大的靠近对角线，数据小的远离对角线。首先调整车床靠近毛坯库，然后再调整内圆磨床靠近钻床，调整检验台靠近内圆磨床。调整后的运量从至表见表 3-9。

表 3-9　某车间调整后运量从至表

从＼至	①毛坯库	②铣床	③车床	④钻床	⑤镗床	⑥磨床	⑦内圆磨床	⑧锯床	⑨检验台	合计
①毛坯库		2	4					1		7
③车床			2	2		1	1			6
②铣床		1		1		1			1	4
④钻床					2	2				4
⑦内圆磨床						2				2
⑨检验台										0
⑤镗床				1						1
⑧锯床										1
⑥磨床						1				1
合　计		6	4	4	2	7	1	1	1	26

(3)初始方案毛坯库至各地的运量计算毛坯库 2 个运量单位到铣床,1 个距离单位(到对角线 1 个格);毛坯库 4 个运量单位到车床,2 个距离单位(到对角线 2 个格);毛坯库 1 个运量单位到锯床,7 个距离单位(到对角线 7 个格)。因此,毛坯库至各地总运量为 2×1+4×2+1×7=17。

(4)改进方案毛坯库至各地的运量计算。毛坯库 4 个运量单位到车床,1 个距离单位(到对角线 1 个格);毛坯库 2 个运量单位到铣床,2 个距离单位(到对角线 2 个格);毛坯库 1 个运量单位到锯床,7 个距离单位(到对角线 7 个格)。因此,毛坯库至各地总运量为 4×1+2×2+1×7=15。

同理,计算各个工作地之间的运输量,结果列于表 3-10 中。可见调整后的方案比初始方案减少了 11 单位的运输量,节约了运输费用。

表 3-10 设备布置方案零件移动距离计算表

工作地之间	布置方案	
	初始方案	改进方案
①毛坯库至各地	2×1+4×2+1×7=17	4×1+2×2+1×7=15
②铣床至各地	1×1+1×2+l×4+1×7=14	1×1+1×1+1×3+1×6=11
③车床至各地	2×1+2×1+1×2+1×6=12	2×1+2×2+1×4+1×5=15
④钻床至各地	2×3+2×5=16	2×1+2×2=6
⑤镗床至各地	1×1=1	1×3=3
⑥磨床至各地	1×3=3	1×3=3
⑦内圆磨床至各地	2×2=4	2×1=2
⑧锯床至各地	1×5=5	1×6=6
合　计	72	61

从至表法可以用在设备的布置优化,也可以用在设备布置的间距和运输成本的优化方面,但在实际布置设备过程中,如果产品的品种很多,工艺路线很多而复杂,就要借助于计算机工具完成。

导入案例解析

第一,根据【情境 3.2】资料,厂区布置和车间布置考虑如下因素。

(1)大型专用阀门与减速机是专用定制产品,生产量是单件或者小批量,产品体积大,重量较大。

(2)根据情境中工艺顺序描述,两种产品的零件工艺过程相似,工艺设备通用,所以厂区布置应考虑工艺顺序要求，尽量使上下游工艺的车间相邻，以减少运输量和便于生产衔接。

(3)车间内布置分两种情况，零件的加工应按照工艺原则布置；总装车间应按照产品原则布置，因为产品属于不同类别的产品，结构也不相同，装配的工装、夹具也不同，对工人的专项技能要求也不一样。

第二，根据图 3-11 所示，计算运量，编制从至表，见表 3-11。

表 3-11　初始运量从至表

从＼至	材料车间	铸造车间	机加工车间	精加工车间	焊接车间	锻造车间	总装车间	热处理车间	成品库	合计
材料车间		6	2							8
铸造车间			4			2				6
机加工车间				3	4		3	1		11
精加工车间							5	2		7
焊接车间								4		4
锻造车间			2							2
总装车间									8	8
热处理车间			3	4						7
成品库										
合　计		6	11	7	4	2	8	7	8	53

第三，根据初始从至表进行调整，运输量大的靠近对角线，见表 3-12。

表 3-12　调整后运量从至表

从＼至	材料车间	铸造车间	机加工车间	焊接车间	成品库	总装车间	精加工车间	热处理车间	锻造车间	合计
材料车间		6	2							8
铸造车间			4						2	6
机加工车间				4		3	3	1		11
焊接车间								4		4
成品库										0
总装车间					8					8
精加工车间						5		2		7
热处理车间			3				4			7
锻造车间			2							2
合　计		6	11	4	8	8	7	7	2	53

第四，根据调整后的从至表画平面布置图。从调整后的从至表可以看出，成品库与总装车间要相邻；铸造车间与材料车间要相邻；精加工车间与总装车间和热处理车间要相邻；机加工车间与铸造车间和焊接车间要相邻；综合以上考虑，平面布置图如图 3-13 所示。

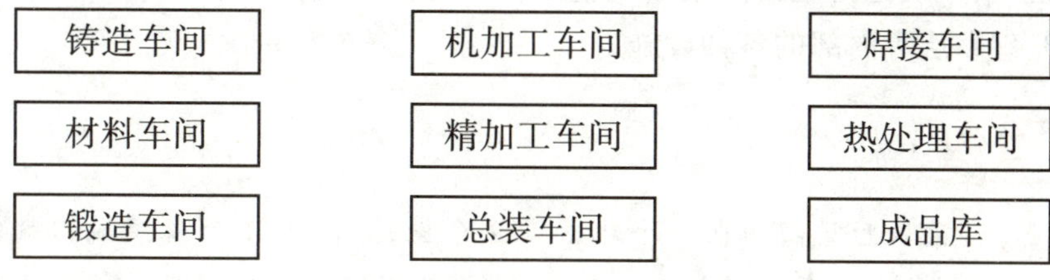

图 3-13 厂区平面布置示意图

技能训练

某企业平面布置如图 3-14 所示，业务部、厂办公室等其他各部门设在办公楼，请分析判断该企业的生产过程类型和特点（提示：生产部设在车间，为了方便跟踪生产，与车间协调生产）。

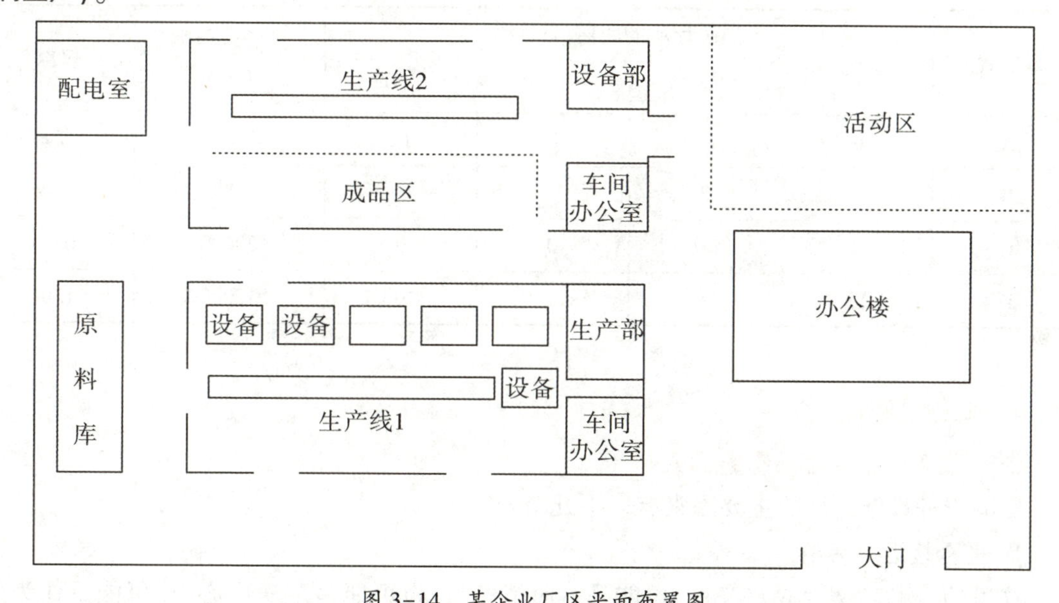

图 3-14 某企业厂区平面布置图

要点总结

企业生产设施布置与企业的生产过程类型密切相关，即使生产同类产品，大量生产、批量生产、单件小批量生产，三种不同的生产过程类型都会影响生产设施布置方式，车间设备的具体布置方式有产品原则布置、工艺原则布置和两者结合的混合原则布置三种形式。生产设施布置的目的就是减少生产活动过程的运输量和方便协调沟通，减少生产成本。

任务三 服务设施的选址与布置

简单地说,服务设施就是提供服务的设施,如医院、零售商场、银行、娱乐公司、旅馆、饭店、保险公司、理发店等内部的各种设施。

【情境 3.3】 某医疗集团想在一个地区设 2 个医疗所,为 4 个乡镇提供就诊服务。假定考虑的地点为乡镇中心,每个镇的人口分布均匀,又假定各乡镇每年就诊于各医疗所的人数及权重(反应相对重要性)都已经明确(见表 3-13)。要解决的问题是:确定 2 个医疗所的位置,使其为 4 个乡镇服务的费用最低(或移动距离最短)。

案例分析

表 3-13 各乡镇就诊于各医疗所的人数及权重

从乡镇	到医疗所的距离(km)				乡镇人口数(人)	权重
	A	B	C	D		
A	0	11	8	12	10000	1.1
B	11	0	10	7	8000	1.4
C	8	10	0	9	20000	0.7
D	12	7	9	0	12000	1.0

一、服务设施选址

(一)服务设施选址的影响因素

影响服务设施选址的主要因素有以下几个:

1. 是否接近顾客群

这里的"顾客"概念是广义的,可能是一般消费者,也可能是配送中心,还可能是作为用户的其他厂家。设施接近顾客群的最大好处是能方便、快捷地向顾客提供服务,从而有利于吸引顾客接受服务。

2. 原料供应问题

对于原材料依赖性较强的服务业,应考虑尽可能地接近原材料供应地,以降低运费,缩短运输时间,从而得到较低的采购价格,降低服务成本。

3. 与竞争对手的相对位置

服务设施在选址时不仅要考虑竞争者的现有位置,而且需要估计他们对新选址的反应如何。通常,选址应尽量避开竞争对手。但对于理发店、商场、快餐店等服务行业,在竞争对手附近设址较为有利,因为在这种情况下,极有可能会产生一种"聚集效应",即聚集于某地的几个设施所吸引的顾客数大于分散在不同地方的这几个设施的顾客总数。

4. 周围的人群密度

应考虑设施周围的人口状况，重点考虑周围有购买该种服务并具有实际购买力的人群密度及数量。

5. 当地的经济收入水平

不仅要考虑当地人们的平均收入水平，而且要考虑当地的人事劳动工资政策是否能满足自己的实际需要。

6. 基础设施条件

基础设施主要是指为服务业正常运营提供所必需的水、电、气等设施，同时还应考虑交通条件、环境保护等问题。不同的服务对于基础设施的要求也大不相同，如批发中心来往车辆较多，选址时应优先考虑交通条件较好的地方；而娱乐中心的用电量较大，选址时应优先考虑电力供应充足的地方。

7. 公众态度

服务业在当地是否受欢迎对其经营活动有一定的影响，如不良的娱乐场所提供的服务会受到公众的谴责和抵制，甚至当地居民会自发地采取阻挠行动。此外，在某些情况下，选址还需要考虑当地的政治、民族、文化、风俗习惯等因素，否则也有可能带来严重后果。

8. 周围环境

所选位置要能为职工提供良好的生活条件，包括住房、娱乐、生活服务、医疗、教育等。对于知识密集型服务业（如咨询业等），可选择在高校、科研院所等科技人员较集中的地区，以便依托他们的科技力量。

另外，还有许多影响服务设施选址的因素。需要指出的是，不同的服务企业对设施周围的环境有不同的要求，在有的服务企业看来是十分重要的因素，对其他服务企业来说可能是无关紧要的。因此，在设施选址时，各个服务企业必须根据自身的实际要求确定要考虑的因素，并分清主次，区别对待。

（二）服务设施的选址方法

1. 直接推断法

这种方法是库马华拉（Khumawala）于 1972 年提出的，直接推断出地址。

2. 引力模型法

引力模型法是赫夫（O. L. Huff）于 1962 年提出的，它以“引力模型”为基础，确定零售商场的位置。该模型中隐含着这样的假设：零售商场吸引顾客基地的贸易量同顾客基地人口成正比，同零售商场与顾客基地间的距离平方成反比。根据这个模型，可以估计各零售商店某一顾客基地特定类型的顾客数，再通过调查，确定该顾客基地各顾客平均收入及预计商品需求量，即顾客数、平均收入及商品需求量三者相乘，就得到某一商店的年销售量。这样，这个模型实际上制定了一个可能获得最大收益的营销方案。如果已经给出了商店的位置，也可用它解决场址的选择问题。

(三)服务设施的选址举例

由于服务行业种类繁多,但单个生产单位的规模较小,故选址问题不像生产企业那么突出。这里以固定式服务和送达式服务的选址问题为例,介绍几种有代表性的服务设施的选址情况。固定式服务是指在所提供的服务设施内消费的服务,如医院、影剧院、旅馆、餐厅等。送达式服务是指在需求发生处消费的服务,如清洁服务、应急服务(公安、消防、救护车等)。

固定式服务设施的选址问题比制造企业选址问题更频繁,且明确地以消费为导向。一般制造企业的生产能力是在选址前确定的,而此类服务的生产设施能力则是在选址后,根据服务区域内的服务对象来确定。固定式服务企业也可“送货上门”,如开设家庭病房、送戏(影)下乡等。

送达式服务中的应急服务更具特点,一旦有需求,反应必须迅速,而需求发生的时间和频率是随机的,且在这种服务系统中任何排队等待的现象都是不能接受的。为了满足高峰期的需求,服务设施必须有足够的生产运作能力,而在大部分时间里设施的生产运作能力是空闲着的。为了提高服务水平,又不使生产运作能力过分赋闲,服务设施的选址策略是通过双向通信系统,使设施易于流动。如救护车或巡逻车不是始终要求它们在执行任务后返回固定的基地,而是在运动中重新部署。对于制造业,设施布置设计的主要目标是使两地之间的物流成本最小化。与制造业不同,服务业的设施布置设计的主要目标是考虑使工作人员的行走时间最少。这是为了尽可能有更多的时间向顾客提供服务。另外,同制造业相比服务业具有高度个性化的特征。例如,要根据顾客需求确定交付服务的速度、直接与顾客发生联系,以及服务本身固有的可变性等。在制造业可以使用库存和制订进度计划来平衡需求,但在服务业中这些方法是不适用的。因此,服务业需要更高水平的与需求相关的服务能力。此外,还需要服务人员在服务时具有更高的柔性。这些都要在布置设计中体现出来。本书仅以仓库布置与办公室布置为例,说明特定服务设施布置方法的特点。

二、服务设施布局

(一)仓库布置

仓库的布置可以按照仓储物料的兼容性、区别性和使用效率进行布置设计。兼容性是指各种物品能否安全地存放在一起,不会发生混变质或化学反应;区别性是指如何将各种物资按照一定的标准进行分组,然后放置在一起,不至于发生混;使用效率是指不同物品的存放周转率和需求情况。同时,仓库的布置应满足以下四个方面要求。

(1)使用比较频繁的物资尽量放置在便于运输和搬运的地点。例如,放置在仓库过道的两旁或仓库门口,能够减少存储物资在仓库内的运输距离和运输工具的运行距离,以便提高整个仓库的运行效率;相反,运输次数较低或不经常使用的物资,可放置在距离仓库出口较远的地方。

(2)仓库中应该留出一部分空间,用于物品的包装、分拣和配货。仓库物资在运输前一般需要经过重新包装或简单加工、接受来自厂商或顾客的退货,或者需要进行特别处理等。

(3)仓库处理设备应当能够满足大多数库存物资的操作要求,这样能够提高物资运输的效率,否则,这些设备应该被重新设计或重新配置;同时,应当对仓库设备处理流程进行优化,减少不必要的损耗和多余的能源浪费。

(4)仓库内物资的存储区域应当按照存储物资的周转速度和产品大小来设计,而不是单纯、片面地设计所有的存储货架和仓储工具,最大限度地利用仓库内部空间,如图 3-15 所示。假设仓库每种物品每周的存取次数见表 3-14,应如何布置各个物品的货区?

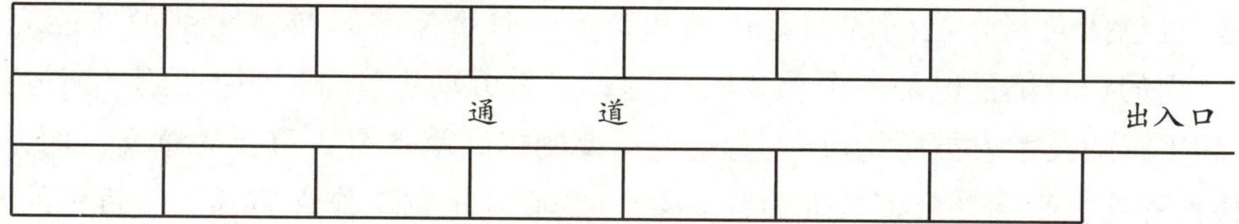

图 3-15 家电用品仓库平面图

表 3-14 家电用品仓库出入库信息

库存物品名称	搬运次数(次)	所占货区(个)
空调	480	4
冰箱	270	3
洗衣机	220	2
电热水器	100	1
微波炉	150	1
电饭煲	660	3

在厂区平面布置和车间设备布置中,不同的生产单元之间都有运输量,但本例子要简单得多,因为所有货物的搬运路径只是货区到出入口之间,货区单元之间没有运输量,我们要寻找一个方案使得总搬运量最小,可以借助负荷距离法来解决这个问题。如果货区面积相同,只需把搬运次数最多的物品布置在靠近出入口之处,即可使得搬运负荷最小;如果货区面积不同,首先要计算物品的搬运次数与所需货区数量之比,取比值最大者靠近出入口;其次依次排列。本例比值从大到小排列的顺序为电饭煲 220 : 1、微波炉 150 : 1、空调 120 : 1、洗衣机 110 : 1、电热水器 100 : 1、冰箱 90 : 1。布置方案如图 3-16 所示。

冰箱	电热水器	洗衣机	空调	空调	电饭煲	电饭煲	
			通 道				出入口
冰箱	电热水器	洗衣机	空调	空调	电饭煲	电饭煲	

图 3-16 货区面积不相同时的仓库布置方案

上面是以总负荷数最小为目标的一种仓库货区布置方法,在实际工作中我们可能有多个目标,特别是现代物流业的发展,采用了先进的仓库管理技术,效率大大提高。比如,自动化立体仓库采用了计算机管理,不需要人员搬运操作,实行自动化作业,仓库布置要考虑方便自动化作业管理,考虑作业总体效率,方便运输工具一体化服务。

(二)办公室布置

办公室布置重点考虑两个因素:一是信息传递与交流。它既包括各种书面文件、电子信息的传递,也包括人与人之间的信息传递和交流。对于需要跨越多个部门才能完成的工作,部门之间的相对位置也是一个重要的问题。二是劳动生产率。当办公室员工主要是由高智力、高工资的技术人员所构成时,劳动生产率的提高就具有更重要的意义。而办公室布置能在很大程度上影响办公室员工的劳动生产率,必须根据工作性质和工作目标的不同,考虑什么样的布置更有利于生产率的提高。办公室布置的基本模式如下。

1. 传统的封闭式办公室

办公楼被分割成多个小房间,每个房间形成一个独立的办公室。这种布置可以保持工作人员的独立性,但不利于信息交流与传递,不利于人员之间的沟通。

2. 开放式办公室

它将一个或几个部门的十几人、几十人甚至上百人容纳在一间很大的办公室内,同时进行工作。这种布置方式不仅方便了同事之间的交流,也方便了部门领导与一般员工的交流,在某种程度上消除了等级隔阂。但这种方式的弊端是,有时会互相干扰,出现员工之间闲聊的现象等。

导入案例解析

根据【情境3.3】资料,用直接推断法计算,步骤如下。

1. 计算各乡镇到各医疗所的总移动距离(总移动距离=距离×人口数×权重),并绘制人口—距离表,见表3-15。

表3-15 人口—距离表

乡镇	医疗所(km)			
	A	B	C	D
A	0	121	88	132
B	123.2	0	112	78.4
C	112	140	0	126
D	155	84	108	0

2. 圈出每行中除零以外的最小数,这个数表示撤销零所在的医疗所后所增加的最低服务费用,在每一行所增加的服务费用的最小值中选取最小值,用直线划掉该最小值所在行中的零所在的列,表示该列所在的医疗所被取消。表3-15中每一行所增加的最小服务费用分别为88、78.4、112和84,其中最小值为78.4,因此去掉医疗所B。

3. 从与去掉的医疗所名称相同的乡镇所在行中，减去第一步中所选取的最小服务费用，然后将经过取消和扣除的数字排成矩阵表。如果剩下的医疗所数已符合要求，则不再选取。如果尚多，还需重复第二步和第三步。如从表 3-15 中去掉 B 列后，再从 B 行减去 78.4，得到第一次改进后的人口—距离表。

技能训练

根据【情境 3.3】所述，列出直接推断法步骤。

要点总结

学习服务设施选址的影响因素，对服务系统的构成要素熟知，了解仓库布置、办公室布置的方法。

课后练习

一、判断题

1. 重心法可用于解决多个设施的选址问题。 (　　)
2. 新企业和老企业都会涉及设施的选址问题。 (　　)
3. 定址是指选择在什么地区或区域设置设施。 (　　)
4. 选位是指在已经选定的地区内选定一片土地作为设施的具体位置。 (　　)
5. 设施选择往往由设施规划人员完成。 (　　)
6. 政策、法规条件属于选择具体位置时的影响因素。 (　　)
7. 基础设施条件属于选择地区时的影响因素。 (　　)
8. 企业选址的首要原则是长远发展原则。 (　　)
9. 企业选址的首要原则是集聚人才原则。 (　　)
10. 经济活动单元的空间小会降低生产效率，空间大可以增加生产效率。 (　　)

二、单项选择题

1. 以下属于设施选址需考虑的非成本因素是(　　)。

A. 原材料供应　　B. 能源供应　　C. 劳动力素质　　D. 地理环境

2. 超市选址时会最为注重以下哪项选址的影响因素？(　　)

A. 市场位置　　B. 原材料位置　　C. 基础设施条件　　D. 劳动力因素

3. 乳产品加工企业选址时会最为注重以下哪项选址的影响因素？(　　)

A. 市场位置　　B. 原材料位置　　C. 基础设施条件　　D. 劳动力因素

4. 服装加工企业选址时会最为注重以下哪项选址的影响因素？(　　)

A. 市场位置　　B. 原材料位置　　C. 基础设施条件　　D. 劳动力因素

5. 钢铁企业选址时会最为注重以下哪项选址的影响因素？（　　）
A. 市场位置　　B. 原材料位置　　C. 基础设施条件　　D. 劳动力因素

6. 化工企业的设施布置适合采取以下哪种类型？（　　）
A. 产品专业化布置　　B. 工艺专业化布置
C. 定位布置　　D. 混合布置

7. 手表生产企业的设施布置适合采取以下哪种类型？（　　）
A. 产品专业化布置　　B. 工艺专业化布置
C. 定位布置　　D. 混合布置

8. 船舶公司的设施布置适合采取以下哪种类型？（　　）
A. 产品专业化布置　　B. 工艺专业化布置
C. 定位布置　　D. 混合布置

9. 就作业相关图相关代号的评分而言，以下哪项的评分最高？（　　）
A. E　　B. I　　C. O　　D. U

10. 理发店会对以下哪项因素特别看重？（　　）
A. 是否接近顾客群　　B. 原料供应问题
C. 与竞争对手的相对位置　　D. 周围的人群密度

11. 以下办公室布置中，不利于人与人之间信息交流和传递的是（　　）。
A. 封闭式办公　　B. 开放式办公
C. 半开放组合办公　　D. 远程办公

三、简述题

1. 简述企业选址的影响因素。
2. 简述企业选址的原则。
3. 应用重心法进行选址时有何局限性。
4. 简述设施布置的原则。
5. 试述产品原则布置的优缺点。
6. 简述服务业企业选址应考虑的因素。

课堂案例

肯德基的选址秘密

肯德基对快餐店选址是非常重视的，选址决策一般是两级审批制，须通过两个委员会的同意，一个是地方公司，另一个是总部。选址的成功率是肯德基的核心竞争力之一。通常肯德基选址按以下几个步骤进行：

一、商圈的划分与选择

1. 划分商圈

肯德基计划进入某城市时,就先通过有关部门或专业调查公司收集这个地区的资料。有些资料是免费的,有些资料需要花钱去买。把资料买齐了,就开始规划商圈。

商圈规划采取的是计分的方法,例如,某个地区有一个大型商场,商场营业额为 1000 万元算 1 分,5000 万元算 5 分,有一条公交线路加多少分,有一条地铁线路加多少分,等等。这些分值标准是多年平均下来的一个较准确的经验值。

通过打分把商圈分成好几大类,以北京为例,有市级商业型(西单、王府井等)、区级商业型、定点(目标)消费型,还有社区型、社/商两用型、旅游型等。

2. 选择商圈

选择商圈即确定目前重点在哪个商圈开店,主要目标是哪些。在商圈选择的标准上,一方面要考虑餐馆自身的市场定位,另一方面要考虑商圈的稳定度和成熟度。餐馆的市场定位不同,吸引的顾客群不一样,商圈的选择也就不同。

二、聚客点的测算与选择

1. 要确定这个商圈内最主要的聚客点在哪儿

例如,北京西单是很成熟的商圈,但不可能西单任何位置都是聚客点,肯定有最主要的聚集客人的位置。肯德基开店的原则是:努力争取在最聚客的地方及其附近开店。

过去古语说“一步差三市”,开店地址差一步就有可能差三成的买卖,这跟人流动线(人流活动的线路)有关。可能有人走到这该拐弯,则这个地方就是客人到不了的地方;差了一个小胡同,生意就会差很多。这些在选址时都要考虑进去。

人流动线是怎么样的,在某个区域里,人从地铁出来后是往哪个方向走等,都需要派人去掐表、去测量,有一套完整的数据之后才能据此确定地址。比如对店门前人流量的测定,是在计划开店的地点掐表记录经过的人流,测算单位时间内多少人经过该位置。除了该位置所在人行道上的人流外,还要测马路中间和马路对面的人流量。马路中间的只算骑自行车的,开车的不算。是否算马路对面的人流量要看马路宽度,路较窄就算,路宽超过一定标准(一般就是到隔离带)的,顾客就不可能再过来消费,就不算对面的人流量。

肯德基选址人员将采集来的人流数据输入专用的计算机软件,就可以测算出在此地投资额不能超过多少,超过多少这家店就不能开。

2. 要考虑人流的主要动线会不会被竞争对手截住

人流是有一个主要动线的,如果竞争对手的聚客点比肯德基选址更好就会有影响,如果是两个一样就无所谓。例如,北京北太平庄十字路口有一家肯德基店,如果往西 100 米竞争业者再开一家西式快餐店就不妥当了,因为主要客流是从东边过来的,再在那边开,大量客流就被肯德基截住了,开店效益就不会好。

3. 聚客点的选择影响商圈选择

聚客点的选择也会影响商圈的选择,因为有没有主要聚客点是一个商圈成熟度的重要标志。比如北京某新兴的居民小区，居民非常多，人口素质也很高，但调查显示，找不到该小区哪里是主要聚客点，这时就可先不去开店。当什么时候这个社区成熟了，或比较成熟了，知道其中某个地方确实是主要聚客点后再去开。

为了规划好商圈，肯德基开发部门投入了巨大的努力。以北京肯德基公司为例，其开发部人员常年跑遍北京各个角落，对每年建筑和道路变化极大、当地人都易迷路的地方了如指掌。经常发生这种情况：北京肯德基公司接到某顾客电话，建议肯德基在其所在的地方设点，开发人员一听地址就能随口说出当地的商业环境特征，是否适合开店。在北京，肯德基已经根据自己调查划分出的商圈，成功开办了56家餐厅。

肯德基与麦当劳的市场定位相似，顾客群基本上重合，所以我们经常看到一条街道一边是麦当劳，一边是肯德基，这就是肯德基采取的跟进策略。因为麦当劳在选择店址前已做过大量细致的市场调查，挨着它开店不仅可省去考察场地的时间和精力，还可以节省许多选址成本。当然，肯德基除了跟进策略外，它自己对店址的选择也有很多优秀之处值得借鉴。

有了店址的评估标准和一些成功案例后，我们就可以开发出一套店址评估工具。它主要由几个表格组成：租赁条件表、商圈及竞争条件表、现场情况表、综合评估表。它们是人们进行连锁经营店址评估的标准化管理工具。

（资料来源：http://caselibdrcnetcom.cn）

项目四　工作设计与时间研究

学习目标

【知识目标】

1. 掌握岗位工作设计的内容（"5W1H"技术）和要求；
2. 掌握岗位工作设计的理论和方法；
3. 掌握工作团队的内涵；
4. 掌握动作、操作分析方法；
5. 掌握工时消耗分类；
6. 掌握时间定额方法。

【能力目标】

1. 能运用"5W1H"技术进行岗位工作设计，制订管理工作方案；
2 能用程序图描述工作流程；
3. 能用定额管理方法制订考核方案。

【素质目标】

1. 通过岗位工作设计内容的学习，培养学生的组织能力和项目进度控制能力；
2. 通过学习定额管理方法，培养具有承担重大项目的能力。

任务一　工作设计

工作设计是生产运作系统设计的内容之一，就是设置生产运作系统中的工作岗位和工作内容。其目的是综合利用各种方法、手段，工作方法研究，工作衡量，工作标准，报酬体系等，尽可能地优化人—机—环境的关系，充分发挥员工的潜力、潜能，设计出满足组织及技术要求、满足工人生理和个人需求的工作结构,达到提高生产率和产品质量、降低成本、缩短生产周期的目的。当组织进行生产时,要明确需要做哪些工作,由什么人来做、怎样做、何时做以及这些工作人员之间的协作关系等。工作设计是在生产系统中根据生产任务要求设置好各个工作岗位,明确每个岗位的工作职责,规定各个岗位的工作内容,明确每个员工与任务之间的关系。

导入案例

【情境 4.1】 以下是某小家电公司包装工岗位职责。

1. 必须服从班长工作安排,做好本职工作。

2. 将所领用的包装材料(如纸箱、封口胶、包装袋等)分别整齐堆放到包装台两侧,不得随意乱放。

3. 包装时,必须按照作业指导书要求进行操作,并符合质量要求,做到整齐、美观。

4. 每班产品必须包装完毕后方可下班,不能遗留到下一班,包装完工产品要及时入库。

5. 保持场地整洁,包装的废弃物放到指定位置,不能乱放。

6. 爱护设备,负责打包机的日常维护。

7. 工作完毕后做好交接班手续。

该企业对各项生产作业都制定了作业指导书(作业规范),你认为该公司是否有必要制定《包装工岗位工作标准》?如果制定岗位工作标准,通常应该怎样做?

案例分析

岗位职责是要求某个岗位应该完成的工作内容以及应当承担的责任范围,岗位标准除了有岗位职责之外,还有任职条件、工作的环境、达到的标准等。因此,我们要全面了解岗位工作设计的内容、目的、过程、方法和要考虑的因素等,全面掌握这些知识才能分析包装工岗位职责能否满足对包装工岗位管理的要求。

一、工作设计的内容

早在 100 多年前,当泰勒提出“科学管理”这个著名的管理方法时,传统的工作设计就出现了。工作设计是探讨如何有效组织生产劳动的过程,它通过把工作任务分解成若干个组成部分,对每个部分的内容进行测算,从而找到提高效率的方式。工作设计的内容主要包括以下内容:

(1)明确工作任务。

(2)通过分工确定工作内容。

(3)明确每个劳动者的职责。

(4)以组织的形式规定分工后的协调。

泰勒认为,管理者应当科学地分析工作,用精确的分析和实践去发现最为经济有效的方式去完成一项工作。管理者应善于挑选工人并加以培训,然后把他们安置在合适的岗位上。泰勒强调了由管理者和工人共同组成的团队的重要性。他认为,管理者必须承担起协调工作的重任,而不仅仅是由计划和时间表去操纵。他还认为“科学管理”发生作用的前提是管理者和工人共同参与。泰勒的科学管理技术被许许多多的工厂采纳,对20世纪上半叶美国生产力的提高作出了巨大贡献。时至今日,泰勒的科学管理理论仍然是许多管理者用以提高劳动生产率的首选方法。

人们在社会组织中从事生产运作活动,而组织也依赖于人的努力工作来达到目标。因此,如何组织(设计)人们的工作,使他们能够发挥出最大的劳动效率就成了生产运作管理的一个重要内容。工作设计是为有组织的群体中的某一个人或某一群人指明活动内容,其目的是设计出满足组织及其技术要求和满足工人生理及个人需求的工作结构。

工作设计是一项复杂的事情,因为最终的工作结构将涉及许多因素。工作设计必须决定谁来完成、何时完成且如何完成。每个因素可能还涉及其他问题,如图4-1所示。

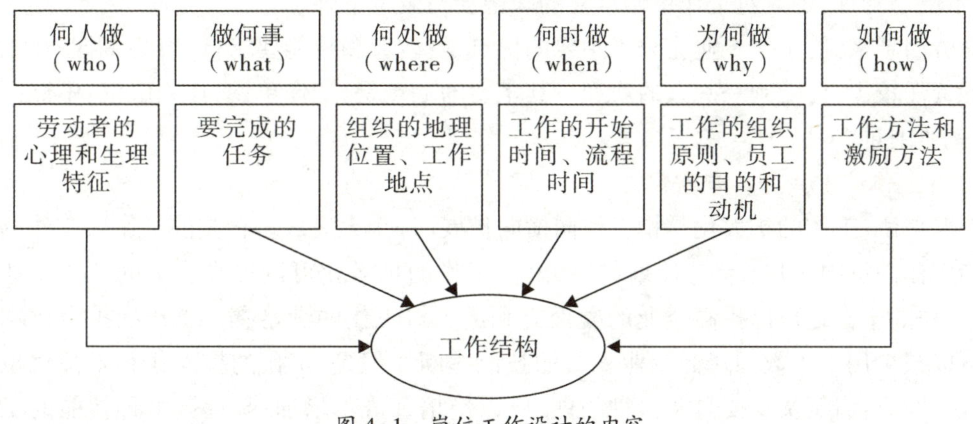

图4-1　岗位工作设计的内容

二、工作设计中的社会技术理论

在早期的研究中,有人就已经发现了人的心理因素对工作效率的影响,以及一个正式组织中存在着非正式组织,且非正式组织有着自己的价值观等。在此之后,关于工作设计中的心理因素内容仍在大量被研究着。

英国埃里克特瑞斯特等人提出了工作设计中的社会技术理论。该理论认为,任何一个生产运作系统中都存在两个子系统:技术子系统(设备、工艺、工作方法等)和社会子系统(人的心理因素,如社会尊重、工作热情、安全需求、自我价值等)。如果只强调其中的一个而忽略另一个,就可能导致整个系统的效率低下。因此在工作设计中,应该把技术因素与人的行为、心理因素结合起来考虑。该理论的价值在于它不像早期以泰勒为首的那些管理者过度强调技术因素对工作效率的影响,而是要求在工作设计中将技术因素与人的行为、心理因素结合起来考虑。

哈克曼和奥德汉姆对继霍桑研究之后关于工作设计中的心理因素特征的研究进行了总结,得出了以下几个特征:

(1)技能多样性,即工作应该要求员工具有多种技能和才干,以增加其满足感。

(2)工作完整性确认,即工作应该使员工感觉到工作的整体性,并知道它的开始和结束。

(3)工作的重要性感知,即工作应给员工一种它对企业和社会有利的感受。

(4)自主性需要,即工作应该提倡自由、独立和分离。

(5)信息反馈,即工作应该提供关于生产活动的清晰、及时的信息。

三、工作设计中的行为方法

(一)工作专业化

专业化分工的主要原则是集中工作注意的能力,从而精通特定类型的工作。

对管理者来说,工作专业化分工主要的优点是:可快速地培养工人和专业人员;工作单一重复,生产率高;由于更换劳动力较容易,所以工资耗费较低。但是,专业化分工也有很多缺点。其主要的缺点是:由于在生产线上分工过细,难以控制质量;容易造成个别人的技术垄断,不便于管理;工人对工作单调重复的厌倦会使效率下降。

对劳动者来说,工作专业化分工主要的优点是:教育和技能要求低,容易掌握;在工作中承担的责任较少,会受到一些人的欢迎。其主要的缺点是:工作单调,使人厌倦;不能深入学习,再就业困难。

(二)工作的扩大化和丰富化

一般来说,工作的扩大化是指工作向横向扩展(一个人完成多种类的工作),工作的丰富化是指工作向纵向扩展(参与计划和决策)。工作的扩大化可以提高员工的工作兴趣和热情,而工作的丰富化可以提高企业的凝聚力和员工对工作的满足感。工作的扩大化和丰富化还可以减少用工人数和降低专业人员的技能垄断。但是,工作的扩大化和丰富化也有其缺点。主要有:由于员工要具备多种技能,所以使培训成本增加;掌握了多种技能的工人要求更高的工资水平,从而增加了生产成本;事故率有可能增加。

四、团队工作方式

团队工作方式,是围绕某项任务,以团队方式独立开展工作。在团队工作方式下,每位员工在工作中不仅是执行上级的命令,更重要的是积极地参与团队活动,起到决策与辅助决策的作用。团队工作方式的基本思想是使全员参与,调动每位员工的积极性和创造性,使工作任务包括效率、质量、成本等的综合结果能尽善尽美地完成。因此,团队工作方式有三项要求:第一,团队成员一专多能,能够比较熟悉团队多项工作职能,确保工作协调、顺利进行;第二,团队工作基本氛围是信任,建立长期监督控制机制,避免对每步工作的稽核,以提高工作效率;第三,团队处于变动状态,针对不同的事物,可以建立不同的团队,同一个人也可能属于不同的团队。

(一)团队的含义

团队就是由两个或者两个以上相互作用、相互依赖的个体,为了特定目标而按照一定规则结合在一起的组织。也可以说,团队是由员工和管理层组成的一个共同体,它合理利用每个成员的知识和技能协同工作,解决问题,达到共同的目标。团队由目标、人、定位、权限、计划五个要素(5P)构成:

1. 目标(purpose)

每一个团队从组成的时候开始,就有了自己既定的目标,告诉团队成员要做什么、任务的指向在何方。团队成员为了共同的目标既独立自主又协调配合工作,合力实现共同的目标。

2. 人(people)

团队的核心是人。在团队中要吸纳具有不同才能的员工,诸如策划人员、技术人员、协调管理人员、监督考核人员等,形成技能互补、高效工作,不同的人通过分工来共同完成团队的目标。

3. 定位(place)

团队的定位包含两个层面。一是团队的定位,要考量团队在企业中处于什么位置,团队的成员的选择和决定权归谁,团队最终应对谁负责,团队采取什么方式激励下属;二是个体的定位,要考量团队成员在团队中扮演了什么样的角色。

4. 权限(power)

团队负责人及相关成员都被赋予相应的权限,其权限的大小随着团队的发展阶段和任务的变化而改变,团队初创的初期发展阶段,团队的权限相对比较集中,随着团队走向成熟,权限可能随之减少。

5. 计划(plan)

每个团队开展工作都必须制订工作计划。一是要最终实现工作目标,需要制定一系列具体的行动方案;二是提前按计划开展工作,可以保障团队工作进度的顺利推进。

(二)团队的类型

按照其存在的目的和拥有自主权的大小,团队可以分为三种类型。

1. 解决问题型团队

解决问题型的团队是一种非正式组织,它通常由一个部门内不同班组的成员自愿组合而成,七八个人或十来个人,大家每个星期在一起聚集一次或若干次,每次几小时,针对工作中遇到的一些问题进行分析研究并寻求解决方案。解决问题型团队的核心关注的是提高生产质量、提高生产效率、改善企业工作环境等。例如,针对生产中遇到的产品质量、生产率提高、操作方法和设备与工具的改造等问题,团队中成员就如何改变工作程序和工作方法相互交流,提出具体的改进建议,提交给管理决策部门。解决问题型团队的成员只提出建议和方案,没有根据建议采取行动的实际权力。20 世纪 70 年代,解决问题型团队被日本企业广泛采用,日本解决问题型团队的典型代表——QC 小组,在提高企业产品质量、改善企业生产系统、提高生产率等方面获得了极大的成功;对于提高员工的工作积极性、改善职工关系、职工与经营者的关系也起了很大的作用。这种团队迅速被推广到了美国等世界各地的企业。

2. 多功能型团队

多功能型团队亦称为跨职能型团队,团队成员由来自同一等级、不同工作领域的员工组成,这些成员既可以是普通职工,也可以是与所需解决问题相关的专家和经营管理人员。多功能型团队组成的目的是要完成某一项具体的目标任务,例如,某个新产品的开发;某项新技术的引进与评价;某种劳资关系问题处理等。多功能型团队便于组织内部,甚至是组织之间不同领域的员工进行信息交流,激发产生新的观点,协调复杂的项目,解决面临的问题。由于多功能型团队面临的工作任务复杂多样,在不同背景、经历和观点的成员之间,需要花较多的时间相互适应,从而建立起信任,以利于合作共事。

多功能型团队被赋予一定的决策和实施权限。多功能型团队的成员中,有团队中的经营管理人员,他们拥有一定的决策权,可以直接向最高决策层报告。所以,多功能型团队的工作结果,包括各种建议或方案,是可以得到实施的,甚至团队本身就是为实施某个方案而设立的。多功能型团队是一种非常设机构,通常是为某项一次性工作或某一个项目而设立的。这种团队的特点是使基层员工的意见和建议与经营管理层的沟通变得更加便捷,员工的意见也能直接反映到决策之中。20 世纪 80 年代末,所有主要的汽车制造公司都采用了多功能型团队形式来协调完成复杂的项目,包括丰田、尼桑、本田、宝马、通用汽车、福特、克莱斯勒等著名企业。

3. 自我管理型团队

自我管理型团队通常由数人(几人至十几人)组成,通过自我管理、自我负责、自我领导、自我学习,共同完成一项相对完整的工作任务。自我管理型团队的责任范围包括控制工作节奏、决定工作任务的分配、安排工间休息,甚至可以自己挑选成员,并让成员相互进行绩效评估。也就是说自我管理型团队的成员可以自己决定任务分配的方式和任务轮换,自己承担管理的责任,如制订工作进度计划、采购计划、临时工雇用计划等,决定工作方法,甚至承担自己的上司所承担的一些责任。

自我管理型团队引入了两个重要的新概念:一是员工授权,即组织把决策的权力和责任层层下放,直至每位普通员工。自我管理型团队改变过往组织的任务分配模式,将原来由不同层次、不同部门的管理人员来决定的工作进度计划、人员雇用计划等权力交给每个团队成员,并由他们承担相应的责任;三是组织重构,即将原有的组织架构重新梳理整合,形成新的组织结构和运作模式。采取这种工作方式之后,原先的班组长、工段长、部门负责人(科室主任、部门经理等)中间管理层的角色由团队成员自行担当,组织层次变少,实现了组织结构的“扁平化”。这种自我管理型团队引发的组织重构实际上是权力层层下放,交给每个团队成员的必然结果。

研究表明,自我管理型工作团队虽然具有强大的优越性,但是具体到某一个组织,却不一定能带来积极的效果。因此不能一概而论,生搬硬套。

(三)团队工作的目标

目标是个人、部门或整个组织所期望的成果。就组织而言,团队工作的目标是指根据团队的使命而提出的团队在一定时期内所要达到的预期成果。在团队工作的要素当中,目标是十分重要的,常言说:人不是因为辛苦而停止,而是因为盲目而放弃。特别是在高效的团队之中,团队成员对所要达到的目标更要有清楚的了解,并且坚信这一目标具有重大的意义和价值。每个团队成员都要以团队工作目标的重要性来激励自己和其他所有的团队成员,并将个人目标融入和升华到团队工作目标当中,为团队目标作出承诺,共同工作直至工作使命最终完成。

建立团队工作的目标具有以下非常重要的意义:提高团队成员的沟通能力;提高团队成员的领导能力;激发团队成员的潜能;增强培训和发展员工的能力;建立积极、开放的团队气氛,建立自信等。

帮助团队设定明确的工作目标可以依照"SMART 原则"去做。

1. 明确性(Specific)

目标必须是具体的、明确的。就是要用具体的语言清楚地说明团队所要达成的行为标准。成功团队共同的特征就是有明确的工作目标。目标设置要完整,做到有项目、有衡量标准、有达成措施、有完成期限以及有资源要求等,使团队在某一工作时期内计划要做哪些事情和计划完成到什么程度都一目了然,以便于考核。如果一个团队目标定得模棱两可,并且还不能将目标有效地传达给团队成员,那么这些团队注定难以获得成功。

2. 可衡量性(Measurable)

可衡量性就是指团队工作目标应该是可以衡量的,而不是模糊的,而且尽可能是一个定量的可以衡量的分析数据,以此作为衡量团队工作是否达成目标的依据。如果制订的团队目标没有办法衡量,就无法判断这个目标是否实现。团队工作目标的衡量标准要遵循"能量化的量化,不能量化的质化"的原则,着眼于数量、质量、成本、上级和客户五个方面,使目标制订、目标考核有一个统一的、标准的、清晰的、可度量的标尺,杜绝在目标设置中使用概念模糊、无法衡量的形容词描述。目标细化、工作流程化等方法都可以实现目标的可衡量性。

3. 可实现性(Attainable)

目标的设定基于现实,并具有一定的挑战性,是通过努力可以达到的。目标的制订过程不能一厢情愿,而应该为团队成员所能接受,领导者要吸纳下属的意见,在目标制订时,坚持让团队成员更多地参与、上下左右沟通,使得团队和个人之间观点达成一致,使得目标实施更易于操作,避免产生对立情绪和沟通障碍,从而增加实现目标的现实可能性。

4. 相关性(Relevant)

团队工作目标的相关性是指制订的团队目标与其他目标的关联情况。团队在设定目标时,需要考虑达成该目标所需要的相关条件,譬如人力资源状况、硬件与技术条件、系统信息条件、团队环境因素等。团队设定的目标往往与其他各类目标掺杂在一起,相互关联。例如,个人目标与团队目标相关,长、中、短期目标相关,目标与岗位职责相关,目标与目标之间关联和不冲突等。如果团队制订并实现了某个目标,这个目标却与其他目标完全不相关,或者相关程度很低,那么这个目标的意义就不是很大。

(5)时限性(Time-Boimd)

团队工作目标的时限性就是指目标的达成是有时间限制的。没有时间限制的目标是无法考核的,也是缺乏效率和不公正的,会挫伤员工的工作积极性。因此在拟订团队工作目标时,要对工作目标作出时间限制,根据工作任务的权重、事情的轻重缓急,确定完成目标任务的时间,定期检查任务完成进度,及时掌握工作进展和变化情况,及时对下属进行工作指导,并根据工作发生的异常情况及时调整工作方案。

(四)高效团队设计

建立高效团队需要一定的工作方法,借助一些常见的管理工具精心设计,主要考虑如下问题。

1. 认识团队成员所具有的优势和劣势

团队运作过程中面对诸多的外部的威胁与机会,要取得任务的成功,首先就应该对团队的状况有一个深入的了解,掌握团队成员对工作的喜好、处理问题的方式、基本价值观差异等,尤其是要认清自身的优势和劣势,通过分析所处环境来评估团队的综合能力,找出团队综合能力与所需达成的团队目标要求之间的差距,形成共同的信念,以此确定团队如何才能够扬长避短、发挥优势、回避威胁、提高迎接挑战的能力。

2. 明确团队工作的目标和行动计划

团队要以工作任务为导向确定团队工作的目标和行动计划,并使每个团队成员清晰了解和把握。为了激发团队成员的激情,还可以确立阶段性任务,使团队成员更好把握工作节奏,创造出令成员工作的兴奋点。

3. 在合适的时机采取合适的行动

团队工作要讲求高效率,这时候对行动时机的把握就显得尤为关键。关键的节点在于:团队任务的启动时机;团队遇到困难或障碍时,分析与解决问题的机遇;团队面对内、外部冲突时进行舒缓或消除的时机;在何时与何地取得相应的资源支持的机会等。必须因势利导,见机行事,求得圆满结果。

4. 形成团队的运行规则

为了实时高效地实现团队目标,就要花大力气梳理好内部关系,做好内部资源整合工作,建立团队运行的游戏规则。具体做法是要在团队内部进行分工,明确不同的团队角色应承担的职责、履行的权力、协调和沟通内容与方式等。通过团队内部各个成员之间明确的岗位职责描述和说明,建立团队成员的工作标准。以此将激励机制引入团队建设,增强团队成员的责任感和使命感,保证团队工作有条不紊、顺利地开展。

导入案例解析

岗位工作标准通常包括工作内容、工作标准、任职条件、岗位职责等,包装工工作比较简单,并且有作业指导书规定了作业规范,一般不再需要制定岗位工作标准。如果制定岗位工作标准,通常的步骤如下。

(1)岗位工作分析。运用“5W1H”技术的指导思想分析包装人员所从事的岗位工作特点;

(2)形成可能的岗位设计方案。运用“5W1H”技术,根据岗位分析的结果,针对相关岗位的特点拟订岗位工作设计方案;

(3)评价和确定工作方案。从实施的技术方法、经济性、环境、实施难易度等方面进行系统的研究分析,确定最佳工作方案;

(4)形成工作规范。按照经过反复分析、比较、论证之后形成的最佳岗位设计方案,拟订《包装人员岗位工作标准》。

技能训练

根据【情境4.1】的包装岗位职责所述，指出包装工的工作内容，并指出与其他工作岗位的关系。

要点总结

工作设计是基于工作岗位设计相关理论，采用工作岗位设计的科学方法，结合实际工作状况整合完成。整个过程中需要用岗位工作设计"5W1H"技术、工作设计方法、效率学派、行为学派、工作团队等相关知识作为行动的支点，其目的是在分配工作时既满足生产组织、生产技术的要求，又满足个人心理的需求。

任务二 工作研究

当接受一项工作时，用什么样的操作方法作业效率高，应该怎样安排操作的程序，先实施哪个步骤后开展哪个步骤，采用多长时间完成作业比较合理，工作研究就是要明确回答这些问题。进行工作研究就是排除作业中不合理、不经济的因素，寻求更经济、更合理、更容易的工作方法，以提高工作效率。

导入案例

【情境4.2】 以下是某小家电公司包装电风扇的操作步骤：

(1)按照作业指导书与包装文件要求，备好相应规格的彩盒和外箱。

(2)用封箱胶纸把彩盒、纸箱底面封粘整齐，在封好的彩盒底部加泡沫下衬垫，先将套袋的电风扇装入彩盒，加泡沫上衬垫，在泡沫上衬垫上放置装有说明书、保修卡、产品合格证的印刷品胶袋，彩盒用封箱胶密封。

(3)按要求将彩盒装入大箱，然后将每个大箱整齐摆放到托板上，依次重复放上面，总共摆放五层。

你如何判断这个操作步骤是否合理？

案例分析

分析操作步骤是否合理，要利用工作研究理论全面分析包装作业的工作内容和方法，分析包装作业的操作程序、步骤，判断操作步骤的合理性。

一、工作研究的内容与步骤

（一）工作研究的内容

1. 工作研究的含义

工作研究是针对现实的工作状况，通过改进作业流程和操作方法，实行先进合理的工时定额，形成并实施新的工作标准，达到降低成本、提高工作效率和效益、增强组织竞争能力的一种基础技术。

2. 工作研究的目的

工作研究的目的是提高工作效率和员工的工作满意程度，使组织在成本、质量、服务和速度等重要绩效指标上得以改善。

3. 工作研究的过程

工作研究的过程是对现行工作进行分析研究，重新整合改进，制定出新的工作标准的工作过程。在这个过程中，必须进行整体考虑，包括组织的环境因素和工作岗位本身的因素，例如岗位工作的内容、岗位工作的自主性、岗位工作的难度、岗位信息流程、岗位责任、岗位之间的职权关系、工作协作要求、与他人交往建立友谊的机会、工作过程中集体合作的要求等。工作研究的关注点主要放在两个方面：一是绩效成果因素，例如生产率高低、员工对工作岗位的满意度、员工出勤率、员工离职率等；二是员工的个人特征，例如员工的个人需求、员工的价值观取向、员工的个性及学习能力等。

4. 工作研究的内容

工作研究包括工作方法研究和工作时间研究（也称为“作业测定”）。工作标准的形成是建立在工作方法与工作时间研究基础上的，工作研究的内容如图 4–2 所示。

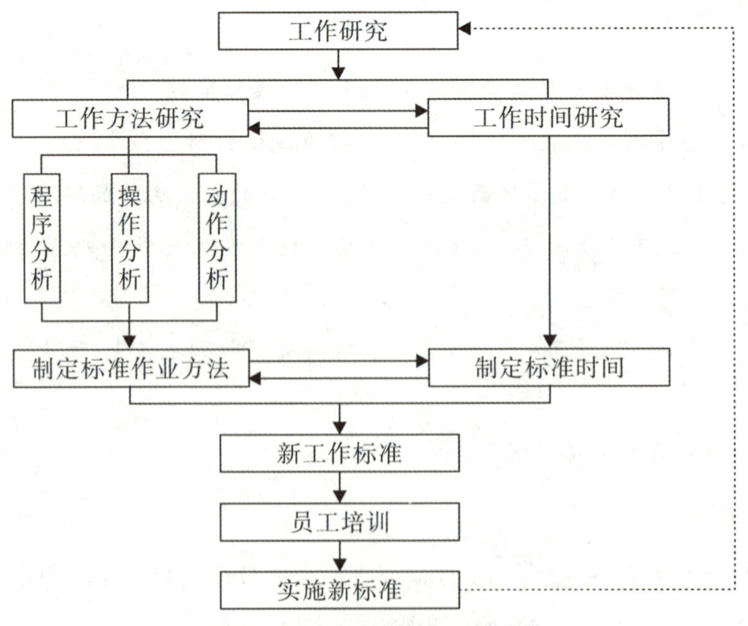

图 4–2 工作研究的内容

(二)工作研究的步骤

工作研究要按照七个步骤来进行,如图 4-3 所示。

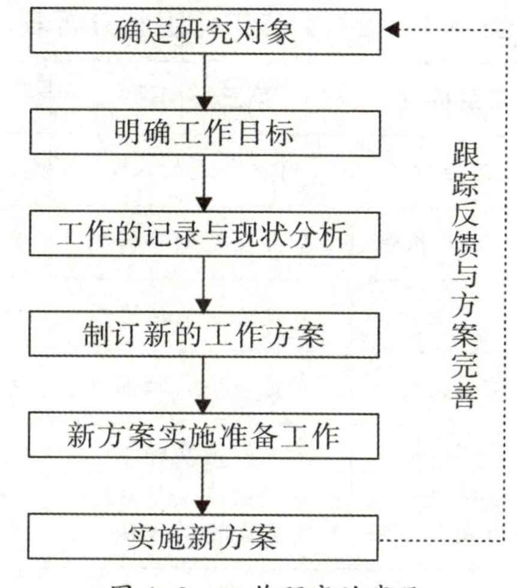

图 4-3 工作研究的步骤

1. 确定研究对象

通常组织确定研究对象时,着眼于系统的关键环节、薄弱环节;或者是带有普遍性的问题等方面,或者是从实施角度容易开展、见效快的方面。换言之,就是选择那些效率明显不高、成本耗费较大和亟须改善的工作作为研究对象。研究对象可以是运作系统的全部,也可以是系统运作的某一局部;可以具体到工序、岗位,甚至是操作人员的具体动作或者时间标准等。在确定研究对象时要考虑三方面的因素:第一是经济因素:要针对能力瓶颈、废品率高、成本比重大等关键事项,选择经济价值高的问题;第二是技术因素:要确定自身实施研究有足够的技术力量、知识和手段;第三是人的因素:要预估员工对研究工作的接受程度和欢迎程度。

2. 明确工作目标

研究对象确定之后,要针对这一研究对象分解设定出具体的研究目标,工作研究的目标包括:①减少作业所需时间;②节约作业中的物料消耗、降低运作成本;③提高工作质量的稳定性;④增强员工工作的安全性,改善工作环境和工作条件;⑤改善员工的操作,减少劳动疲劳;⑥提高员工对所从事工作的兴趣,增强员工的劳动积极性。

3. 工作的记录与现状分析

(1)观察现行操作方法,记录全部事实。借助各类专用的表格、图表、录像带和电影胶片等工具,运用作业分析、动作分析等一系列基础工业工程等相关的手法,将当前采用的工作方法或工作过程如实地、详细地记录下来,以此作为工作研究的基础。这些记录的详尽、正确程度直接影响着下一步对原始记录资料进行分析的结果。

(2)严格考察记录事实,寻求改进现状的可能方案。运用 5W1H 和 ECRS 方法,对记录进行全面的分析,判断现行工作方法中的每一个步骤和每一动作是否必要、顺序是否合理、是否存在浪费、是否需要去除或者改变、是否有更好的方法,在分析研究的基础上提出可能的改善方案。

"5W1H(六何)"工作现状分析表,见表4-1。

表4-1 "5W1H"工作现状分析表

5W1H24问	第一层问题	第二层问题	第三层问题	第四层问题	结论
who	何人做	为何是他	有更合适的人吗	为何是更合适的人	定人
what	做何事	为何做此事情	有更合适的事情吗	为何是更合适的事情	定事
where	何处做	为何在此地	有更合适的地点吗	为何是更合适的地点	定位
when	何时做	为何在此时	有更合适的时间吗	为何是更合适的时间	定时
why	为何做	为何是此原因	有更合适的理由吗	为何是更合适的理由	定原因
how	如何做	为何采用此方法	有更合适的方法吗	为何是更合适的方法	定方法

4. 制订新的工作方案

制订新的工作方案是工作研究的核心部分。首先,要根据现场记录资料分析结果提出改进工作的构思;其次,采用ECRS或其他科学的分析评价技术,对这种构思进行评价、调整,构思并形成新的工作方案。

ECRS是指取消(Eliminate)、合并(Combine)、重排(Rearrange)以及简化(Simplify)。具体内容如下:

(1)取消。对所研究的工作,首先考虑取消的可能性。经过审查,取消所有没有必要保留的工作。例如,取消所有可以取消的工作内容、工作步骤、工作环节及作业动作;取消所有不安全、不准确、不规范的动作;取消所有不方便或不正常的作业;取消所有不必要的闲置时间等。

(2)合并。如果工作不能取消,则考虑能否与其他工作合并,凡能合并者,在保证质量、提高效率的前提下予以合并。例如,两种工具能否合并?两道工序能否合并?能否将必须突然改变方向的各个小动作合成一个连续的曲线动作等,这种合并可以达到省时、简化的目的。

(3)重排。对原有的作业序列进行宏观分析,考虑重新排列的必要性和可能性,对工作的先后顺序进行重新组合排列,达到显著提高效率的目的。例如,重新排列工艺流程,使程序优化;重新布置工作现场,使物流路线缩短;重排流水线工位,消除薄弱环节;重新安排分工,使工作量均衡等。

(4)简化。经过取消、合并、重排后,再对该工作进行深入的分析研究,使方法和动作尽量简化,既包括将复杂的流程加以简化,也包括简化每道工序的内容,使新的工作方法效率更高。例如,减少各种烦琐程序,减少各种复杂性;使用最简单的动作来完成工作;简化不必要的设计结构,使工艺更合理作业方法更简化;运送路线,信息传递路线力求缩短等。

经过ECRS处理,组织可能会形成多种新的工作方法选项,我们再从经济价值、安全程度和管理方便程度几方面来分析确定。

5. 新方案实施准备工作

新方案形成之后,还要从硬件和软件两个方面为新方案的实施做好充分的准备工作,避免出现工作环节的脱节和员工抵触现象。

(1)改善新方案实施所需的工作条件。例如添置设施设备、改善工作环境、优化工作流程等,使改进后的工作条件与新方案良性互动,更加匹配和完备。

(2)说服、培训工作。为所有的关键作业制定流程培训程序,委托专人指导工作和开展流程培训。

6. 实施新方案

当各项准备工作就绪之后,就要开始实施新方案。在实施新方案过程中,早做好思想准备,切忌急躁冒进、急于求成。因为要改变员工多年形成的思维定式和老的工作习惯,并不是一件容易的事情,要有耐心,循序渐进地推进。实施过程还要将工作方案具体化、标准化,形成可操作性的文本,并配套采取严格的考核奖罚措施。

7. 跟踪反馈与方案完善

新的方案实施后,要加强日常的检查、监督和管理,及时纠正新方案实施过程中的不当行为,发现存在问题,及时作出反馈,以便组织适时观测评估,进一步改进和完善方案,获取更好的工作成效。

二、程序分析

程序分析指的是对工作过程的序列状态进行记录、分析和改善的一种方法,主要运用于生产工艺过程,是将工艺过程中的物流及人的工作流程以符号形式进行记录、设计的方法。管理者通过这种方法可以了解工序整体的状态,有效地发现和掌握工作流程的问题点,研究制定出改善的对策,以提高流程效率。

程序分析用于制造企业称为生产过程分析;用于服务企业可称为作业过程分析;用于对信息处理业务的分析则可称为信息处理过程分析或数据流程分析。程序分析的主要目的和作用,就是要掌握全部生产过程包括工艺过程、检验过程、运输过程的实际状态,发现并去除过程浪费与不合理。

(一)程序分析图表的要素符号

程序分析有五种符号,分别代表了不同的工作程序和相关的工作内容,见表4-2。

表4-2 程序分析符号

符号	名称	工作内容
○	操作	在一个工作地完成一项工艺加工
□	检查	数量检查:按原始记录核对实际的产品产量质量检查:根据技术要求检查产品质量
⇨	运输	产品的位置发生变动

续表

符号	名称	工作内容
D	延迟	管理不善造成空闲和等待
▽	储存	在计划控制下产品的保存、停放

(二)程序分析图表技术概述

在工作研究中,可以针对不同的研究对象和研究方向,利用程序分析符号绘制不同的程序分析图表,进行程序分析。例如,就生产制造过程而言,进行程序分析就可以从整个制造程序、产品或材料或人的流动、布置与路线这三个方向进行,分别绘制出工艺程序图、人型流程程序图、物型流程程序图、线路图等不同的程序分析图,如图 4-4 所示。

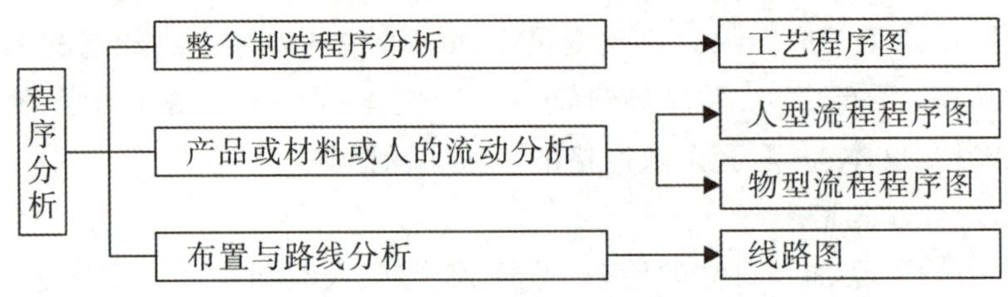

图 4-4 制造业程序分析索引图

1. 工艺程序图

工艺程序图又称为生产过程程序图,用于整个制造过程的产品工序分析,它是对产品的生产过程进行工序作业的描述和分析,目的是了解产品从原料投入开始到成品形成这一整个生产过程由哪些生产环节、多少主要工序所组成,经过了哪些加工顺序,对整个生产过程有一个概括的了解,以便从全局出发来分析问题。工艺程序图一般只用操作和检验这两种程序分析符号,较为粗线条。图 4-5 是服装衬里工艺程序图。

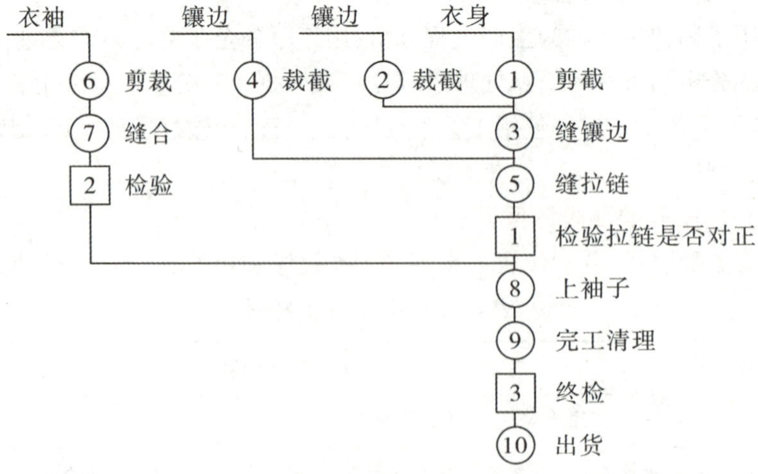

图 4-5 服装衬里工艺程序图

2. 流程程序图

流程程序图又称为工艺流程分析图,通常分为人型流程分析图(如图 4-6 所示)和物型流程分析图(如图 4-7 所示)两种形式。流程程序图是对某个零件(某项服务)的加工(服务)过程进行描述、分析,其目的是要了解物料(服务物品)流动的数量、搬运的距离、消耗的时间、工艺方法、作业地点、作业人员、使用的机器设备和工艺装备以及容器等状况,为分析工作提供切实的依据。流程程序图一般用四种程序分析符号(很少用延迟符号),比工艺程序图细致一些。

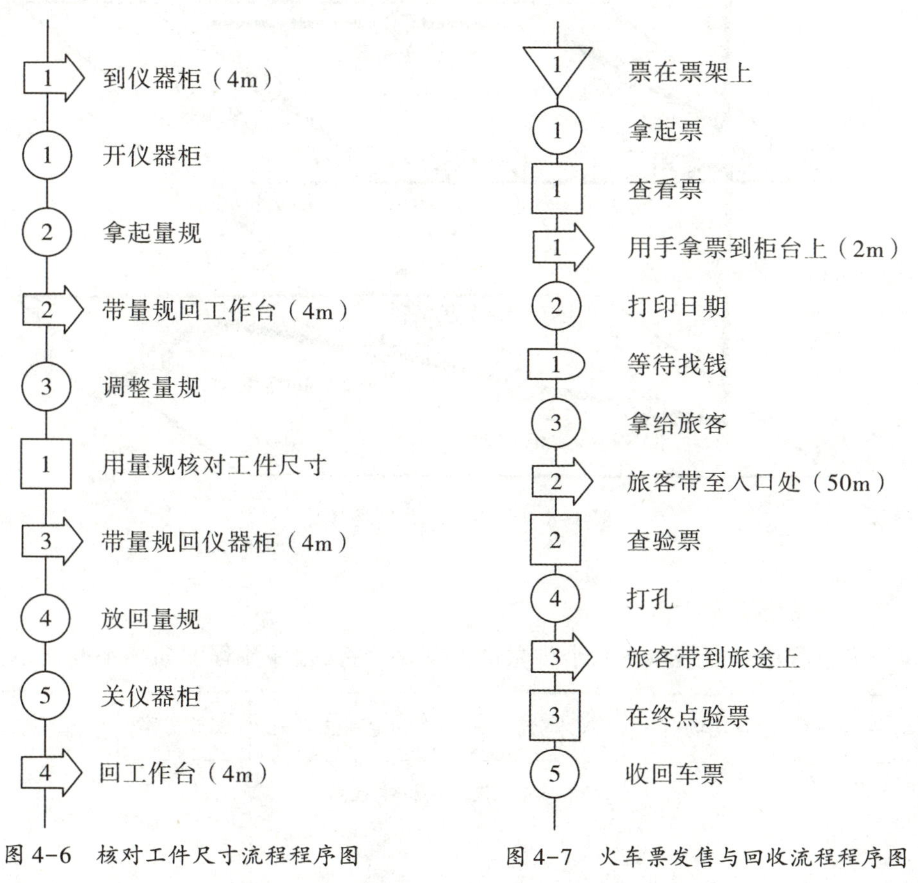

图 4-6 核对工件尺寸流程程序图　　图 4-7 火车票发售与回收流程程序图

3. 线路图

线路图是在工艺流程分析的基础上,进一步分析原材料、零部件加工等研究对象在厂内经过的路线是否合理。其目的是要改善厂房布置和设备配置。线路图的要求是:移动距离要尽量缩短;移动路线尽可能呈直线、L 形或 U 形;加工对象尽可能向一个方向移动,尽量避免往返移动;道路的宽度要合适,路面要良好、畅通,不要有不易搬运的地方。线路图更加具有工作的指向性,图 4-8 是零件加工立体线路图。

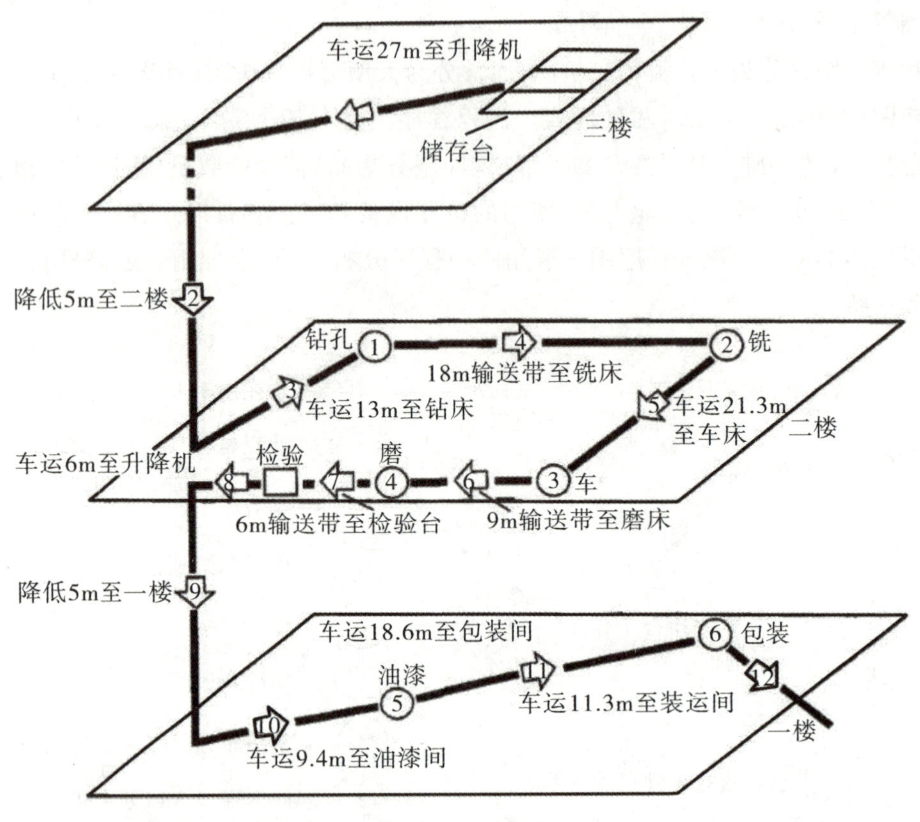

图 4-8 零件加工立体线路图

(三)程序分析的步骤

工作研究过程中可以按以下六个步骤进行程序分析,程序流程图如图 4-9 所示。

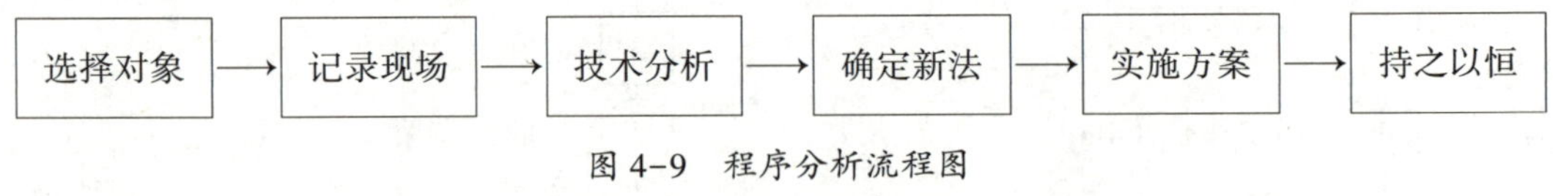

图 4-9 程序分析流程图

(1)选择对象,选择所需要研究的工作;

(2)记录现场,利用程序分析图表对现行的工作方法进行全面的记录;

(3)技术分析,采用"5W1H"技术,对所记录的事实进行逐项提问;并根据"ECRS"方法的四大原则,对有关程序进行处理;

(4)确定新法,在选择、记录、分析的基础上,建立最经济、最合理、最实用的新方法;

(5)实施方案,组织实行新方法,使所建立的新方法得以实现;

(6)持之以恒,坚持执行所形成的工作规范,并进行经常性的检查,维持标准方法不变。

三、操作分析

操作分析是要研究某一道工序、某一个工作地点的某一位员工(或群体)使用机器或不使用机器状态下的各个操作活动。操作分析与流程分析的区别在于:流程分析是研究整个生产的运行过程,分析到工序为止;而操作分析则是研究某一道工序的运行过程,分析到操作为止。

(一)操作分析常用的工具

操作分析常用的工具有人机操作程序图、联合操作程序图和双手操作程序图。这些图线详细地记录了操作者在工作地点的活动以及操作者与机器之间在同一时间、同一地点的协同工作状况。

1. 人机操作程序图

人机操作程序图用于记录作业者和机器在同一时间内的工作情况,以便分析寻求合理的操作方法,使人的操作和机器的运转协调配合,充分发挥人和机器的效率,制模人机操作程序图如图 4-10 所示。

作业员		经过时间(秒)	机器	
作业	时间		时间	作业
放模	16		16	放模
开机	13	29	13	开动
放材料	100		90	机器加工
		129	10	等特
停机	8	137	8	停机
取模	12	149	12	取模
取成品	18	167	18	等特

图 4-10 制模人机操作程序图

2. 联合操作程序图

联合操作程序图用于记录某一工作程序内,各个对象的各种不同动作之间的相互关系,用以分析当几个作业人员共同作业于一项工作时,作业人员在时间安排上的相互关系,以及排除作业人员作业过程中存在的不经济、不均衡、不合理和浪费等现象,其核心是提高班组的配合程度,减少总空闲时间和等待时间,装运零件联合操作程序图如图 4-11 所示。

现行方法			时间(min)	改善方法		
吊车	工人甲	工人乙		工人乙	工人甲	吊车
运 No1	装 No1		0	装 No1	装 No1	运 No2
		装 No2	5	装 No2	装 No2	运 No1
运 No2			10	表示工作时间		
				表示空闲时间		
			15			

现行方法统计						改善方法统计				
项目	周程	工作时间	空闲时间	利用率		利用率	空闲时间	工作时间	周程	项目
吊车	15	10	5	10/ 15=67%		10/ 10=100%	0	10	10	吊车
工人甲	15	10	5	10/ 15=67%		10/ 10=100%	0	10	10	工人甲
工人乙	15	10	5	10/ 15=67%		10/ 10=100%	0	10	10	工人乙

图 4-11 装运零件联合操作程序图

3. 双手操作程序图

双手操作程序图是将操作者在工作地操作时,左手和右手的动作按发力顺序、所有动作和空闲加以记录的图表。双手操作程序图可用于对各项操作进行分析并改进各项操作的动作,有助于员工的操作更加合理,组装螺栓和螺帽双手操作程序图如图 4-12 所示。

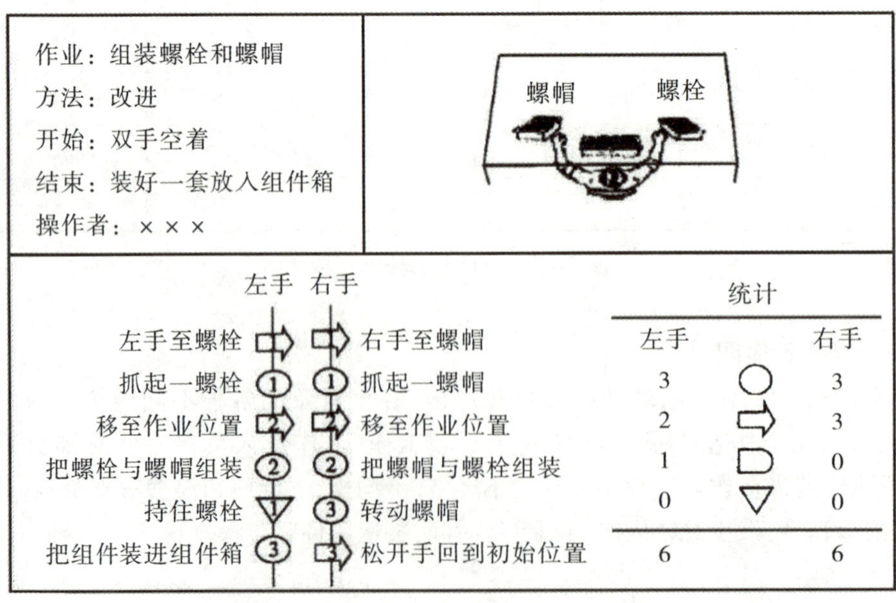

图 4-12 组装螺栓和螺帽双手操作程序图

(二)操作分析的基本要求

(1)执行简易。根据“ECRS”的四大原则,通过删减、合并、重排和简化,使作业过程的操作总数减至最少、工序排列达到最佳,并使每项操作简单易行。

(2)减少人体消耗与损伤。发挥双手的作用,平衡两只手的负荷,合理利用肌肉群,防止某些肌肉群由于动作过于频繁而产生劳损。

(3)减轻员工劳动强度。让机器设备承担更多的工作,发挥更大的作用,相应地使员工的劳动强度降低,得以恢复体力,以更好的精神状态投入工作。

(4)降低位移成本。减少物料运输和转移的次数,缩短运输和移动距离。

(5)缩减物耗。通过改进设备、工具、材料规格或工艺性,实现经济物料用量。

(6)适宜的操作空间。为工作地点保留足够的空间,使操作者有充分的回旋余地。

(7)追求人机协同效率。消除不合理的空闲时间,尽量实现人与机器同步开展工作。

通过操作分析,组织可以寻找进一步发挥人和机器的作用、缩短操作周期、提高工作效率的有效途径。

四、动作分析

(一)动作分析的含义

动作分析又称为“动素分析”(Analy Sisofther Bligs)、“方法研究”或“工作方法设计”,其主要内容是通过各种分析手段,发现、寻求最经济有效的工作方法。对员工作业中的动作进行细微的分析,促使其改进不合理、不经济的部分,取消多余、重复的部分,并对有效动作进行最佳组合设计,使工作达到标准化,更好地提升工作效率和经济效益。

动作分析典型的例证是:动作分析的创始人弗兰克·吉尔布雷斯(Frank Bunker Gilbreth,1868—1924),对砌砖的动作进行了专门的研究、分析。他把原来砌砖的 18 个动作,缩减为 5 个,使每个工人由原来每小时砌 120 块砖,增加到每小时砌 350 块砖,工效提高近三倍。

(二)动素及动素符号

动素(Therbligs),就是在完成一件工作时所需作出的基本动作,亦即动作的基本要素。员工工作过程中完成操作的方式虽然千变万化,但完成工作是由若干基本的动作构成。吉尔布雷斯将这些基本动作归纳为 3 种类型 17 个动素符号,后续研究者将其增补为 18 个基本动素符号。

(1)完成操作的 8 个动作要素:握取、实运(又称移物)、对准、装配、使用、拆卸、预对,放手。

(2)阻碍第一类动作进行的 6 个动作要素:寻找、发现、选择、检验、运空、计划。

(3)对工作无益的 4 个动作要素:休息、迟延、故延、持住。

(三)动作经济原则

动作经济原则的核心内容就是要减少作业过程中无效的动作,保持有效动作,从而提高劳动效率。动作经济原则划分为以下三大类。

1. 关于身体使用的原则

(1)排除不必要动作。

(2)动作应以最短距离进行。

(3)动作应使用最低位次的身体部位进行;人手动作分五个等级,最低为手指,依次上升是手腕、前臂、后臂、肩。尽可能用手指而不用手腕。

(4)尽可能利用物理力(惯性、重力等)。

(5)取消急剧转向动作,尽量使动作成为连续的曲线运动。

(6)建立作业节奏。

(7)双手动作尽可能同时开始、同时完成。双手除在休息时外,不应同时闲置。

(8)两腕运动应不在同一方向,而应为相反对称同时进行。

2. 关于作业区布置的原则

(1)工具和材料应放在固定位置。

(2)工具和材料应就近放置,且应按作业顺序排列。

(3)作业面与操作者有相适应的高度。

(4)作业面要有适当照明。

(5)材料的供应与搬运应利用重力。

(6)传送装置应尽可能靠近装配或使用的地方。

(7)尽可能使用吊车传送。

(8)为工人提供能保持其良好姿势的某种类型和高度的椅子。

3. 关于工具与设备的设计原则

(1)采取除了手之外,尽量使用身体其他部位进行操作的方式。

(2)尽可能把两个以上的工具结合起来。

(3)材料和工具应尽可能放在预定地方,不轻易变动。

(4)充分设计器材和工具手柄部所需要的功能。

(5)机器操作部件的位置应能使操作者极少变动其地点和姿势。

(6)手指操作时,应按其能力分配使用,如计算机键盘设计应合理。

(四)动作分析方法

1. 目视动作分析法

分析人员直接观测员工的实际作业过程,并将观察到的情况直接记录在专用的表格上,然后进行分析。这种分析方法比较简单,可以用肉眼观察并作出判断,但这种方法的缺陷在于有一定的局限性,不够精确。

2. 影片、录像分析法

分析人员通过录像和摄影记录员工作业的实施过程,再通过回放、影像来观察和分析作业动作,通常采用高速摄影分析(细微动作影像分析)、常速摄影分析、慢速摄影分析等分析方法。这种分析方法比较细致、精确有效,但这种方法的不足在于花费时间较多,有的做法成本较高。

3. 预定动作分析法

预定动作分析法(PTS法)是分析人员预定各种作业动作所需的时间,将作业活动分解为基本动作,并确定每个动作所需的标准时间,再根据作业记录进行分析。这种分析方法更加精确到位,但需专业人员进行操作。

4. 标准数据分析法

分析人员要建立起庞大的工作单元的作业时间数据库,并在操作过程中将这些工作单元所包含的一些基本作业动作组块与特定的机器或作业联系在一起,用标准数据系统计算工作的标准时间,这样,比预定动作分析法更为便利。这种分析法对组织的基础数据库建设提出了更高的要求。

五、工作测量方法

(一)工作测量方法的含义

工作测量方法又称作时间研究或工作测量,是以时间为尺度,对作业系统进行评价、设计和运用,并把作业分解成适当的作业要素、测定作业要素所需时间的方法。这种方法被用来开发绩效标准,目的是要制定各种工作或生产作业的标准时间,即劳动定额。在组织的管理活动中,许多方面都要使用这些标准时间,诸如所需员工、分配工作任务、制定标准成本、评估员工绩效和建立工作支付计划等。

(二)常用的工作测量方法

1. 秒表时间法

秒表时间法是用秒表在工作现场对生产作业直接进行观察、记录和分析研究的方法,实施的主要方式有以下几种。

(1)工作日写实,就是由专职写实人员利用秒表或其他时间记录器,对工人整个工作日的时间利用情况,按时间消耗的顺序,进行实地观察、记录和分析的一种方法。一般采取"一对一"方法,效率较低。

(2)工时抽样(瞬间观察),就是通过对现场的操作者或机器设备进行随机的瞬间观察,调查各种作业事项的发生率,进行工时研究的一种方法。其理论依据:随机抽样的样本和总体分布状态是相同的。该方法不但可用于生产现场,还可用于测定办公室的工作效率。

(3)测时,就是以工序为对象,按操作顺序实现观察和测量工时消耗的一种方法。一般用秒表或其他计时工具,来测定作业时间(基本时间和辅助时间),比较精确。其步骤是:①选择观测对象;②划分作业的操作要素,制作测时记录表;③记录观察时间,剔除异常值,计算各项作业要素的平均时间值;④计算该项作业的总时间,即取该作业各项作业要素平均时间之和;⑤效率评定,计算正常作业时间;⑥考虑宽放时间比率,确定标准作业时间。对实测的结果进行评定和宽放,公式如下:

$$正常作业时间=实测作业时间\times评定系数$$

$$标准时间=正常作业时间+宽放时间$$

$$或标准时间=正常作业时间\times宽放系数$$

2. 预定时间标准法

预定时间标准法(PTS 法)是利用现成的动素时间标准,制定作业时间标准的方法。这种方法近年来发展很快,有许多分支,如方法时间测量法、工作因素分析法、模特排时法等。

导入案例解析

判断操作工作业步骤是否合理要做以下工作:

(1)观察记录。观察包装工的现行操作方法,记录全部事实;运用作业分析、动作分析、程序分析等一系列工作研究的方法记录现状。

(2)研究岗位工作的方法。将所学的"5W1H"技术与"ECRS"方法相结合,严格考察记录事实,对记录的现状进行全面的分析,判断现有作业、动作方法、步骤是否存在浪费,是否有更好的方法,有无改进现状的可能方案。

(3)评价现在的作业方案。进行工作现状研究,形成研究分析报告,从实施的技术方法、经济性、环境、实施难易度等方面进行分析研究,评价现在工作步骤是不是最佳方案。

(4)制定新的作业规范。如果能够改进则对原作业步骤进行改进补充。

技能训练

根据图 4-12,请用语言描述组装螺栓和螺帽的双手操作程序。

要点总结

工作研究包括时间研究和方法研究。工作研究的目的是提高效率、避免浪费。工作研究的步骤包括:选择工作研究对象;确定工作研究目标;记录现行的工作方法;分析、设计、试用新的方法;新方法实施。在整个过程中需要了解工作研究的内容、掌握程序分析、操作分析、动作分析、"5W1H(六何)""ECRS"方法、工作测量(实践研究)等相关知识作为研究的知识支撑。

任务三 时间研究

时间研究是对操作者工作进行直接、连续地观测,对观测期间工作时间和工作数量(产量)进行详细记录,同时,把操作者完成工作的实际状况与标准概念相比,作出对工作(速度)评定系数的估定,利用这些数据计算出作业标准时间。

【情境 4.3】 例如,某一操作单位在设定观察误差下,满足测定要求的 20 次测定结果

分别是20、20、21、20、22、20、19、24、20、22、19、21、20、28、21、20、20、22、M、20（观测20次，其中1次漏记，因采用十进制分制秒表，其计时单位为0.01分）。

$$\bar{x}=\frac{\sum_{i=1} x_i}{n}=399/19=21.0 \qquad \sigma=\sqrt{\frac{\sum_{i=1}^{n}(x_i-\bar{x})^2}{n}}=2.02=2.0$$

一、时间研究概述

（一）时间研究的基本概念

时间研究又称为“作业测定”，是运用各种技术来确定合格工人按规定的作业标准完成某项工作所需要的时间。其作用主要有以下几个方面：

（1）定量比较两种或两种以上作业方法的先进程度。

（2）制定标准工时定额，借以确定企业的生产能力。

（3）制定标准的衡量制度和方法，更好地贯彻按劳分配原则。

（二）时间研究的方法

时间研究的方法主要有：

1. 秒表法（密集抽样法）

该方法是利用秒表或电子计时器，在一段时间内对作业的执行情况行直接的连续观测，直接取得各种操作活动的时间消耗。然后，把实际状况与标准概念对比，作出对工作（速度）的评定系数和宽放等数据，利用这些数据计算出作业标准时间。

2. 工作抽样法

工作抽样亦称“工时抽样”，它是由时间研究人员选择随机时刻巡视现场，对操作者或设备的工时利用情况进行必要的、一定量的瞬时观察，记录其出现的次数，再运用概率及数理统计方法，通过对置信度和可靠度的计算，推定总体的工时利用情况。

3. 预定时间标准法

预定时间标准法是利用预先为各种动作制定的时间标准来确定各种操作所需要的时间，而不是通过直接观察或测定。由于该方法能精确地说明动作并加上预定工时值，因而有可能较之用其他的方法提供更大的一致性。由于这种方法不需要对操作者的熟练、努力程度进行评价就能对其结果在客观上确定出标准时间，故称为“预定时间标准法”。预定时间标准法又分很多种，如工作因素法、动作时间分析法、模特法等。

二、工时消耗与标准时间的构成

（一）工时消耗的构成

所谓“工时”，就是工作班的工作时间。工人在生产中的工时消耗可分为定额时间和非定额时间两大部分，具体构成情况如图4-13所示。定额时间是指完成某项工作必须消耗的时间。

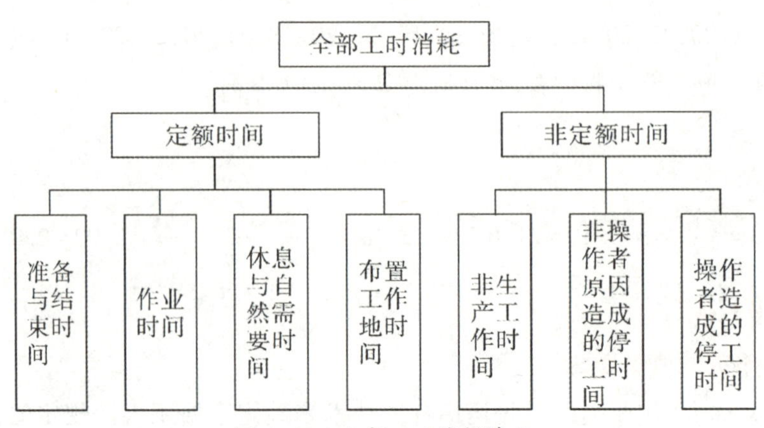

图 4-13　全部工时消耗情况

1. 定额时间

定额时间是指完成事项工作必须消耗的时间，定额时间由以下四类时间组成。

(1)作业时间。作业时间是指实现工作任务所消耗的时间，它是定额时间中最主要的组成部分。作业时间可以按其作用分为基本时间和辅助时间。基本时间是直接完成工作任务所消耗的时间，通常是指使劳动对象发生物理变化或化学变化所消耗的时间；辅助时间是指除基本时间外，为了保证实现工艺目的而必须消耗的时间，如机械加工中安装零件、测量尺寸和拆卸零件等工作所消耗的时间。

(2)准备和结束时间。准备和结束时间是指为完成某项工作，事前进行准备和事后结束工作所消耗的时间，如加工一批零件前熟悉图纸、领取工夹具、检查机床设备所消耗的时间，一批零件加工结束后拆卸工夹具、调整机床设备所消耗的时间，等等。准备和结束时间的特点是加工同一批零件只消耗一次，准备和结束时间与加工零件的批量无关。

(3)布置工作地时间。布置工作地时间是指为了保证生产的正常进行，工人用于照管工作地，使之经常保持正常状态所消耗的时间。它可以分为技术性时间和组织性时间。技术性时间是指由于技术的需要而消耗在布置工作上的时间，如更换刀具、消除切屑等。组织性时间是指消耗于班前准备工作和交接班工作上的时间。

(4)休息与自然需要时间。休息与自然需要时间是为了消除工人疲劳以及生理上的自然需要所消耗的时间，如喝水、上厕所等时间。

2. 非定额时间

非定额时间是指不是完成某项工作所必需的时间消耗，它大多是由于管理工作的缺点或工人违反劳动纪律引起的时间消耗。非定额时间主要是由下述时间组成的。

(1)非生产工作时间，这是指工人做了本身任务以外的工作所消耗的时间。

(2)停工时间，这是指工人在工作班内因某种原因未能从事生产活动，中断生产所损失的时间。若因计划水平低使操作者停工，应给予操作者适当的工时补偿，但这不属于定额时间问题。

(二)标准时间与工时定额

标准时间(工时定额)的含义是：在适宜的操作条件下，用合适的操作方法，以普通熟练工人的正常速度完成标准作业所需要的劳动时间。其构成如图 4-14 所示。

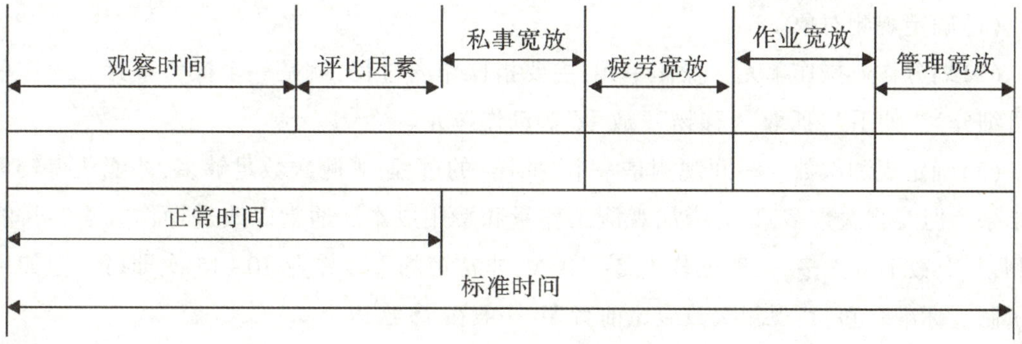

图 4-14 标准时间构成

标准时间具有以下特性：

(1)客观性。对应于某一标准化的作业操作(通过方法研究),标准时间是不以人们的意志为转移的客观存在的一个量值。

(2)可测性。只要将作业标准化了,就可以用科学的方法对操作进行测定(如秒表测时、工作抽样、预定时间标准等),以确定标准时间的量值。

(3)适用性。因为标准时间是普通熟练工人以正常速度完成某项作业所需要的劳动时间,不强调以过分先进或十分敏捷的动作完成某项操作,所以它易于被大多数工人接受。

三、工作测量方法

工作测量有三种常用方法:秒表测时法,标准时间法和工作抽样法。

(一)秒表测时法

秒表测时法,是以秒表为重要工具,对特定的作业按照动素出现的顺序分成较细的要素作业,测定记录其时间值,据以进行分析研究的一种方法。

1. 时间观测的方法

(1)连续法。它是从第一操作单元(要素作业)开始,立即启动秒表,在整个观测过程中一直不停表归零。时间从头至尾是连续的。各操作单元结束时,迅速读出时刻,做好记录,此时即为下一操作单元开始的时刻。这样记录的时间是累计值。每单元经历的时间,用相邻两单元结束时间相减即可得之。

连续法的优点是,将整个操作过程都作了详细记录,没有遗漏,增加了资料的真实性,有助于分析和采用。缺点是观测记录难度较大,观测尚需进行一定的训练。

(2)归零法。这是对每个操作单元单独进行处理。动作开始时启动秒表,一个单元结束时按表使表针停止,进行记录,然后使表针归零,进行下一步观测。此法所记录的时间为各单元的经过时间,尤其是短操作单元,误差更大;迟延及异常动作等容易漏掉,降低了资料的真实性。

2. 时间观测的步骤

(1)确定观测对象。

(2)划分作业操作单元。操作单元,主要指操作内过程,就是一个操作单元。操作单元还可细分为“伸手”“抓取”“移物”“放手”等动作单元。

(3)确定观测次数。时间观测是一个“抽样”的过程,观测次数足够多,才能获得较理想的结果。但观测次数多,又会增加观测工作量和费用成本。通常以改进操作方法为目的的观测,其次数不宜太多,一般的作业5~10次,非常短的重复作业10~15次即可。但如果是为了制定标准时间,其观测次数应比前者多,一般在15次以上。

(4)观测记录。将划分的操作单元(即要素作业)记入准备好的时间观测表;观测者在表上记录各操作单元结束时读取的停表时间;通过计算,记录操作单元的经过时间;一个观测周期完毕,接着第二个观测周期开始,直到最后一个周期的最后一个单元终止,记下表的读数后,停表归零。

(5)消除异常值。所谓异常值,是指观测某一操作单元,由于例外的因素影响而使其读数超出正常范围,或是太大或是太小。

(6)计算观测时间平均值。观测的时间平均值,可以作为改进作业的依据,也是制定标准时间,即劳动定额的基础资料。

(二)标准时间法

1. 标准时间的含义

标准时间,是指采用一定的方法和设备,在一定的作业条件下,由适应作业的熟练操作者,完成质量合格的单位产品所需要的时间。标准时间的确定以科学的时间分析为基础,把作业评定作为控制其合理性的手段,把作业条件,宽裕状态作为影响标准时间的重要因素。

标准时间常用的表达式如下:

标准时间=正常时间+宽裕时间　　　　正常时间=观测时间×评定系数

用宽裕率表示的标准时间公式为:

当宽裕率 = 宽裕时间/正常时间×100%时,则标准时间=正常时间×(1+宽裕率)

当宽裕率 = 宽裕时间/标准时间×100% 时, 则标准时间 = 正常时间×1/(1- 宽裕率)

2. 作业评定

操作者完成特定作业的速度往往是随时变化的。因此,用秒表测时法对作业进行时间测定后,还要对作业速度进行评价。经过适当处理,把具体的时间观测按普通作业者速度进行作业的时间值(即正常时间),就可以作为合理的标准时间的基础。

所谓标准作业速度,是指中等水平的熟练程度,具有适应性且工作热情的作业者,按标准作业方法,以一定的努力程度进行作业的速度。所以,观测者要经过训练,掌握了企业标准作业速度之后才能进行速度评定。

作业评定的方法有多种,其标准化较易掌握。它是通过对影响作业的熟练程度,努力程度、工作环境和稳定性四个方面因素进行评定,每个评定因素又分为劣、可、普通、良、优、最优六个等级,每个等级由低到高确定相应的标准化系数,根据评定结果将观测时间值进行调整。

此外,还有速度评定法,是观测者对所感受的作业速度直接进行评定的一种方法,设标准速度为100%,如评定系统为110%,则表示比标准慢10%。此法较为简单,但以主观评定为主。因此,对观测人员必须进行训练,使其详尽了解有关操作,并掌握有关正常速度的正确标准。

3. 宽裕时间

标准时间的制定,除评定正常时间外,还应考虑宽裕时间和宽裕率。宽裕时间是在生产操作中非主体作业所消耗的附加时间,以及补偿某些因素影响生产的时间,而不是指浪费的时间。因此,宽裕时间不能任意削减;但由于管理不善,宽裕时间常会增加,所以也应加强管理。

研究制定宽裕时间是通过宽裕率标准,研究宽裕率的方法主要有连续时间观测法和工作抽样法。宽裕时间有:作业宽裕时间、车间管理宽裕时间、生理宽裕时间和疲劳宽裕时间。

(三)工作抽样法

工作抽样法又叫瞬间观测法,它是利用统计抽样理论调查作业者各类活动时间占总时间比率的一种方法。它也能用于调查机器设备的运转率。

工作抽样的步骤:

(1)确定调查目的。

(2)确定调查项目。

(3)确定观测方法。

(4)确定观测天数和一天观测次数。观测时间长短由必要观测次数所决定。一名观测者一次巡回次数以20~40次为限。一般规定每天观测次数相同。

(5)确定观测时刻。观测时刻选择应尽可能保持随机性。观测时刻可分为不等间隔和等间隔两种。不等间隔观测时刻是由随机方法确定的。等间隔观测时刻,仅开始时刻是随机确定的,周期性作业最好采用不等间隔观测。

(6)计算观测次数。观测次数越多,则越可得到精确的结果,但观测增多,使调查费用增长。一般工作抽样观测中取可靠度为95%,则观测次数计算公式为:

$$N=\frac{4\times(1-P)}{S^2\times P}$$

式中:N——观测次数;P——观测事项发生率;S——相对误差。

(7)观测记录的整理和计算。每天对观测记录的数据要加以整理,计算出当日的发生率,计算累计观测次数和累计发生率。

$$观测事项发生率(P)=\frac{X}{N}\times100\%$$

式中:X ——该事项发生次数;N——观测总数。

(8)去舍异常值。

(9)检验准确度。

$$S=2\sqrt{\frac{(1-P)}{P\times N}}$$

式中:S ——检验精确度

如果观测结果的 S 值小于规定的相对误差,则说明能满足准确度的要求;否则应补充观测次数。

(10)观测结果分析。汇总结果,加以分析。根据需要提出改进方案或制定标准。

(四)既定时间标准设定(PTS)法

既定时间标准设定(Predetermined Time Standards,PTS)法是作业测定中常用的一种方法。这种方法比标准要素法更进了一步,它是将构成工作单元的动作分解成若干个基本动作,对这些基本动作进行详细观测,然后做成基本动作的标准时间表。当要确定实际工作时间时,只要把工作任务分解成这些基本动作,从基本动作的标准时间表上查出各基本动作的标准时间,将其加合就可以得到工作的正常时间,然后再加上宽放时间,将其加合,就可以得到工作的正常时间,最后再加上宽放时间,就可以得到标准工作时间。

1. PTS 法概述

PTS 法有好几种,根据基本动作的分类与使用时间单位的不同而不同。使用最广泛的一种是 MTM 法(Methods of Time Measurement)。在 MTM 法中,也有若干种基本动作标准数据,这里介绍其中最精确的一种:MTM-1。在这种方法中,将基本动作分为如表 4-3 所示的 8 种:

这些基本动作的标准时间是用微动作研究方法,对一个样本人员在各种工作中的动作加以详细观测,并考虑到不同工作的变异系数而做成的。下面表 4-4 是美国 MTM 标准研究协会制作的其中一个动作“移动”的标准时间。

表 4-3　MTM-1 的基本动作分类

伸手(reach)	移动(move)
施压(apply pressure)	抓取(grasp)
放置(定位、对准)(position)	解开(disengage)
放手(release)	转动(turn)

表 4-4 美国 MTM 标准研究协会制作的其中一个动作“移动”的标准时间

移动距离（英寸）	时间（TMU）			重量允许值			不同移动情况
	A	B	C	重量（kg）	移动因子	静态常数（TMU）	
0 1	2.0 2.5	2.0 2.9	2.0 3.4	2.5	1.00	0	A 移动物体至另一只手
2 3	3.6 4.9	4.6 5.7	5.2 6.7	7.5	1.06	2.2	
4 5	6.1 7.3	6.9 8.0	8.0 9.2	12.5	1.11	3.9	
6 7	8.1 8.9	8.9 9.7	10.3 11.1	17.5	1.17	5.6	
8 9	9.7 10.5	10.6 11.5	11.8 12.7	22.5	1.22	7.4	
10 12	11.3 12.9	12.2 13.4	13.5 15.2	27.5	1.28	9.1	B 移动物体至另一大致位置
14 16	14.4 16.0	14.6 15.8	16.9 18.7	32.5	1.33	10.8	
18 20	17.5 19.2	17.0 18.2	20.4 22.1	37.5	1.39	12.5	
22 24	20.8 22.4	19.4 20.6	23.8 25.5	42.5	1.44	14.3	C 移动物体至另一精确位置
26 28	24.0 25.5	21.8 23.1	27.3 29.0	47.5	1.50	16.0	
30	27.1	24.3	30.7				

这里所用的时间测量单位（Time Measurement Unit，简称 TMU）是 TMU，1TMU 等于 0.0007min。这个表中的标准时间考虑了移动重量、移动距离以及移动情况三种因素，每个因素不同，所需的标准时间也不同。例如，有这样一个动作，需要用双手将一个 18 磅的物体移动 20 英寸，移到一个确切的位置上，在该动作发生前两手无动作。为了得到这个动作的标准时间，首先应该根据对移动情况的描述确定该动作属哪种情况。从表中的三种情况描述中可知，属 C，然后，根据移动距离为 20 英寸，20 英寸的行和 C 列的交叉处，找到该动作所需时间为 22.1TMU。现在，还需要进一步考虑，并根据重量对刚才所查出的时间做一些调整。因为该动作中是用两手移动 18 磅的物体，每只手为 9 磅，在表中的重量允许值中，处于 7.5 与 12.5 之间，因此，动态因子为 1.11，静态常数（TMU）为 3.9。这样该动作的标准时间

可按下式计算：

TMU 表格值×动态因子+静态常数=22.1×1.11+3.9≈28TMU。

每种基本动作都有这样的类似表格。这些标准数据，是经严格测定、反复试验后确定的，其科学性、严密性都很高，而且有专门的组织制定这样的数据，上面表 7-5 的数据就是美国 MTM 标准研究协会制作的。

2. 使用 PTS 法制定工作标准的步骤

（1）将工作或工作单元分解成基本动作；（2）决定调节因素，以便选择合适的表格值，调节因素包括：重量、距离、物体尺寸，以及动作的难度等；（3）合计动作的标准时间，得出工作的正常时间；（4）在正常时间上加上宽放时间，得出标准工作时间。

3. PTS 法的优劣分析

从上述对 PTS 的特点描述中也可以看出一些 PTS 法的优越性。PTS 法的优点还有：首先，它可以用来为新设生产线的新工作设定工作标准，而这种新工作是无法使用时间研究方法的；其次，不用经过时间研究就可以对不同的新方法进行比较；再次，用这种方法设定的时间标准的一致性很高，因为这种方法大大减少了时间研究中常见的读数错误等引起不正确结果的可能性；最后，这种方法不需要容易带有主观偏见的绩效评价。

这种方法的主要局限性是：

（1）必须分解成基本动作。这使得这种方法对于许多进行多品种小批量生产、以工艺对象专业化为生产组织方式的企业来说是不实用的。在这样的企业中，工作种类繁多，而重复性较低。

（2）PTS 法的标准数据也许不能反映某些具有特殊特点的企业的情况。对于一个企业是正常的事情，在另一个企业也许是不正常的。作为样本被观测的员工也许不能反映某些特殊企业中员工的一般状况。

（3）需要考虑调节的因素很多，几乎到了无法制作上面表 7-5 这样的表格的地步。例如，在某些情况下，移动物体所需的时间也许与物体的形状有关，但是上面表 7-5 并没有考虑这个因素。

（4）这种方法是建立在这样一种假设的基础上的，即整个工作时间可用基本动作时间的加和得到，但这种方法忽略了这种可能性，即实际工作时间也许与各个动作的顺序有关。

（5）由于这种方法表面上看起来使用方便，因此容易不分场合地错误使用。事实上，分解基本动作和确定调节因素是需要一定技能的，也需要一定经验，并不是人人都会用。

导入案例解析

控制上限：$UCL=x+3\sigma=21.0+3\times2.0=27$

控制下限：$LCL=x-3\sigma=21.0-3\times2.0=15$

根据计算的结果可知，仅有“28”时间值应予删除。

要点总结

通过时间研究来改善工作,时间研究这种方法的主要用途是建立工作的时间标准,即上述的工作标准。一项工作(通常是一人完成的)可以分解成多个工作单元(或动作单元)。在时间研究中,研究人员用秒表观察和测量一个训练有素的人员,在正常发挥的条件下各个工作单元所花费的时间,这通常需要对一个动作观察多次,去除异常数据后,取其平均值。

任务四　劳动定额

完成一件产品需要多少时间,或者说在一定的时间内能完成多少产品,一定要有一个合理的规定。劳动定额指的是在一定的生产技术组织条件下,生产一定产量的产品所规定消耗的时间,或在一定时间内所规定生产的合格产品的数量,亦即单位时间产量或劳动消耗量。它是实行计划管理的科学依据,是实行企业内部核算的重要条件,也是执行按劳分配原则的重要依据。

导入案例

【情境 4.4】 快递公司校园业务人员的业务工作通常包括受理、收单、接货、检查、欠款、缴款、资料录入与整理、发货和跟单等内容。为了便于对业务员进行考核管理,需对各项工作流程所消耗的时间进行分析研究,确定业务员的劳动定额,以便实施业务人员的劳动定额管理,请问快递公司对校园业务人员应如何实施劳动定额管理。

案例分析

根据业务人员实际操作特点,选用适当的劳动测量方法,对业务人员的操作过程进行记录、测量、汇总、整理,然后通过观察、分析,形成劳动定额考核初步方案,再经过评估、选择、修改,得出实施方案,付诸实行。

一、劳动定额的基本形式

(一)产量定额

产量定额是在单位时间内(如小时、工作日或班次)规定的应生产产品的数量或应完成的工作量。如对车工规定一小时应加工的零件数量,对装配工规定一个工作日应装配的部件或产品的数量;对宾馆服务员规定一个班次应清理客房的数量。在制造业中,大批量生产的组织主要采用“产量定额”。

产量定额的计算公式如下:

$$\text{产量定额}=\frac{\text{产品数量}}{\text{生产产品所消耗的劳动时间总量}}$$

(二)工时定额

工时定额是指在一定的技术状态和生产组织模式下,按照产品工艺工序加工完成一个合格产品所需要的工作时间、准备时间、休息时间与生理时间的总和。工时定额是完成一道工序所需的时间,它是劳动生产率指标。根据工时定额可以安排生产作业计划,进行成本核算,确定设备数量和人员编制,规划生产面积。因此工时定额是工艺规程中的重要组成部分。确定工时定额应根据本企业的生产技术条件,使大多数工人经过努力都能达到,部分先进工人可以超出,少数工人经过努力可以达到或接近平均先进水平。随着企业生产技术条件的不断改善,工时定额也应该定期进行修订,以保持定额的平均先进水平。

工时定额通常由定额员、工艺人员和工人相结合,通过总结过去的经验并参考有关的技术资料直接估计确定;或者以同类产品的工件或工序的工时定额为依据进行对比分析后推算出来,也可通过对实际操作时间的测定和分析后确定。

(三)看管定额

看管定额又称"操作定额",是指一个工人或一个班组,同时能看管机器设备的台数,或看管机器设备上操作岗位的数量。看管定额是一种特殊形式的产量定额,其基本原理是多机床管理,就是工人利用某一台机器设备的机动时间(如机床的自动走刀时间)去完成另一台或多台设备上手动时间的工作任务。

机器设备的机动时间越长,工作手动操作时间越短,工人能够看管的设备台数就越多。因此制定看管定额的前提条件是:每台设备的机动时间必须大于或等于工人看管其他设备所需手动时间的总和。

(四)服务定额

服务定额是按一定质量要求,对服务人员在制度规定的时间内提供某种服务所规定的限额,如酒店规定每个客房服务员负责清扫的客房数或床位数目等。

二、制定劳动定额的常用方法

(一)经验估工法

经验估工法是由定额员或三结合(工人、技术人员和定额员)小组,参照产品图纸和工艺技术要求,并考虑使用的设备、工艺装备、原材料等有关生产技术条件,根据实践经验直接估算出定额的一种方法。

经验估工法的主要特点是方法简单,工作量小,便于及时制定和修订定额。缺陷是制定的定额准确性较差,难以保证质量。经验估工法一般适用于多品种生产或单件、小批量生产的企业,以及新产品试制和临时性生产。

(二)统计分析法

统计分析法就是根据历史统计资料所记载的过去生产同类型产品、零件的实作工时或统计资料,经过整理和分析,考虑今后企业生产技术组织条件的可能变化来计算平均实做工时、平均先进工时,分析可靠性,剔除异常数值,制定劳动定额的方法。统计分析法具体又可细分为简单平均法和加权平均法等多种。

统计分析法的主要特点是方法简便易行,工作量也比较小,由于有一定的资料做依据，制定定额的质量较之估工定额要准确些。但如果原始记录和统计资料不准确，将会直接影响定额的质量。

统计分析法适用于大量生产或成批生产的企业。一般生产条件比较正常、产品较固定、原始记录和统计工作比较健全的企业均可采用统计分析法。

(三)类推比较法

类推比较法是以具有代表性的同类型产品的典型零件、典型工序的定额或定额标准为依据，经分析比较后制定典型零件的劳动定额作为参考系，推算出另一相似零件或工序的劳动定额的方法。采用类推比较法制定定额的具体做法是：首先把产品结构、形状、工艺加工内容相同或相似的零件或工序进行分组排列、分类分型；其次从各组中分别选择具有代表性的零件或工序作为典型，采用经验估工、统计分析、技术测定、技术计算等方法，制定出典型定额或定额标准，并以此为依据，推算出同类型零件或工序的工时定额。

类推比较法制定定额应具备的条件是：结构上的相似性、工艺上的同类性、条件上的可比性、变化的规律性。类推比较法制定定额因为有一定的依据和标准，所以其准确性和平衡性较好。缺点是制定典型零件或典型工序的定额标准时，工作量较大。同时，如果典型代表件选择不准，就会影响工时定额的可靠性。

(四)技术测定法

技术测定法是通过对生产技术组织条件的分析，在挖掘生产潜力及操作合理化的基础上，采用实地预测和分析计算制定劳动定额的方法。其工作步骤如下。

1. 分解工序

将被制定定额的工序分解为工步、走刀、操作、动作等，并分析工序结构的合理性；同时，设计和确定合理的工序结构及操作程序。

2. 分析设备状况

主要分析设备、工具的性能及技术参数，分析工人实际使用的工艺用量是否合理，以求充分发挥设备和工具的效能。

3. 分析生产组织与劳动组织

主要了解和分析劳动分工与协作是否合理、工作地的布置和供应服务是否符合要求、工人技术等级与工作物技术等级是否适应、工作环境与劳动条件是否正常等。

4. 现场观测与记录

采用工作日写实、测时、工时抽样等方法，实地观测和记录工序作业内容、作业方法及各部分工时消耗的实际状况。

5. 分析计算劳动定额时间

通过对观测结果的分析，计算和确定出劳动定额时间。

技术测定法是一种较为先进和科学的方法。它的主要优点是，重视现场调查研究和技术分析，有一定的科学技术依据，制定定额的准确性较好，定额水平易达到平衡，可发现和揭露生产中的实际问题；缺点是费时费力，工作量较大，没有一定的文化和专业技术水平难以胜任此项工作。

上述制定劳动定额的基本方法各有其特点和适用范围，各企业可根据自身特点和具体情况，选择其中一种或几种方法并用。

四、制定劳动定额的一般程序

制定劳动定额，首先要从工作研究开始做起，在完成了工作研究中的工作方法研究，掌握了员工作业的第一手资料之后，就要结合其操作过程的时间把握来进行工时研究，两相结合，可以研究制定出初步的劳动定额方案，然后试行此方案，在试行的同时还要继续观测、征询改进意见，研究完善方案。劳动定额方案经试行、改进完善后，可以制定出正式方案，进而付诸实施。制定劳动定额的一般程序如图 4-15 所示。

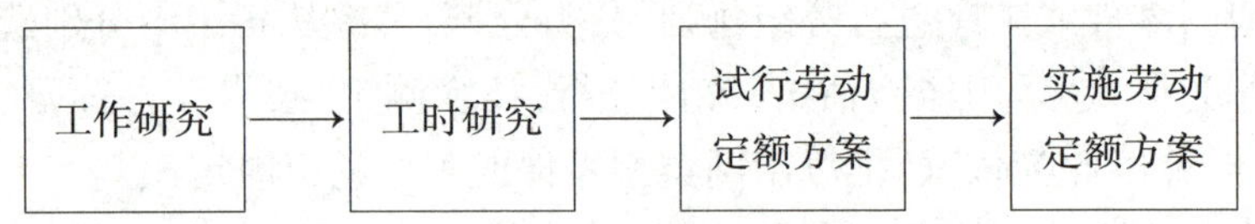

图 4-15　制定劳动定额方案的一般程序

导入案例解析

快递公司对校园业务员实行劳动定额管理要做以下工作。

(1)研究岗位工作特点。将所学的“5W1H”技术与“ECRS”方法相结合，在严格考察记录事实的基础上，对员工的岗位工作现状进行全面的分析，确定合理的工作规程。

(2)研究岗位工作工时。观察校园快递公司业务员从事的校园内快递业务的现行操作方法，选择相应的工时研究方法，记录每项作业所花费的时间。

(3)拟订劳动定额方案。根据岗位工作研究和岗位工作工时记录，经过反复、充分的试验和论证，作出劳动定额分析报告，进而拟订劳动定额方案。

(4)实施劳动定额方案。根据拟订的劳动定额方案，组织宣讲和培训，在做好充分准备后，实施劳动定额方案。实施过程中还要注意信息反馈和持续改进。

技能训练

根据【情境 4.2】包装电风扇的操作步骤，设计工时记录表。

要点总结

制定劳动定额是对生产效率实行科学管理的重要依据。通过对工作过程时间控制方面的研究，制定劳动定额方案，规定生产过程中劳动消耗标准。整个过程中需要运用岗位工作研究的基础知识，选择适当的工时研究方法，对工作人员的操作过程进行记录、测量、汇总、整理，据此形成劳动定额实施方案，并付诸实行。劳动定额的制定方法主要有经验估工法、统计分析法、类推比较法和技术测定法。

课后练习

一、判断题

1. 岗位工作设计的核心内容是岗位工作内容和岗位工作职责的设计，关联岗位协作工作通常会另行组织安排，设专门的岗位完成。 ( )
2. 时间定额的构成与企业的生产类型相关性不大，不同的生产类型，定额时间的构成以及单件工时定额的核算方法都是一样的。 ( )
3. 岗位工作流程就是建立在规范化原则上的岗位工作程序和行为步骤，不同企业同名称工作岗位的工作流程是一样的。 ( )
4. 确定定额修改的间隔期应该尽可能长，以保持定额的稳定性。 ( )
5. 停工待料、等待图样、停电、动力供应中断属于非定额时间。 ( )
6. 工作研究就是研究操作人员的操作方法、动作是否合理并加以改进。 ( )
7. 劳动定额定员标准在制定、发布以后，必须在一定时期内保持相对稳定，以便经过反复利用而取得社会效益。 ( )
8. 5W1H 技术 ECRS 方法都不适用于工作研究。 ( )
9. 操作分析与动作分析研究的对象是一致的。 ( )
10. 工作设计的结果通常体现在工作说明书上。 ( )

二、单项选择题

1. 在一定的时间内，企业中由特定人员所承担的一项或多项职责的集合叫作( )。
   A. 任务　B. 岗位　C. 责任　D. 职责
2. 工作分析的结果常常表现为有关工作流程与行为的( )。
   A. 工作调查　B. 工作评价　C. 工作描述　D. 工作任务
3. 下面不属于工作描述的项目是( )。
   A. 工作名称的分析　B. 对员工必备条件的分析
   C. 工作关系的分析　D. 工作职责的分析
4. 工作研究的对象应为( )。
   A. 作业系统　B. 工程系统　C. 社会系统　D. 环境系统
5. 核心动素为( )。
   A. 伸手、移物、持住　B. 装配、拆卸、应用
   C. 装配、检查、使用　D. 检查、寻找、预对
6. 常用的操作分析工具不包括( )。
   A. 双手操作分析　B. 流程程序分析
   C. 人—机操作分析　D. 联合操作分析
7. 机械加工时由员工直接操纵工艺设备实现基本工艺所消耗的时间属于( )。
   A. 机动的基本时间　B. 手动的基本时间
   C. 机手并动的基本时间　D. 辅助时间

8. 某月甲车工完成合格产品 720 件，实耗工时为 160，并知该产品车加工产量定额为 3 件/工时。该车工劳动定额的完成率是(　　)。

A. 120%　　B. 140%　　C. 130%　　D. 150%

9. 劳动定额的主要表现形式是时间定额，但同时也表现为产量定额，时间定额与产量定额的关系是(　　)。

A. 互为倒数　　B. 独立关系　　C. 正比关系　　D. 相关关系

三、简答题

1. 岗位设计的核心内容是什么?
2. 动作分析主要解决哪些方面的问题?
3. 工作研究的内容是什么?
4. 制定劳动定额的意义是什么?

四、计算题

对航空特快货运飞机处于空闲的时间百分数估计的初步调查中，分析员发现，60 次观察中货运飞机处于闲置有 6 次。问闲置时间百分数的估计值是多少?

课堂案例

2020 年，新型冠状病毒(2019-nCoV)疫情突如其来并肆虐全国。随着新型冠状病毒感染的肺炎疫情蔓延，口罩需求量激增。2019 年年末，新型冠状病毒感染的肺炎病例首先自武汉开始出现并逐步蔓延至全国各地，给人民群众的健康安全带来巨大威胁。疫情发生后，民众对医用口罩需求激增，各地口罩迅速断货。随着疫情的发展，一线临床口罩出现短缺，生产企业加班加点赶制口罩，企业跨界转产口罩共抗疫情。

数据显示，2019 年国内口罩产量超过 50 亿只，产值达到 102.35 亿元。其中，可用于病毒防护的医用口罩占比高达 54%，但是短期内口罩供给不足有三大原因：一是前期储备不足；二是春节假期开工不足；三是民众对不同环境口罩选择认知不足。当前，在疫情大背景下，口罩行业前景如何?

新冠疫情发生后，口罩市场需求呈爆发式增长，口罩生产企业数量激增。为维护市场秩序，助力疫情防控，市场监管总局立足职能、主动作为，全力保障口罩等防疫物资质量和市场供应，为民生安全提供有力支撑。今年 2 月以来，市场监管总局先后印发《全国口罩等防疫产品质量安全专项整治行动方案》等文件，针对重点地区组织开展口罩产品质量安全案件查办工作。7 月，执法稽查局印发《关于组织开展口罩产品质量安全案件查办行动的通知》，对口罩执法办案工作再安排、再部署，集中查处生产销售口罩(特别是医用口罩)质量安全违法行为。

8 月，上海市市场监管局、市药监局联合发布《关于组织开展口罩产品质量安全案件查办行动的通知》，组织开展为期 3 个月的口罩产品质量安全案件查办行动，集中查处生产销售口罩中质量安全违法行为。

按照上海市防疫物资产品质量安全执法大检查工作模式，执法部门以医用防护口罩、医用外科口罩、一次性医用口罩等医用型口罩为重点，同时加强对日常防护型口罩、呼吸防护自吸过滤式防颗粒物呼吸器、儿童口罩等非医用型口罩的监管，重点查处5类违法行为：生产销售不符合相关标准的产品，以假充真、以次充好或者以不合格产品冒充合格产品，生产销售“三无”产品，伪造、冒用、买卖认证标志和认证证书违法行为，未按规定取得许可和备案擅自生产销售等。

2021年1月14日，国务院新闻办公室举行新闻发布会，介绍2020年中国出口口罩2242亿只，相当于为中国以外的全球每个人提供了近40只口罩。

针对近期KN95系列口罩强制性国家标准最新版的正式实施，国家市场监督管理总局标准技术司副司长（正司级）陈洪俊表示，新标准与2006版相比，对防颗粒物呼吸器的核心技术指标呼吸阻力、呼气阀气密性、视野、实用性能等进行了修改与完善，显著提升了自吸过滤式防颗粒物类呼吸防护产品的标准技术水平。新版标准将对规范产业发展，促进产品质量安全水平提升发挥更加积极的作用。

（资料来源：整理编辑，中国产业研究院：https://www.chinairn.com/report/20200227/143529992.html? id=1746627&name=ZhouXun）

项目五　编制生产作业计划

学习目标

【知识目标】

1. 掌握综合生产计划的构成；
2. 掌握主生产计划的内容和编制方法。

【能力目标】

1. 能够编制综合生产计划；
2. 能够编制主生产计划。

【素质目标】

1. 能够通过编制主生产计划，培养学生根据客户要求按时提交产品的习惯；
2. 培养学生树立服务意识，能够认真及时完成工作。

任务一　编制综合生产计划

生产运作计划是企业管理活动的首要职能，是组织和控制企业生产运作活动的依据，是企业所有生产运作活动的基础。因此，生产运作计划在生产运作管理活动中占有极其重要的地位。

生产计划是企业经营计划的重要组成部分，是企业对其生产任务作出的统筹安排。从计划期的时间长短上，可把生产计划分为长期计划、中期计划和短期计划，如图 5-1 所示。

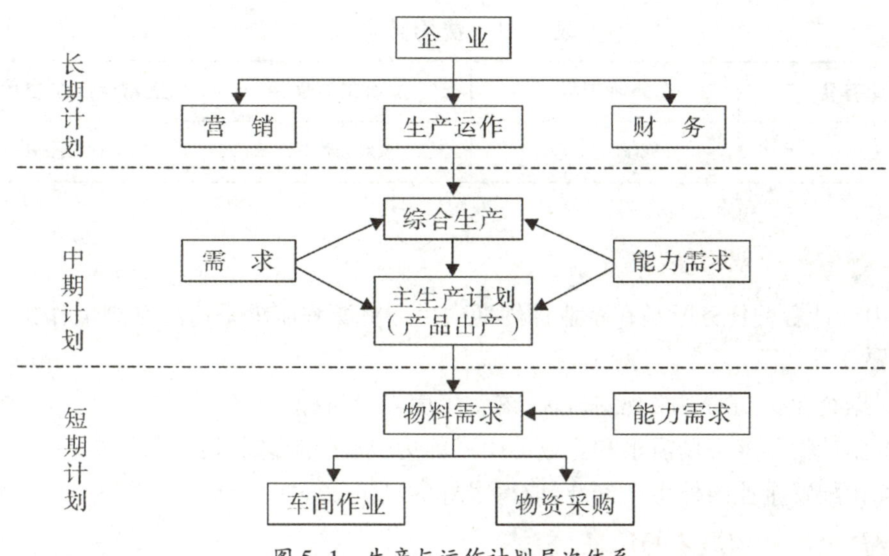

图 5-1 生产与运作计划层次体系

导入案例

【情境 5.1】 某厂 1 天能够出产 2 台某型专用设备，经市场预测制订年度销售计划见表 5-1，其他数据见表 5-2。该厂最大加班能力为 9 台/月，外协能力为 20 台/月，生产开始时的期初库存量为 5 台，期末库存 6 台，不允许延迟交货，用运输模型法制订年度综合生产计划。

表 5-1 年度销售计划

月 份	1	2	3	4	5	6	7	8	9	10	11	12	合 计
销售计划（台）	60	28	36	35	37	48	50	44	42	42	37	40	499
正常生产天数(天)	20	19	22	21	20	22	22	22	21	21	20	20	250

案例分析

编制综合生产计划的基本思路是选择最经济合理的方法安排生活，要做以下工作：

第一，根据生产资源情况选择可以采用的生产策略；

第二，核算各种生产策略的生产成本；

第三，根据情况选择综合生产计划编制的方法；

第四，用合适的方法编制综合生产计划。

表 5-2 费用数据表

库存费	外协工费	加班工资费用	正常生产工资费用
800 元/台・月	3500 元/台	5000 元/天	3300 元/天

一、综合生产计划的任务

综合生产计划的任务就是在企业计划期内生产资源和需求平衡的基础上作出总体生产安排。主要任务如下。

(1)根据企业长期的战略规划目标,落实年度经营目标;

(2)根据计划年度市场需求和企业的生产能力,满足市场需求;

(3)优化配置企业内外生产资源,取得最好的经济效益。

二、综合生产计划需要的信息

编制综合生产计划需要以下几类信息。

(1)市场需求预测信息,对产品型号、规格、数量等的预测;

(2)计划期内可利用的资源信息,主要是库存信息、可获得的原材料、企业自身生产能力和可利用的外部生产能力;

(3)费用成本信息,包括以下方面:①基本生产成本,是指产品生产的固定成本、变动成本,正常人工成本和加班费等;②劳动力管理成本,是指招聘、培训、解聘人员发生的相关管理费用;③转包成本,是指企业生产能力不足时转包给其他企业生产发生的成本;④库存成本,是指产品库存保管发生的仓储费、保险费、损耗、折旧等费用;⑤延期交货成本,是指延期交货发生的赶工成本、延期交货给对方的补偿、赔偿等相关费用。

三、综合生产计划的策略

市场需求往往是波动变化的,生产计划既要保持生产的稳定性以保证生产效率,又要适应市场需求的变化。如果不随着市场的变化调整生产量,可能使库存量增加,增加库存成本,也可能由于缺货造成缺货损失;如果根据市场的变化来调整生产量,有时需要增加生产资源,有时因为生产资源过剩而闲置,这些都会增加生产成本。所以,要采取有利的生产策略,平衡生产与需求关系,使生产成本降到最低。

(一)需求追逐策略

当市场需求发生变化时,通过招聘、解聘员工的方式,调节劳动力数量适应市场需求的波动。当劳动力能力过剩时解聘工人,当劳动力能力不足时招聘补充工人,这种策略适用于劳动力成本低的地区。但这种策略使员工数量经常发生变动,容易疏远劳资关系,造成员工人心不稳,影响员工的工作积极性。

(二)劳动力稳定策略

通过柔性的工作计划调整工作时间,使生产量适应需求量变化。采用这种策略,工人数量相对稳定,当需求量发生变化时,通过加班或者缩短班时来调整工人的工作时间。这种策略避免了招聘解聘工人带来的人心不稳的弊端，但加班或工作量不够饱满均提高了劳动成本。

(三)外包策略

当需求量大增时，将超过企业生产能力部分的生产任务转包给其他企业完成。这一般是在企业增加生产资源不经济的情况下采用的策略，比如临时增加生产设备、工人数量提高生产能力时费用很高，生产是一次性的或者短期内扩产条件不具备，只有外包是最好的选择。外包的最大风险是质量、进度控制。

(四)生产均衡策略

通过调节库存水平，允许订单延期交货或者缺货等方法，来维持生产的稳定性。这种策略人员稳定，产出均衡，但降低了顾客的服务水平，增加了库存成本。

大多数企业不只是采取某种单一策略，而是采取上述策略的多种策略的混合策略。

四、综合生产计划的编制方法

常用的编制综合生产计划的方法有以下几种。

(一)试算法

试算法是为了适应计划期内的市场需求变化，采取不同的措施，拟订若干不同的生产方案，比较各个不同方案的生产成本或费用，选择出一个成本和费用相对较低的方案编制综合生产计划。其基本步骤如下：

第一步，确定计划期内各时段市场需求量；

第二步，确定计划期内各个时段企业正常生产能力；

第三步，列出调节生产的各种可供选择的方法，如加班、外协、新增设备、新增工人、存货调节、延期交货等，确定可供调节的数量及相关成本费用；

第四步，根据调节生产的方法拟订计划方案，计算其各自的成本；

第五步，比较分析各方案，选出满意的方案。

用试算法编制年度生产计划简便易行，但是难以找到最佳方案，只能得到满意方案。

(二)运输模型法

运输模型法是一种迭代方法，也称运输表法。它是用来在 M 个“供应源”和 N 个“目的地”之间决定一个任务分配方法，使得运输成本最小。我们借助这个模型解决计划期内，“M”个时段可供选择各生产方法的生产量和“N”个时段需求量的问题，使得生产成本最小。也就是说，根据计划期内的各个时段的需求量，确定分别在哪个时段，用什么方法生产，生产多少来满足这个需求。

(三)线性规划法

线性规划法是企业进行总产量计划时常用的一种定量方法。用线性规划模型解决问题的思路是，在有限的生产资源和市场需求条件约束下，求成本最低的总产量计划。该方法的最大优点是可以处理多品种问题。根据计划方案的基本准则建立目标函数，在选定的约束条件下建立模型，求解目标函数获得最优的计划方案，这种方法计算比较复杂，可以借助于专门的软件在计算机上求解。

五、试算法编制流程式生产综合生产计划

流程式生产产品单一,连续生产,不需要选择产品品种,生产人员数量相对固定。通常是利用库存调节来平衡销售与市场。消耗指标参考上一年的指标,综合生产计划的表现形式主要是生产进度计划。

【小练习 5.1】 某化工厂年产离子膜烧碱 5 万吨,月产量 4200 吨,年初库存 1000 吨,要求年终库存量 800 吨,计划期内市场需求预测见表 5-3,计划 2 月份设备检修,设备检修月生产量最高达 3500 吨,试制订年度生产进度计划。

表 5-3 烧碱销售预测 (单位:千吨)

月 份	1	2	3	4	5	6	7	8	9	10	11	12	合 计
销售预测	3	2.5	3.5	5.5	5	4.4	4.4	4.5	4.2	4.4	4.2	4	49.6

解:考虑以下问题:①满足销售计划需求;②充分利用生产能力;③库存调节平衡生产能力与市场需求;④试算生产进度计划。

满足表 5-3 中市场预测需求,并调整月度产量,保证年终库存量达到 800 吨,除 2 月份之外,各个月份都满负荷生产,2 月份产量达到 3200 吨即可满足生产目标要求。烧碱生产进度计划见表 5-4。

表 5-4 烧碱生产进度计划 (单位:千吨)

月 份	1	2	3	4	5	6	7	8	9	10	11	12	全 年
销售预测	3	2.5	3.5	5	5.5	4.4	4.4	4.5	4.2	4.4	4.2	4	49.5
生产计划	4.2	3.2	4.2	4.2	4.2	4.2	4.2	4.2	4.2	4.2	4.2	4.2	49.4
预计库存量	2.2	2.9	3.6	2.3	1.5	1.3	1.1	0.8	0.8	0.6	0.6	0.8	

六、试算法编制加工装配式生产综合生产计划

加工装配式生产要进行产品品种选择,通过调整生产量、库存数量、人员数量等方法达到总成本最低。

【小练习 5.2】 如果【情境 5.1】中允许延迟交货,延迟交货 800 元/台 · 月,当通过招聘人员增加生产能力时,新聘人员每天可以生产完成 1 台产品,每日工资合计 2000 元,如果当月招聘并解聘每次发生费用合计 10000 元,试用试算法制订年度综合生产进度计划。

思路:考虑以下几种方案:①库存储备调节满足市场需求;②调整工人数量,调整生产班次,不加班,不设库存;③工人数量不变,不设库存,安排生产加班;④工人数量不变,不安排加班,安排外协;⑤综合考虑上述方案,但不允许缺货。用试算法求解如下。

计划方案一:均衡生产,仅通过库存策略,平衡生产与需求,需求低时可以库存储备,需

求高时可以缺货,今后补上。

解:(1)日平均生产需求量$=\dfrac{\text{销售计划量合计}-\text{期初库存}+\text{期末库存}}{\text{正常生产总天数}}$

$$=\frac{499-5+6}{250}=2(\text{台/天});$$

(2)月末库存=当月实际产量+当月期初库存-当月销售计划;

(3)库存费用$=\dfrac{\text{期初库存}+\text{期末库存}}{2}\times 800$,如果期初库存为负值,按0计算;

(4)延迟交货损失=延迟交货数量×800。

均衡生产库存调节需求方案试算见表5-5,新增生产成本费用见表5-6。

表5-5 均衡生产库存调节需求方案试算

月份	①生产天数(天)	②实际产量(台)	③计划销售量(台)	④月末库存(台)	⑤库存费用(元)	⑥延迟交货损失(元)
1	20	40	60	-15	0	12000
2	19	38	28	-5	0	4000
3	22	44	36	3	1200	
4	21	42	35	10	5200	
5	20	40	37	3	9200	
6	22	44	48	9	8800	
7	22	44	50	4800		
8	22	44	44	3	2400	
9	21	42	42	3	2400	
10	21	42	42	3	2400	
11	20	40	37	6	3600	
12	20	40	40	6	4800	
合计	250	500	499		44800	16000

表5-6 库存调节新增生产成本费用

总产量(台)	库存费用(万元)	延迟交货(万元)	费用合计(万元)
500	4.48	1.6	6.08

计划方案二:招聘人员增加生产能力,不加班,不设库存,不外协,如果招聘的人员当月不能满负荷工作,则当月解聘。

解:(1)计划产量=销售计划-期初库存+期末库存;

(2)正常生产能力=正常生产天数×2;

(3)需增加生产量=计划产量-正常生产能力;

(4)增加生产时间=增加生产量×1,(招聘人员每天生产1台);

(5)新聘人员增加工资=增加生产时间×2000。

调整工人数量方案试算见表5-7,新增生产成本费用见表5-8。

表5-7 调整工人数量方案试算

月份	①计划产量(台)	②正常生产能力(台)	③需增加生产量(台)	④增加生产时间(天)	⑤招聘和解聘费(元)	⑥新聘人员增加工资(元)	⑦备注
1	55	40	15	15	10000	30000	1月份期初库存5台。需生产55台,满足60台的市场需求
2	28	38	0	0	0	0	
3	36	44	0	0	0	0	
4	35	42	0	0	0	0	
5	37	40	0	0	0	0	
6	48	44	4	4	10000	8000	
7	50	44	6	6	10000	12000	
8	44	44	0	0	0	0	
9	42	42	0	0	0	0	
10	42	42	0	0	0	0	
11	37	40	0	0	0	0	
12	46	40	6	6	10000	12000	
合计	500	500	31	31	40000	62000	

表5-8 调整工人数量新增生产成本费用

总产量(台)	招聘解聘费用(万元)	新聘人员增加工资(万元)	费用合计(万元)
500	4	62	10.2

计划方案三：工人数量不变，不设库存，安排生产加班，但如果加班时间超过法定加班时间36小时/月，通过招聘增加人员。

解：(1)加班生产时间=加班生产量÷2(每天生产2台)；

(2)加班工资费用=加班生产时间×5000，(每天加班的费用合计是5000元)；

(3)招聘费和解聘费、新聘人员增加工资计算同方案二。

加班方案试算及加班新增生产成本费用见表5-9和表5-10。

表5-9 加班方案试算

月份	①计划产量(件)	②正常生产能力(台)	③需增加生产量(台)	④加班生产时间(天)	⑤加班工资费用(元)	⑥招聘和解聘费(元)	⑦新聘人员增加工资(元)
1	55	40	15	0	0	10000	30000
2	28	38	0	0	0		
3	36	44	0	0	0		
4	35	42	0	0	0		
5	37	40	0	0	0		
6	48	44	4	2	10000		
7	50	44	6	3	15000		
8	44	44	0	0	0		
9	42	42	0	0	0		
10	42	42	0	0	0		
11	37	40	0	0	0		
12	46	40	6	3	15000		
合计	500	500	31	8	40000	10000	30000

表5-10 加班新增生产成本费用

总数量(台)	加班分(万元)	招聘解聘费用(万元)	新聘人员增加工资(万元)	费用合计(万元)
500	4	1	3	8

计划方案四：按照生产需求量生产，不设库存，能力不足时外协。

解：外协费用=外协数量×3500。外协方案试算及外协新增生产成本费用见表5-11和表5-12。

表 5-11 外协方案试算

月份	①计划产量（台）	②正常生产能力（台）	③自产量（台）	④外协数量（台）	⑤外协费用（元）
1	55	40	40	15	52500
2	28	38	28	0	0
3	36	44	36	0	0
4	35	42	35	0	0
5	37	40	37	0	0
6	48	44	44	4	14000
7	50	44	44	6	21000
8	44	44	44	0	0
9	42	42	42	0	0
10	42	42	42	0	0
11	37	40	37	0	0
12	46	40	40	6	21000
合计	500	500	469	31	108500

表 5-12 外协新增生产成本费用

总产量（台）	外协费用（万元）	费用合计（万元）
500	10.85	10.85

计划方案五：综合方案，不缺货，可设库存。

解：(1)各月份正常生产量与生产需求量比较，见表 5-13。生产能力是按当月正常生产天数计算可达到的生产量，生产需求量是满足市场需求和库存量要求的生产量，可见，1、6、7、12 月份生产能力不能满足当月需求，见表 5-13。

表 5-13 各月份正常生产量与生产需求比较

月份	1	2	3	4	5	6	7	8	9	10	11	12
生产能力	40	38	44	42	40	44	44	44	42	42	40	40

续表

月份	1	2	3	4	5	6	7	8	9	10	11	12
生产需求量	55	28	36	35	37	48	50	44	42	42	37	46
产量余亏量	-15	10	8	7	3	-4	-6	0	0	0	3	-6

注:此处生产需求量仅指满足当月销售计划,除12月末以外不设库存。

(2)比较各方案满足新增加数量部分的单位产品增加成本。

加班一天生产2台,加班费用5000元,每台增加成本费用=5000÷2=2500(元);

招聘增人每件产品新增成本=(招聘费和解聘费+新聘人员增加工资)÷新增数量;

1月份招聘增人每件产品新增成本=(10000+30000)÷15=2666.7(元);

6月份招聘增人每件产品新增成本=(10000+8000)÷4=4500(元);

7月份招聘增人每件产品新增成本=(10000+12000)÷6=3666.7(元);

12月份招聘增人每件产品新增成本=(10000+12000)÷6=3666.7(元)。

不同生产策略单位产品增加成本见表5-14。

表5-14 不同生产策略单位产品增加成本

方案 \ 单件新增成本(元) \ 数量(台)	1月	6月	7月	12月
	15	4	6	6
招聘增人	2666.67	4500	3666.67	3666.67
加班	—	2500	2500	2500
外包	3500	3500	3500	3500
库存(1个月)	—	800	800	800

比较各个方案,优先采取成本低的生产方案,依次采取库存、加班、招聘增人、外协。库存新增成本费用1个月为800元,2个月为1600元,3个月为2400元,所以库存不超过3个月优先采取库存策略。

(3)综合方案。1月份加班能力不足,招聘增人完成计划产量;4月份为6月份生产4台,为7月份生产3台;5月份为7月份生产3台;11月为12月份生产3台(正常生产按月付工资,不能达产也付全额工资);12月份加班生产3台。见表5-15、表5-16和表5-17。

表 5-15　综合方案

<table>
<tr><td>月份</td><td>1</td><td>2</td><td>3</td><td>4</td><td>5</td><td>6</td><td>7</td><td>8</td><td>9</td><td>10</td><td>11</td><td>12</td></tr>
<tr><td>方案</td><td>招聘增人</td><td colspan="2">按需求生产</td><td colspan="8">按生产能力生产</td><td>加班生产</td></tr>
</table>

表 5-16　综合方案试算

月份	①计划产量(台)	②正常生产能力产量(台)	③加班产量(台)	④招聘增人产量(台)	⑤库存量(台)	⑥库存费用(元)	⑦加班费用(元)	⑧招聘增人增加生产费用(元)
1	55	40	0	15	0	0		40000
2	28	38	0	0	0			
3	36	44	0	0	0			
4	42	42	0	0	7	2800		
5	40	40	0	0	10	6800		
6	44	44	0	0	6	6400		
7	44	44	0	0	0	2400		
8	44	44	0	0	0	0		
9	42	42	0	0	0	0		
10	42	42	0	0	0	0		
11	40	40	0	0	3	1200		
12	43	40	3	0	6	3600	7500	
合计	500	500	3	15		23200	7500	40000

表 5-17　综合方案新增生产成本费用

总产量(台)	加班费(万元)	库存费用(万元)	招聘人新增加工资(万元)	费用合计(万元)
500	0.75	2.32	4	7.07

七、运输表法编制综合生产计划

运输表法计算不复杂，可以获得最优解。由于假定了变量之间的线性关系，不一定符合实际情况，由于要求目标只有一个，约束条件少，所以，该种方法不适合约束条件多的情况。

【小练习 5.3】 某制酒厂对当地市场预测年度销售计划见表 5-18，费用数据见表 5-19。生产开始时的期初库存量为 500 吨，要求期末库存 600 吨，不允许市场缺货，制订年度综合生产计划。

表 5-18 年度销售计划及生产能力 （单位：吨）

季 度	第 1 季度	第 2 季度	第 3 季度	第 4 季度	合 计
销售预测	2000	700	800	1500	5000
正常生产	1000	800	1000	1000	3800
加班生产	300	200	200	300	1000
外协	300	300	300	300	1200

表 5-19 费用数据

单位库存费	外包加工费	正常人工成本	加班人工成本
120 元/吨	2500 元/吨	1400 元/吨	2100 元/吨

解：(1)将全部生产能力填写到对应的表格中；之后各季度依次按照成本由低到高安排生产，每个季度为后面的季度生产时要根据期限计算库存费用，见表 5-20；

(2)第 1 季度共需要满足生产需求 2000 吨，满足本季度需求的是：期初库存 500 吨，正常生产 1000 吨，加班生产 300 吨，外协 200 吨；

(3)第 2 季度满足市场需求 700 吨，满足本季度需求的是：正常生产 700 吨，此时正常生产能力余 100 吨，加班能力余 200 吨，外协能力余 300 吨；

(4)第 3 季度满足市场需求 800 吨，满足本季度需求的是：正常生产 800 吨，此时正常生产能力余 200 吨，加班能力余 200 吨，外协能力余 300 吨；

(5)第 4 季度满足市场需求 1500 吨，期末库存 600 吨，共需 2100 吨。满足本季度需求是：本季度正常生产 1000 吨，第三季度为本季度正常生产 200 吨，第二季度为本季度正常生产 100 吨，本季度加班生产 300 吨，第三季度为本季度加班生产 200 吨，第二季度为本加班生产 200，本季度外协 100 吨。

表 5-20 运输表法制订综合生产计划过程 （单位：吨）

计划方案			计划期				未用生产能力	全部生产能力
			第 1 季度	第 2 季度	第 3 季度	第 4 季度		
计划期	期初库存	成本	0	120	240	360	0	500
		数量	500					
第 1 季度	正常生产	成本	1400	1520	1640	1760	0	1000
		数量	1000					
	加班生产	成本	2100	2220	2340	2460	0	300
		数量	300					
	外协生产	成本	2500	2620	2740	2860	100	300
		数量	200					
第 2 季度	正常生产	成本		1400	1520	1640	0	800
		数量		700		100		
	加班生产	成本		2100	2220	2340	0	200
		数量				200		
	外协生产	成本		2500	2620	2740	300	300
		数量						
第 3 季度	正常生产	成本			1400	1520	0	1000
		数量			800	200		
	加班生产	成本			2100	2220	0	200
		数量				200		
	外协生产	成本			2500	2620	300	300
		数量						
第 4 季度	正常生产	成本				1400	0	1000
		数量				1000		
	加班生产	成本				2100	0	300
		数量				300		
	外协生产	成本				2500	200	300
		数量				100		

导入案例解析

根据【情境 5.1】资料，采用运输表法编制综合生产计划，根据成本由低到高采取经济合理的方案生产。

(1)根据表 5-2 资料，计算单位产品生产加工的变动成本费用。

单位产品正常生产工资费用=3300÷2=1650(元/台)(已经计入月工资)；

单位产品加班生产工资费用=5000÷2=2500(元/台)；

外协 3500 元/台；

库存 800 元/台·月，库存 3 个月库存费为 2400 元。

(2)1 月份销售预测 60 台，期初库存 5 台，满足本月需求应生产 55 台，有正常生产能力 20 天×2 台/天=40 台，加班生产 9 台(法定加班不超过 36 小时)，外协 6 台。

(3)2 月份销售预测 28 台，有正常生产能力 19 天×2 台/天=38 台，正常生产 28 台。

(4)3 月份销售预测 36 台，有正常生产能力 22 天×2 台/天=44 台，正常生产 36 台。

(5)4 月份销售预测 35 台，有正常生产能力 21 天×2 台/天=42 台，正常生产 35 台满足本月需求，剩余 7 台生产能力。

(6)5 月份销售预测 37 台，有正常生产能力 20 天×2 台/天=40 台，正常生产 37 台满足本月需求，剩余 3 台生产能力。

(7)6 月份销售预测 48 台，正常生产能力 22 天×2 台/天=44 台，4 月份为本月需求正常生产 4 台。

(8)7 月份销售预测 50 台，正常生产能力 22 天×2 台/天=44 台，4 月份、5 月份分别为本月生产 3 台。

(9)8 月份销售预测 44 台，正常生产能力 22 天×2 台/天=44 台，正常生产 44 台。

(10)9 月份销售预测 42 台，正常生产能力 21 天×2 台/天=42 台，正常生产 42 台。

(11)10 月份销售预测 42 台，正常生产能力 21 天台/天=42 台，正常生产 42 台。

(12)11 月份销售预测 37 台，正常生产能力 20 天×2 台/天=40 台，满足本月生产需求正常生产 37 台，还剩余 3 台生产能力。

(13)12 月份销售预测 40 台，期末库存 6 台，正常生产能力 20 天×2 台/天=40 台，正常生产 40 台，11 月份为本月需求正常生产 3 台，本月加班生产 3 台。

见表 5-21 和表 5-22。

表 5-21 运输表法制订综合生产计划过程 (单位：台)

计划方案		1	2	3	4	5	6	7	8	9	10	11	12	未用生产能力	全部生产能力
计划期	期初库存	5												0	5

续表

计划方案		1	2	3	4	5	6	7	8	9	10	11	12	未用生产能力	全部生产能力
1	正常生产	40												0	40
	加班生产	9												0	9
	外协生产	6												14	20
2	正常生产		28											10	38
	加班生产													9	9
	外协生产													20	20
3	正常生产			36										8	44
	加班生产													9	9
	外协生产													20	20
4	正常生产				35		4	3						0	42
	加班生产													9	9
	外协生产													20	20
5	正常生产					37		3						0	40
	加班生产													9	9
	外协生产													20	20
6	正常生产						44							0	44
	加班生产													9	9
	外协生产													20	20
7	正常生产							44						0	44
	加班生产													9	9
	外协生产													20	20
8	正常生产								44					0	44
	加班生产													9	9
	外协生产													20	20

续表

计划方案		1	2	3	4	5	6	7	8	9	10	11	12	未用生产能力	全部生产能力
9	正常生产									42				0	42
	加班生产													9	9
	外协生产													20	20
10	正常生产										42			0	42
	加班生产													9	9
	外协生产													20	20
11	正常生产											37	3	0	40
	加班生产													9	9
	外协生产													20	20
12	正常生产												40	0	40
	加班生产												3	6	9
	外协生产													20	20
合计		55	28	36	35	37	48	50	44	42	42	37	46	348	848

表 5-22 主生产计划生产进度表 （单位：台）

	合计	1	2	3	4	5	6	7	8	9	10	11	12
销售预测量	499	60	28	36	35	37	48	50	44	42	42	37	40
计划生产量	500	55	28	36	35	37	48	50	44	42	42	37	46
正常生产	482	40	28	36	42	40	44	44	44	42	42	40	40
加班生产	12	9											3
外协生产	6	6											

技能训练

某制酒厂的资料如【小练习 5.3】所示，生产定员 90 人，生产能力与人员成等比关系，人员招聘费为 200 元/人，解聘费为 500 元/人，试用试算法编制年度综合生产计划。

要点总结

综合生产计划通常是以年为计划期对产品出产进度作出安排。编制综合生产计划的策略通常有需求追逐策略、劳动力稳定策略、外包策略和生产均衡策略，编制方法通常有试算法、运输表法和线性规划法。编制综合生产计划就是在上述三种方法中选择合适的方法，采取合理的生产策略，使生产方案在经济上尽可能地合理，实现成本最低。

任务二　编制主生产计划

主生产计划（Master Production Schedule，MPS）就是企业打算生产什么产品、什么时间生产、生产多少的生产计划，主生产计划规定了产品的品种、规格、数量、生产时间等，它是可执行的计划。它与综合生产计划的区别在于，综合生产计划是规划企业总体生产能力，综合生产计划不会涉及产品的具体规格、型号和生产日期等指标，主生产计划的生产总量要等于综合生产计划确定的生产总量。

主生产计划是根据市场需求将综合生产计划的产品系列具体化，它确定具体产品具体的生产时间和数量。只有知道什么时候生产什么产品、生产多少，才能够对生产作业作出安排，才能知道为生产准备什么材料、准备多少、什么时候准备。因此，主生产计划是物料需求计划、零件生产计划、作业计划的依据。

导入案例

【情境 5.2】 某空调厂年度生产计划对第 1 季度的空调产量安排为：1 月份生产 4 万台，2 月份生产 3.6 万台，3 月份生产 4.4 万台。市场需求预测（各月需求平均分到 4 周中）和已接受的订单见表 5-23，KFR-35GW/EY 型号和 KFR-26GW/HY 型号期初库存分别各为 1000 台；KFR-72LW/DBP 型号期初库存为 500 台，生产批量均为 1000 台，请编制 1、2 月份的主生产计划。

表 5-23　空调市场需求预测与已接受订单　　(单位:台)

需求 \ 月 调		1月				2月			
		第1周	第2周	第3周	第4周	第5周	第6周	第7周	第8周
KFR-35GW/EY	预测	5000	5000	5000	5000	4000	4000	4000	4000
	订单	5800	4200	4000	2000	1000			
KFR-72LW/DBP	预测	2500	2500	2500	2500	2000	2000	2000	2000
	订单	2000	2000	1000	500	300			
KFR-26GW/HY	预测	2500	2500	2500	2500	3000	3000	3000	3000
	订单	3000	3000	2000	1500	1000	500		

案例分析

编制主生产计划步骤如下:

第一,根据年度生产计划确定各月的生产量;

第二,根据市场需求预测与已签订的订单确定生产的具体产品规格型号;

第三,根据具体产品的库存量与市场需求预测和已签订的订单,确定具体产品的生产量和生产时段。

一、主生产计划的任务

主生产计划是将综合生产计划中的产品系列具体化,起到衔接综合生产计划与作业计划的作用,主要任务如下。

(1)对综合生产计划任务指标进行分解,明确产品系列中具体产品的生产数量和出产时间。比如年度综合生产计划安排1月份生产家用空调4万台,没有说明具体型号,主生产计划根据年度综合生产计划和市场需求安排生产任务量,1月份的第1周生产KFR-35GW/EY型号空调5000台,KFR-72LW/DBP型号2000台,KFR-26GW/HY型号3000台,如图5-2所示。

(2)平衡市场需求量和产品的生产量。比如在【情境5.2】中,第1周和第2周市场需求KFR-26GW/HY型号空调分别为3000台,第1周计划生产3000台满足当月需求;第2周计划生产2000台,另有期初库存1000台,用于满足第2周市场需求3000台,同时平衡三种型号产品的市场需求量与产量,第一个月每周总产量1万台,如图5-2所示。

(3)为编制物料需求计划、作业计划提供依据。

(4)提供供应市场产品的准确信息。

空调年度计划生产进度

月　份	1	2	3
空调产量(万台)	4	3.6	4.4

空调主计划生产进度　（单位：万台）

型号 \ 周	第1周	第2周	第3周	第4周	第5周	第6周	第7周	第8周	第9周	第10周	第11周	第12周
KFR-35GW/EY	0.5	0.5	0.5	0.5	0.4	0.4	0.4	0.4	0.6	0.6	0.6	0.6
KFR-72LW/DBP	0.2	0.3	0.2	0.3	0.2	0.2	0.2	0.2	0.2	0.2	0.2	0.2
KFR-26GW/HY	0.3	0.2	0.3	0.2	0.3	0.3	0.3	0.3	0.3	0.3	0.3	0.3

图5-2　综合生产计划任务分解示意图

二、主生产计划需要的信息

制订主生产计划需要以下几项信息：

(1)期初实际存货持有量；

(2)计划期内各期具体产品的预测需求量；

(3)接受的顾客订单，承诺供给顾客产品的数量；

(4)计划期内的生产能力。

三、大量生产企业的主生产计划编制方法

大量生产产品品种单一、产量大，只需要根据综合生产计划安排的生产任务目标，再根据市场需求状况落实产品的型号或者规格的生产量即可，比如不同标号水泥的生产量，不同厚度热轧薄板的生产量，不同厚度浮法玻璃生产量等。其编制方法可以分为以下两种情况。

(1)对于需求相对稳定的市场，采取均匀生产，即单位时间内生产量大致相等；

(2)对于需求波动较大的市场，可以采取需求追逐策略、生产均衡策略和混合策略等，并根据市场的波动调整生产量和库存量，据此安排生产。

四、成批生产企业的主生产计划编制方法

成批生产企业的主生产计划的编制步骤如下。

(1)计算现有库存量。现有库存量是各期需求被满足后可利用的库存量。根据需求信息与期初库存，逐期计算现有库存量，直到它降到安全库存量数值以下。如果不设安全库存，现有库存量可能为负值。在不考虑主生产计划的条件下，现有库存量计算公式如下：

现有库存量=上期存货-max(本期预测需求量，本期合同订货量)

(2)确定各期主生产计划的产量和时间。当现有库存量低于安全库存或者为负数时安排生产。此时，现有库存量计算公式如下：

现有库存量=本期主生产计划量+上期存货-max(本期预测需求量，本期合同订货量)

(3)计算待分配库存(Available-To-Promiseinventory,ATP)。待分配库存是可承诺顾客在确切的时间内供货的产品数量。对于新的订单,营销部门可以用待分配库存量来签订合同,确定具体的供货日期。如果以周为时间单位安排生产,当周投入当周产出,则:

第一周待分配库存=本期生产量+期初库存量-下一次生产前合同订货量

第一周以后各周待分配库存=本期生产量-下一次生产前合同订货量

【小练习5.4】 某变压器生产企业预测5、6两个月份市场对S11-M-250KVA变压器需求量分别是200台和240台,各月需求量平均分配到4周中计算,已签订合同订单量见表5-24,期初库存量为113台,生产批量为80台,求5、6两个月份的主生产计划。

表5-24 变压器市场需求预测与已接受订单 (单位:台)

	5月				6月			
	第1周	第2周	第3周	第4周	第5周	第6周	第7周	第8周
预测需求	50	50	50	50	60	60	60	60
顾客订货	58	32	15	8	3			

解:(1)5月份第1周。

未生产时现有库存量=上期存货-max(本期预测需求量,本期合同订货量)=113-max(50,58)=55(台)

待分配库存=本期生产量(期初库存)-下一次生产前合同订货量=113-(58+32)=23(台)(第3周才需要安排生产)

5月份第1周的期初库存满足58台订单需求后,还剩有55台的现有库存,可以满足第2周的需求量max(50,32)台,第3周的需求量是max(50,15)台,所以,第3周要组织生产。113台满足第1周的58台和第2周的32台需求之后,还有23台待分配库存可承诺顾客新的需求。

(2)5月份第2周。

未生产时现有库存量=上期存货-max(本期预测需求量,本期合同订货量)=55-max(50,32)=5(台)

上期存货(现有库存)可满足需求。本期没有生产,没有待分配库存。

(3)5月份第3周。

未生产时现有库存量=上期存货-max(本期预测需求量,本期合同订货量)=5-max(50,15)=-45(台)

如果不安排生产,则现有库存量为负数,所以,5月份第3周期需要安排生产,安排生产后的现有库存量如下:

现有库存量=本期主生产计划量+上期存货-max(本期预测需求量,本期合同订货量)=80+5-max(50,15)=35(台)

待分配库存=本期生产量-下一次生产前合同订货量=80-15=65(台)(第4周需要安排生产,订货量只计本周)

本期生产80台满足订单需求15台后,还有65台待分配库存可承诺顾客新的需求。

(4)5月份第4周。

未生产时现有库存量=上期存货-max(本期预测需求量,本期合同订货量)=35-max(50,8)=-15(台)

如果不安排生产,则现有库存量为负数,所以,5月份第4周期需要安排生产,安排生产后的现有库存量如下:

现有库存量=本期主生产计划量+上期存货-max(本期预测需求量,本期合同订货量)=80+35-max(50,8)=65(台)

待分配库存=本期生产量-下一次生产前合同订货量=80-(8+3)=69(台)

(现有库存量可满足第5周需求,第6周需要安排生产)

本期65台待分配库存可满足下月60台市场预测需求;满足5月份的第4交货周和第5交货周的订单需求后,还有80-(8+3)=69(台)待分配库存可承诺满足顾客新的需求。

同理,6月份第6交货周到6月份第8交货周的计算结果列入表5-25中。

表5-25 主生产计划的制订过程 (单位:台)

	5月				6月			
	第1周	第2周	第3周	第4周	第5周	第6周	第7周	第8周
预测需求	50	50	50	50	60	60	60	60
顾客订货	58	32	15	8	3	0	0	0
现有库存	55	5	35	65	5	25	45	65
主生产计划	0	0	80	80	0	80	80	80
待分配库存	23		65	69	0	80	80	80

五、单件小批量生产类型企业的主生产计划编制方法

单件小批量生产类型是按订单生产,其生产进度安排重点是保证交货期,根据每份订单的产品品种、交货期、质量要求等条件,制订生产进度计划。生产进度安排不仅是投料产出的时间进度安排,而且是从产品设计开始一直到交货的时间进行安排。因为每份订单都是按照客户要求进行设计生产的,生产很少重复,并且在生产过程中会出现修改设计、修改生产工艺的情况。主生产计划的改变将影响备料工作。为了应对订单的偶然性,单件小批量生产企业的主生产计划平衡生产能力时,对生产能力要留有余地。

由于主生产计划是在信息不完整的情况下编制的,这样主生产计划在执行过程中可能因发生变动而修改。而主生产计划是所有零件、物料需求计划的基础,如果修改已经开始执

行但是尚未完成的计划,将引起一系列计划的改变和成本增加。如果增加主生产计划量,可能会由于物料不足、生产作业分配变更,而引起一系列的工作重新安排,导致延期交货、成本上升;当主生产计划量减少时,可能会产生剩余物料和零部件,并浪费生产能力;当变更产品品种时同样也会发生上述情况。因此,要设定一个时间段,使主生产计划在该期内不变或者不轻易变动,使生产计划有一个相对的稳定性。

导入案例解析

根据【情境 5.2】资料,主生产计划编制过程如下。

(1)1 月份第 1 周,本周总生产量为 10000 台。

①产品 KFR-35GW/EY 现有库存量=上期存货-max(本期预测需求量,本期合同订货量)= 1000-max(5000,5800)= -4800(台);安排生产 5000 台:

现有库存量=本期主生产计划量+上期存货-max(本期预测需求量,本期合同订货量)= 5000+1000-max(5000,5800)= 200(台)

待分配库存=本期生产量+期初库存-下一次生产前合同订货量=5000+1000-5800=200(台)

②产品 KFR-72LW/DBP 现有库存量=上期存货-max(本期预测需求量,本期合同订货量)= 500-max(2500,2000)= -2000(台);安排生产 2000 台:

现有库存量=本期主生产计划量+上期存货-max(本期预测需求量,本期合同订货量)= 2000+500-max(2500,2000)= 0(台)

待分配库存=本期生产量+期初库存-下一次生产前合同订货量=2000+500-2000=500(台)

③产品 KFR-26GW/HY 现有库存量=上期存货-max(本期预测需求量,本期合同订货量)= 1000-max(2500,3000)= -2000(台);安排生产 3000 台(考虑各周的生产量平衡):

现有库存量=本期主生产计划量+上期存货-max(本期预测需求量,本期合同订货量)= 3000+1000-max(2500,3000)= 1000(台)

待分配库存=本期生产量+期初库存-下一次生产前合同订货量=3000+1000-3000=1000(台)

(2)1 月份第 2 周,本周总生产量为 10000 台。

①产品 KFR-35GW/EY 现有库存量=上期存货-max(本期预测需求量,本期合同订货量)= 200-max(5000,4200)= -4800(台);安排生产 5000 台:

现有库存量=本期主生产计划量+上期存货-max(本期预测需求量,本期合同订货量)= 5000+200-max(5000,4200)= 200(台)

待分配库存=本期生产量-下一次生产前合同订货量=5000-4200=800(台)

②产品 KFR-72LW/DBP 上期无存货,max(2500,2000)= 2500(台);安排生产 3000 台:

现有库存量=本期主生产计划量-max(本期预测需求量,本期合同订货量)= 3000-max(2500,2000)= 500(台)

待分配库存=本期生产量-下一次生产前合同订货量=3000-2000=1000(台)

③产品 KFR-26GW/HY 现有库存量=上期存货-max(本期预测需求量,本期合同订货量)= 1000-max(2500,3000)= -2000(台);安排生产 2000 台:

现有库存量=本期主生产计划量+上期存货-max(本期预测需求量,本期合同订货量)= 2000+1000-max(2500,3000)= 0(台)

生产量小于合同订货量,待分配库存为零。

(3)1 月份第 3 周,本周总生产量为 10000 台。

①产品 KFR-35GW/EY,安排生产 5000 台:

现有库存量=本期主生产计划量+上期存货-max(本期预测需求量,本期合同订货量)= 5000+200-max(5000,4000)= 200(台)

待分配库存=本期生产量-下一次生产前合同订货量=5000-4000=1000(台)

②产品 KFR-72LW/DBP 现有库存量=上期存货-max(本期预测需求量,本期合同订货量)= 500-max(2500,1000)= -2000(台),安排生产 2000 台:

现有库存量=本期主生产计划量+上期存货-max(本期预测需求量,本期合同订货量)= 2000+500-max(2500,1000)= 0(台)

待分配库存=本期生产量-下一次生产前合同订货量=2000-1000=1000(台)

③产品 KFR-26GW/HY 无库存量,安排生产 3000 台:

现有库存量=本期主生产计划量+上期存货-max(本期预测需求量,本期合同订货量)= 3000+0-max(2500,2000)= 500(台)

待分配库存=本期生产量-下一次生产前合同订货量=3000-2000=1000(台)

以后各周计算依此类推,见表 5-26。

表 5-26 主生产计划的制订过程 (单位:台)

		1 月				2 月			
		第 1 周	第 2 周	第 3 周	第 4 周	第 5 周	第 6 周	第 7 周	第 8 周
预测需求	KFR-35GW/EY	5000	5000	5000	5000	4000	4000	4000	4000
	KFR-72LW/DBP	2500	2500	2500	2500	2000	2000	2000	2000
	KFR-26GW/HY	2500	2500	2500	2500	3000	3000	3000	3000
顾客订货	KFR-35GW/EY	5800	4200	4000	2000	1000	0	0	0
	KFR-72LW/DBP	2000	2000	1000	500	300	0	0	0
	KFR-26GW/HY	3000	3000	2000	1500	1000	500	0	0

续表

		1月				2月			
		第1周	第2周	第3周	第4周	第5周	第6周	第7周	第8周
现有库存	KFR-35GW/EY	200	200	200	200	200	200	200	200
	KFR-72LW/DBP	0	500	0	500	500	500	500	500
	KFR-26GW/HY	1000	0	500	0	0	0	0	0
MPS量	KFR-35GW/EY	5000	5000	5000	5000	4000	4000	4000	4000
	KFR-72LW/DBP	2000	3000	2000	3000	2000	2000	2000	2000
	KFR-26GW/HY	3000	2000	3000	2000	3000	3000	3000	3000
ATP量	KFR-35GW/EY	200	800	1000	3000	3000	4000	4000	4000
	KFR-72LW/DBP	500	1000	1000	2500	1700	2000	2000	2000
	KFR-26GW/HY	1000	0	1000	500	2000	2500	3000	3000

技能训练

在【小练习5.4】中，5月份的第3周又接到了新订单见表5-27，请重新安排主生产计划。

表5-27 变压器市场需求预测与已接受订单 （单位：台）

	5月				6月			
	第1周	第2周	第3周	第4周	第5周	第6周	第7周	第8周
预测需求	50	50	50	50	60	60	60	60
顾客新订货			40	22	20	15	5	

要点总结

主生产计划的任务是将综合生产计划产品的生产量，分解成具体生产哪种规格型号产品、生产多少、什么时段生产以及生产顺序。在编制主生产计划时，根据市场需求情况、库存情况，并在平衡生产能力的基础上，对综合生产计划生产量进行分解，落实具体产品的产量和生产时段。重点确定产品的规格、型号、生产时间、生产数量、生产顺序等指标。

课后练习

一、判断题

1. 综合生产计划的任务就是对企业在计划期内的生产资源和需求平衡的基础上作出总体生产安排,重点是落实生产产品的种类。 ( )
2. 用试算法编制流程式生产年度计划和编制加工装配式生产年度计划方法基本是一样的,都是根据市场需求调节生产能力和库存量达到平衡生产与需求关系,达到生产成本降到较低的目的。 ( )
3. 主生产计划就是企业打算生产什么产品、什么时间生产、生产多少的生产计划,所以,主生产计划就是月度计划。 ( )
4. 大量生产产品品种单一、产量大,所以,大量生产企业的综合生产计划与主生产计划是同一个计划。 ( )
5. 在成批生产企业的主生产计划中,通常是当现有库存量低于安全库存或者为负数时才安排生产。 ( )
6. 单件小批量生产是按订单生产,所以,单件小批量生产企业的主生产计划就是作业生产计划。 ( )
7. 单件小批量生产是按订单生产,其生产进度安排重点是保证交货期,所以,在编制主生产计划时要不断滚动更新计划,以保证能够按期交货。 ( )

二、单项选择题

1. 服务系统的综合计划一般称为( )。
   A. 生产计划　B. 库存计划　C. 员工计划　D. 成本计划
2. 通过提高产品销售价格来缓解需求压力,这是综合计划中的( )策略。
   A. 影响需求　B. 延迟交货　C. 改变库存水平　D. 转包合同
3. 综合计划的计划期限一般覆盖( )。
   A. 18 个月　B. 12~18 个月　C. 2~12 个月　D. 6~8 周
4. 一般来说,( )类型的企业需要制订综合计划。
   A. 产品或服务需求稳定　B. 需求呈现季节性波动
   C. 大量生产　D. 订货生产
5. 服务系统一般通过( )来解决综合计划问题。
   A. 生产率变化　B. 员工数量变化
   C. 库存持有量变化　D. 积压订单数量变化
6. ( )不是综合生产计划任务。
   A. 根据企业长期的战略规划目标,落实年度经营目标
   B. 根据计划年度市场需求和企业的生产能力,满足市场需求
   C. 优化配置企业内外生产资源,取得最好的经济效益
   D. 落实具体产品的生产量

7. 编制综合生产计划不需要(　　)信息。

A. 产品的规格、型号　　B. 原材料供应情况

C. 工人的技术等级　　D. 产品的生产成本

8. (　　)是运输表法编制综合生产计划的特点之一。

A. 运算复杂　　B. 要求目标多　　C. 约束条件多　　D. 可获得最优解

9. 编制主生产计划不需(　　)信息。

A. 库存信息　　B. 市场需求预测

C. 产品的生产成本　　D. 顾客订单量

10. 主生产计划变更后,不发生变化的是(　　)。

A. 备料　　B. 生产成本　　C. 作业安排　　D. 生产大纲

三、简答题

1. 编制综合生产计划的策略有哪些?
2. 试算法编制综合生产计划的步骤有哪些?
3. 为什么要编制主生产计划?
4. 为什么已经编制完成的主生产计划不要轻易变更?

四、计算题

某水泥厂年产水泥120万吨,2月份春节放假月产量为5万吨,其他月份平均生产能力为10万吨,年初库存3万吨,要求年终库存量2万吨,并且该厂要求水泥储存期不得超过两个月,计划期内市场需求预测见表5-28,试制订年度生产进度计划。

表5-28　设备销售预测　　(单位:万吨)

月　份	1	2	3	4	5	6	7	8	9	10	11	12	合计
销售预测	9	6	8	8	8	8	10	10	11	11	12	11	112

课堂案例

如何做到生产计划有效?策略有哪些

如何做到生产计划有效?策略有哪些?对于制造企业来说,订单准时交付、产能充分释放是一个古老而永不衰竭的话题,也是对企业长久发展影响最大的因素。如何保证订单准时交付、生产有序进行、产能充分释放?生产计划是一个最好用然而最不易用好的工具。那如何做到生产计划有效?

有效生产计划策略:

1. 足够的生产质量

加工质量差通常会导致计划外的报废和返工事件。进度表性能因此受到影响。当然,可以通过设置成品率并在计划中纳入缓冲时间来解决此类可能的情况,从而针对某些质

量缺陷进行计划。但是,低劣的制造质量将使任何进度表一旦跌落到可容忍的水平之下,便毫无用处。强大的质量控制将增强并支持有效的生产计划。

2. 准确的制造能力

如果系统中描述的可用容量不能准确反映物理操作,则生产计划将无效。从本质上讲,这是使系统保持最新和准确的主数据管理挑战。当生产过程涉及人与机器的结合时,这并不总是那么简单。幸运的是,可以采取一些方法来检查和校准系统,以确保准确,有效地定义每个工作中心的能力。

3. 可靠的供应商

供应商必须能够在计划的交货时间内提供材料。如果供应商始终错过其预定的 PO 到期日,则需要"为什么"问这个问题?在某些情况下,公司可以提供一些帮助。不断的提速和不断变化的要求对供应商的交付绩效没有帮助。必须采取措施防止波动性通过供应链向下传递。

4. 稳定客户需求

与供应商一样,您不希望客户将其内部需求波动传递给您。在许多行业中,我们可以接受零星的需求高峰是业务的一部分。有效的需求管理策略和计划实践可以帮助减少不断变化的客户需求的负面影响。

5. 准确的物料清单

制造物料清单(BOM)必须准确反映产品结构。如果 BOM 和零件号不正确,那么没有任何生产计划是不可能的。

6. 准确的路线

像 BOM 一样,制造工艺路线也必须准确。正确设置操作和工作中心(也称为资源)以及设置和运行时间至关重要。但是,不要让不完美的时间标准阻碍您前进。设置和运行时间将驱动计划的到期日在时间轴上的放置位置,但这些仅需作为一阶估计值才有效。在特定工作中心执行的操作顺序是最重要的。

对于生产制造型企业而言,订单是企业收入的主要来源,加快产品生产发货,可以加快物料和资金流动,减少资金占用,直接影响着企业的生存。数夫 ERP 系统是先进成熟的泛家居行业信息化数字化管理系统,集成大量泛家居行业特色功能,是一款柔性化定制平台管理系统。

(资料来源:https://www.163.com/dy/article/HASKRDGS05389D6O.html)

项目六　编制作业计划与作业排序

学习目标

【知识目标】

1. 掌握不同类型生产过程作业计划的内容和编制方法;
2. 掌握作业排序的方法;
3. 掌握网络计划知识。

【能力目标】

1. 能够编制作业计划;
2. 能够编制 N 项作业在 3 个以内工作地的作业排序;
3. 能够编制项目型作业计划并优化。

【素质目标】

1. 能够根据不同类型生产过程作业计划,树立爱岗敬业意识和服务意识;
2. 通过网络计划知识的学习和小组讨论培养团结协作意识,提升遵守秩序的意识。

任务一　编制大量生产的作业计划

作业计划是企业生产计划的具体执行计划,它把每项生产任务分配到具体的生产单位、工作中心及工作人员,规定他们每日的工作内容,规定他们每日生产的产品品种、数量。

大量生产企业主要是采用流水生产作业,生产连续、均衡、稳定,在生产线建设完成的时候,产品品种、工艺顺序、生产节拍(生产速度)等就已经确定。编制大量生产的作业计划主要是掌握好生产节拍、流水线标准工作指示图表和在制品定额等期量标准。

【情境 6.1】　某空调厂的一分厂只生产 KFR-35GW/EY 型号空调,1 月份计划生产 2 万台,其他条件列于表 6-1 中,编制机箱的月度作业计划。

表 6-1　车间内部、车间之间在制品占用

产品名称			KFR-35GW/EY		
计划产量			20000		
零件编号			2-14(件)	1-09(个)	
零件名称			机箱	过滤网	其他
每台件数 J			1	2	
装配车间	1	产出量(Q_{oj})			
	2	废品(Q_{wj})	—	—	
	3	在制品占用定额(Z_{ej})	1000	2000	
	4	期初在制品预计占用量(Z'_{ej})	800	1800	
	5	投入量(Q_{Ij})			
零件库	6	半成品外销量($Q_{si}i$)	—	10000	
	7	半成品占用量定额(Z_I)	1100	2200	
	8	期初预计占用量(Z'_I)	900	1400	
加工车间	9	产出量(Q_{oi})			
	10	废品(Q_{wi})	200	—	
	11	在制品占用定额(Z_{ei})	1300	500	
	12	期初在制品预计占用量(Z'_{ei})	700	600	
	13	投入量(Q_{Ii})			
材料库	14	半成品外销量(Q_{sh})	—	—	
	15	半成品占用量定额(Z_H)	1600	5000	
	16	期初预计占用量(Z'_H)	2000	4000	

案例分析

编制大量生产作业计划考虑的问题及方法。

(1)产品品种单一连续生产,属于流水作业生产;

(2)保证生产连续、均衡、稳定,必须规定合理的期量标准;

(3)根据需求、期量标准计算出计划期的投入与产出;

(4)根据大量流水作业生产连续、均衡、稳定的特点，将投入与产出量按日均匀地分配在计划期内。

一、大量流水生产作业的定义

大量流水线生产作业计划是生产作业计划的一部分，是指依据企业流水线车间所编制的生产作业计划。

大量生产的品种单一，计划期内生产产品数量大，生产的重复性强且工艺过程相对稳定。企业为了提高生产效率，许多大批大量生产对象都有固定的专用流水生产线，其生产能力是按计划规定的产量要求设计配置的，前后工序的流水生产线之间已进行了能力平衡，在空间布置地就考虑了前后工序能力之间的联结。当产品市场需求发生波动时，可采用在计划期内安排多开工作班次或少开几个班次来调整所需的生产能力，可完全依靠生产作业计划去调配生产任务和各种生产资源，以协调平衡各部分的生产能力。因此，大量流水生产作业计划的组织工作相对比较简单。

二、大量流水生产作业的期量标准

流水生产是指按照一定的工艺路线顺序布置工作地，加工对象按照统一的生产速度依次通过各个工作地完成各道工序的加工过程。期量标准是为了科学合理地组织生产活动，对生产数量和生产期所规定的标准。它是编制作业计划的重要依据，企业的生产类型和组织形式不同，期量标准也不同。

(一)节拍

节拍是流水线上生产相邻两件相同产品的时间间隔。节拍是组织大量流水线生产的重要依据，是流水生产期量标准中最重要的指标，它表示流水线生产速度的快慢。

1. 单一对象流水线节拍的计算

单一对象流水线也称为不变流水线，其特点是产品品种单一，在计划期内只生产一种产品，流水线节拍与各工序节拍一致。其生产节拍的计算公式如下：

$$r=\frac{F_e}{N}$$

式中，r——流水生产线节拍；F_e——计划期有效工作时间；N——计划期产品的产量。

2. 多对象流水线节拍的计算

多对象流水线也称为可变流水线，是在计划期内轮流生产几种产品，或者在流水线上混合生产多种产品，可以按照劳动量比例分配法计算节拍。这种方法是将计划期有效工作时间按照各种产品的劳动量比例进行分配，然后根据各种产品分配到的有效工作时间和产量计算生产节拍。计算过程见表6-2的举例，表中每月按25个工作日计算，每班按450分钟计算。

表 6-2 可变流水线节拍的计算

零件名称	计划产量(件)	单件定额工时(分/件)	总定额工时(分)	各种零件工时占总工时比重(%)	一个月内制造该零件工作日(天)	两班制日产量(件)	节拍(分/件)
①	②	③	④=②×③		⑥=25×⑤	⑦=②÷⑥	
1月21日	4000	10	40000	27.58	7	571	1.58
01-35	6000	5	30000	20.7	5	1200	0.75
1月9日	5000	15	75000	51.72	13	385	2.34
			145000	100	25		

流水线由多道工序组成,各道工序节拍是生产相邻两件相同产品在该道工序的时间间隔。计算公式如下:

$$r_i=\frac{t_i}{S_{ei}}$$

式中,r_i 为第 i 道工序节拍;t_i 为第/道工序单件时间定额;$S_e i$ 为第 i 道工序的工作地数。

(二)流水线标准工作指示图

流水线标准工作指示图也称为标准计划,该计划是作业计划工作的重要工作内容,依照标准计划安排工作地的作业计划。标准计划安排了工段、班组生产产品的品种、数量、期限和投入、产出顺序,详细计算出各工序需要工作地数目、各工作地的负荷、各工序配备工人数量以及工人的工作负荷。

1. 连续流水线的节拍与工序节拍一致

通常是连续生产,各工序同期化(流水线各工序时间与流水线节拍相等或呈整倍数关系)程度高,每个工作地的工作制度基本一致,各道工序的生产率协调一致。标准计划编制比较简单,只需规定整个流水线的工作制度即可,如图 6-1 所示。

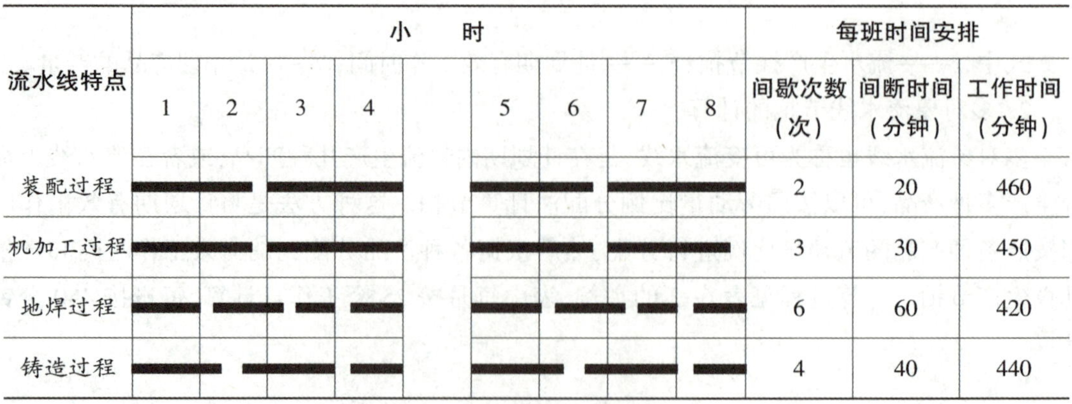

流水线特点	小时 1	2	3	4		5	6	7	8	每班时间安排 间歇次数(次)	间断时间(分钟)	工作时间(分钟)
装配过程										2	20	460
机加工过程										3	30	450
地焊过程										6	60	420
铸造过程										4	40	440

图 6-1 连续流水线工作指示图

2. 间断流水线同期化程度不高

需要分工序规定每个工作地的工作时间顺序,确定标准计划时间,计算工作地看管周期产量。间断流水生产的作业计划编制方法如下。

(1)确定看管周期。间断流水线中每道工序的节拍与流水线节拍可能不相等,为了使间断流水生产线有节奏地工作,预先设定一个时间段,使每道工序在该时间段内生产相同数量的产品,在这个预先设定的时间段内平衡各道工序的生产率达到一致,这个时间段称为看管周期。一般取一个班、二分之一个班或四分之一个班的时间为看管周期。

(2)计算工作地生产负荷。生产负荷通过负荷系数表示,负荷系数是各工作地有效工作时间与看管周期时间之比,也等于看管周期内各工作地应该完成生产任务量与实际生产能力之比,计算公式如下:

$$K_i=\frac{\text{看管周期生产任务量}}{\text{看管周期实际生产能力}}\times100\%=\frac{\dfrac{\text{看管周期}}{\text{流水线节拍}}}{\dfrac{\text{看管周期}}{\text{第 }i\text{ 道工序时间定额}}}\times100\%=\frac{\text{第道工序时间定额}}{\text{流水线节拍}}\times100\%$$

$$K_i=\frac{t_i}{r}\times100\%$$

式中,K_i 为工作地 i 的负荷系数。

当 $K_i>100\%$超过工作地最大能力时,安排多个工作地生产,并根据人员安排情况调整各个工作地的计划工作时间。

(3)计算工作地的计划工作时间。工作地的计划工作时间是指工作地在看管周期的工作延续时间。计算公式如下:

$$T_i=PK_i$$

式中,T_i 为工作地 i 的计划工作时间;P 为看管周期。

(4)根据各工作地的负荷和计划工作时间落实各工作地生产工人。

(5)计算工作地看管周期产量。工作地看管周期产量指工作地在一个看管周期内应该生产的产品数量。计算公式如下:

$$N_i=\frac{T_i}{t_i}$$

式中,N_i 为看管周期内生产产品数量;t_i 为第 i 道工序单件工时定额。

导入案例解析

某产品作业顺序图如下,计划年产量27540件,已知年有效工作时间为4590小时。

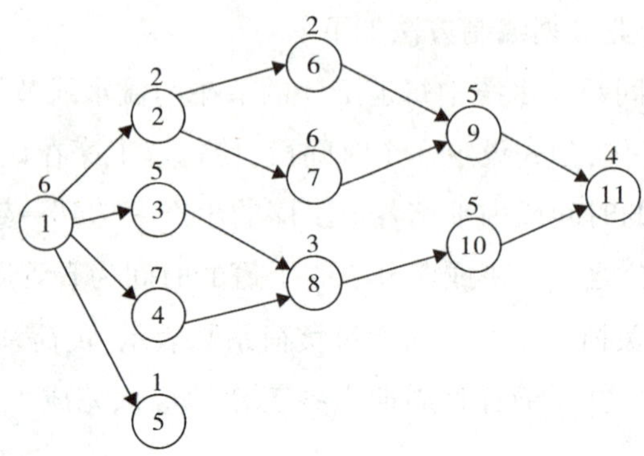

解:(1)计算节拍。

节拍=计划期有效工作时间/计划期产量=4590·60/27540=10(分/件)

(2)计算最少工作地数。

最少工作地数=流水线总工时/节拍=46/10=4.6=5(取整)

(3)根据工艺顺序和节拍限制,确定工序组合。

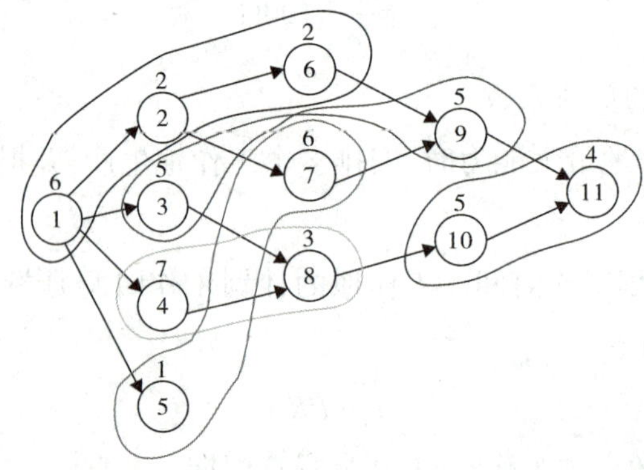

各工序的时间为:10,7,10,10,9。

(4)计算各工序负荷率和总效率。

k=工序时间/节拍

$k1=10/10=1$

$k2=7/10=0.7$

$k3=10/10=1$

$k4=10/10=1$

$k5=9/10=0.9$

总效率 $K=1+0.7+1+1+0.9/5=92\%$

【小练习6.1】 某企业发动机曲轴加工线两班生产,日产量160件,看管周期设定为120分钟,共有9道工序,各道工序单件工时定额依次为12分钟、4分钟、5分钟、5分钟、8分钟、5.8分钟、3分钟、3分钟、6分钟,试编制曲轴各工序及工作地的标准作业计划。

解：(1)计算看管周期内生产任务量。

单班生产任务量$=\dfrac{160}{2}=80$(件)

看管周期生产任务量$=\dfrac{80}{8\times6}\times120=20$(件)

(2)计算各工作地负荷系数。

流水线节拍$r=\dfrac{F_e}{N}=\dfrac{120}{20}=6$(分钟)

第 1 道工序工作地负荷系数$K_i=\dfrac{t_i}{r}\times100\%=\dfrac{12}{6}\times100\%=200\%$

如果负荷超过 100%时，增加工作地或者工人数量，当第 1 道工序安排两个工作地，每个工作地负荷系数为 100%；

第 2 道工序工作地负荷系数$K_2=\dfrac{t_2}{r}\times100\%=\dfrac{4}{6}\times100\%=66.7\%$

第 3 道工序工作地负荷系数$K_3=\dfrac{t_3}{r}\times100\%=\dfrac{5}{6}\times100\%=83\%$

第 4 道工序工作地负荷系数$K_4=\dfrac{t_4}{r}\times100\%=\dfrac{5}{6}\times100\%=83\%$

第 5 道工序工作地负荷系数$K_5=\dfrac{t_5}{r}\times100\%=\dfrac{8}{6}\times100\%=133.3\%$

所以，第 5 道工序安排 2 个工作地，工作负荷分别为 100%和 33.3%，以此类推，计算结果列于图 6-3 中。

(3)计算工作地的计划工作时间。第 1 道工序安排 2 个工作地，安排 1 号和 2 号工作地的计划工作时间。

$T_1=T_2=RK_1=120\times100\%=120$(分钟)

第 2 道工序 3 号工作地的计划工作时间$T_3=RK_3=120\times66.7\%=80$(分钟)

第 3 道工序 4 号工作地的计划工作时间$T_4=RK_4=120\times83\%=100$(分钟)

第 4 道工序 5 号工作地的计划工作时间$T_5=RK_5=120\times83\%=100$(分钟)

第 5 道工序 6 号工作地的计划工作时间$T_6=RK_6=120\times100\%=120$(分钟)

第 5 道工序 7 号工作地的计划工作时间$T_7=RK_7=120\times33.3\%=40$(分钟)

以此类推，计算结果列于图 6-2 中。

(4)根据各工作地的负荷和计划工作时间落实各工作地生产工人。基本原则是尽量使每个工人满负荷工作。比如，3 号工作地工人完成第 2 道工序只需 80 分钟，然后去 7 号工作地工作和分钟，在第 5 道工序加工完成 5 件产品，这样 3 号工人在看管周期内满负荷工作，具体如图 6-3 所示。

(5)计算工作地看管周期产量。

1 号和 2 号工作地看管周期产量 $N_1=N_2=\frac{T_1}{t_1}=\frac{120}{12}=10$(件)

3 号工作地看管周期产量 $N_3=\frac{T_3}{t_3}=\frac{80}{4}=20$(件)

4 号工作地看管周期产量 $N_4=\frac{T_4}{t_4}=\frac{100}{5}=20$(件)

5 号工作地看管周期产量 $N_5=\frac{T_5}{t_5}=\frac{100}{5}=20$(件)

6 号工作地看管周期产量 $N_6=\frac{T_6}{t_6}=\frac{120}{8}=15$(件)

7 号工作地看管周期产量 $N_7=\frac{T_7}{t_7}=\frac{40}{8}=5$(件)

以此类推,计算结果列于图 6-2 中。

流水线名称：曲轴加工线			轮班数:2	日产量：160 件		节拍：6 分钟/件		运输批量：1 件		生产节奏：6 分钟/件		看管周期：120 分钟
工序号	班任务	单件工时定额	工作地号	负荷率(%)	工人编号	每看管周期内的工作指示图表						看管周期产量
						20	40	60	80	100	120	
1	80	12	1	100	1							10
			2	100	2							10
2	80	4	3	67	3							20
3	80	5	4	83	4							20
4	80	5	5	83	5							20
5	80	8	6	100	6							15
			7	33	3							5
6	80	5.8	8	97	7							20
7	80	3	9	50	8							20
8	80	3	10	50	8							20
9	80	6	11	100	9							20

图 6-2 间断流水线标准计划工作指示图

(三)在制品定额

在制品是指从原材料投入到成品入库为止,处于生产过程中的所有零件、部件、产品的总称。在制品占用量定额是指在一定的技术、组织条件下,为保证有节奏地均衡生产所必需的在制品数量标准。

在制品指从原材料投入到成品入库,尚处于生产过程中还未完工的各种制品。在制品定额是指在必要的时间、地点和一定的生产技术与组织条件下,为保证生产均衡性所必需的最低限度的在制品数量。在制品定额法,就是根据大量大批生产特点,解决各车间在生产数量上的衔接,运用预先制定的在制品定额,按照工艺反顺序计算方法,调整车间的投入和产出数量,确定各车间的生产任务。在生产过程中,如果在制品数量不足会导致生产中断,如果在制品过多会导致库存量过大,资金占用多,影响经济效益。因此,要制定合理的在制品定额,保证生产均衡、连续和高效。在制品占用量的构成如图 6-3 所示。

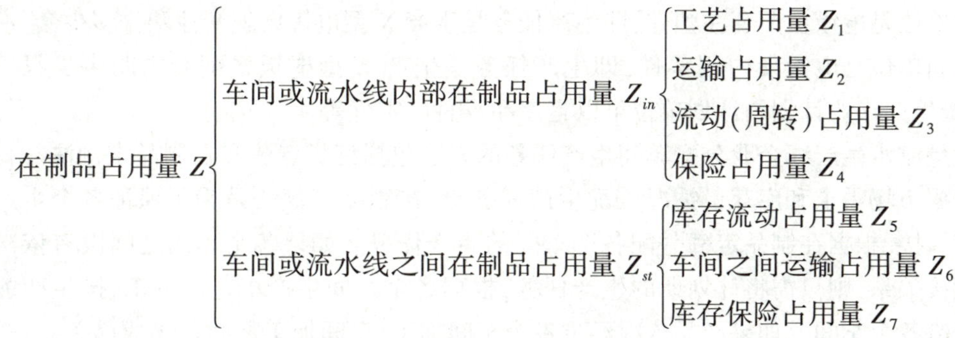

图 6-3 在制品占用量构成

(1)工艺占用量(Z_1),是指流水线内各工作地(或设备)正在加工、装配和检验的在制品数量。它的多少与流水线工序的数目、每道工序的工作地数目和每个工作地同时加工的在制品数量相关,工艺占用量在流水线设计时确定。

(2)运输占用量(Z_2),是指流水线内各道工序之间的运输装置上被运送的在制品数量。它的大小与运输方式、运输批量、运输间隔期等有关,它也是在流水线设计时确定。

(3)流动(周转)占用量(Z_3),间断流水生产线两道相邻工序由于生产率不同,为保持生产均衡,在工序之间存放的在制品数量。它的大小与相邻两道工序生产率的差异和工作地起止时间安排有关,流水线的同期化程度越高周转占用量越少。

(4)保险占用量(Z_4),是指为防备某生产环节出现意外事故时,仍能保证流水线连续正常生产而储备的在制品数量。保险占用量分两种,一是用来弥补废品损失和防止前道工序故障引起供应中断而设置的在制品,这类在制品放置在流水线的末端;二是用来弥补关键工序工作效率与计划节拍不符或者关键工序设备发生故障而设置的在制品,这类在制品放置在关键工序或者关键设备旁边。它的大小与生产周期、制品的价值、生产工艺的复杂性和稳定性及设备调整时间长短等因素有关。

(5)库存流动占用量(Z_5),是指流水线间或者前后车间生产效率不同,为保持连续正常生产,而形成的在制品数量。

(6)车间之间运输占用量(Z_6),是指处于车间之间的运输设施上在运输过程中的在制品数量。

(7)库存保险占用量(Z_7),是指为防备车间或者流水线因故延期交货时,仍能保证需求车间连续正常生产而设置的在制品数量。

三、大量流水生产作业计划的编制

(一)厂级生产作业计划的编制

厂级生产作业计划是为各个车间分配生产任务,保证各个车间之间生产的品种、数量和生产进度相互衔接,保证生产成套性与生产的均衡性。厂级生产作业计划由厂级生产管理部门编制,编制时首先确定合理的计划单位,计划单位是编制作业计划时对生产任务规定的计算单位,它反映了生产车间之间的分工协作关系。比如电饭煲生产企业的组装车间,采用的计划单位是某型号(X 型)电饭煲产品,即生产任务是生产 X 型电饭煲多少件;注塑车间的计划单位是电饭煲配套注塑件,即生产任务是生产 X 型电饭煲配套注塑件多少套;冲压车间的计划单位是电饭煲内胆零件,即生产任务是生产 X 型电饭煲配套内胆多少只等。所以,厂级生产作业计划的计划单位可以是产品、组件、零件等。

大量流水生产线企业分配车间生产任务的方法包括订货点法和在制品定额法。订货点法是根据市场需求和库存量情况分配生产任务量;在制品定额法是为了保证各个生产车间的相互衔接,根据在制品定额分配各个车间的生产任务。如果各个车间之间没有依次加工工艺衔接关系,则只需将计划期的生产任务,根据各个车间生产工艺的分工,按生产能力直接分配给各个车间。如果产品依次经过各个车间加工,车间加工之间呈半成品关系,按照工艺过程反顺序,逐个计算投入和产出任务,即用在制品定额法。首先规定最后车间的产出量,根据最后车间的产出量计算其投入量;再根据这个投入量计算上游工序产品的产出量,依此逆工序推算。如果 j 车间为 i 车间的后续车间,计算公式如下:

$$Q_{ij}=Q_{Ij}+Q_{si}+(Z_I-Z'_I)$$

$$Q_{Ii}=Q_{oi}+Q_{wi}+(Z_e-Z'_e)$$

式中,Q_{oi}为 i 车间的产出量;Q_{Ij}为 j 车间的投入量;Q_{si}为 i 车间外销半成品量;Z_I为车间之间库存在制品定额;Z'_I 为期初预计库存量;Q_{Ii}为 i 车间的投入量;Q_{wi}为 i 车间的废品量;Z_e 为 i 车间内部在制品定额;Z'_e 为 i 车间内部期初在制品占用量。

(二)车间内部生产作业计划的编制

厂级作业计划是把生产任务落实到车间,车间内部生产作业计划是将生产任务落实到每个工作地和工人。车间内部生产作业计划的编制主要包括两个层次的内容:一是,将车间的生产作业任务分解到工段(小组),编制车间分工段(小组)的月度作业计划和旬(周)作业计划;二是,将工段(小组)的作业任务落实到工作地,编制工段(小组)分工作地的旬(周)作业计划,将生产任务落实到具体的工作地或者工人。

编制分工段(小组)的月度作业计划时,如果车间内部各工段(小组)是按照对象原则布置工作地,将车间月度作业计划中的零件加工任务平均分配给对应的工段即可;如果是按照工艺原则布置,则按照工艺反方向依次安排各工段的投入与产出量;分工段内的作业计划也是同理，将工段的生产任务分解落实到每个工作地，编写出工作地的日历进度计划。

导入案例解析

（1）首先，应用在制品定额法确定各个生产车间投入量和产出量。

①装配 1 台空调配 1 件机箱，求装配 2 万台空调需要机箱数量：

$Q_{oj}=20000\times1=20000$（件）

②求装配车间的机箱的投入量：

$Q_{Ij}=Q_{oj}+Q_{wj}+(Z_{ej}+Z'_{ej})=20000+0+(1000-800)=20200$（件）

③保证空调整机装配车间需要，求机箱车间机箱的产出数量：

$Q_{oi}=Q_{ij}+Q_{si}+(Z_{I}-Z'_{I})=20200+0+(1100-900)=20400$（件）

④求加工车间机箱的投入数量：

$Q_{Ii}=Q_{oi}+Q_{w}+(Z_{ei}+Z'_{ei})=20400+200+(1300-700)=21200$（件）

计算结果见表 6-3。

表 6-3　车间之间投入量与产出量计算

产品名称			KFR-35GW/EY		
计划产量			20000		
零件编号			2-14（件）	1-09（个）	
零件名称			机箱	过滤网	其他
每台件数			1	2	
装配车间	1	***产出量（Q_{oj}）***	***20000***		
	2	废品（Q_{wj}）	—	—	
	3	在制品占用定额（Z_{ej}）	1000	2000	
	4	期初在制品预计占用量（Z'_{ej}）	800	1800	
	5	***投入量（Q_{Ij}）***	***20200***		
零件库	6	半成品外销量（Q_{si}）	—	10000	
	7	半成品占用量定额（Z_{I}）	1100	2200	
	8	期初预计占用量（Z'_{I}）	900	1400	

续表

加工车间	9	***产出量(Q_{oi})***	***20400***		
	10	废品(Q_{wi})	200	—	
	11	在制品占用定额(Z_{ei})	1300	500	
	12	期初在制品预计占用量(Z'_{ei})	700	600	
	13	***投入量(Q_{II})***	***21200***		
材料库	14	半成品外销量(Q_{sh})	—	—	
	15	半成品占用量定额(Z_H)	1600	5000	
	16	期初预计占用量(Z'_H)	2000	4000	

注:加粗斜体部分为计算值,其他部分为已知值。

(2)根据车间投入量和产出量编制月度作业计划,见表6-4。

表6-4 1月份机箱车间投入与产出计划 (单位:件)

序号	零件编号与名称	每台件数	装配投入量	库存定额差额	外销量	产出量	投入量
1	2-14 机箱	1	20200	200	0	20400	21200
2	……						

(3)根据月度生产作业计划和有效工作日编制车间日历进度计划(生产日程计划),见表6-5。

表6-5 1月份机箱车间日历进度计划 (单位:件)

零件编号 零件名称	计划 产出量	计划 投入量	项 目	日 期							
				1	2	3	4	……	……	……	31
2-14 机箱	20400	21200	计划投入 计划产出 实际产出 累计产出	848 816	848 816	848 816	848 816	……	……	……	848 816
……			计划投入 计划产出 实际产出 累计产出								

注:本月按25个工作日计算。

技能训练

请编写【情境 6.1】案例中过滤网的作业计划。

要点总结

作业计划的内容包括产品的品种、产量、作业地点、作业时间及消耗定额等。期量标准是编制作业计划的重要依据，大量生产的作业计划的期量标准有生产节拍、流水线标准工作指示图表和在制品定额等。大量生产厂级作业计划通常用在制品定额法编制，将生产任务分配到各个车间，保证各个车间之间生产的品种、数量和生产进度相互衔接。车间内部生产作业计划是将生产任务落实到每个工作地和工人，如果生产是按照工艺原则布置，则按照工艺反方向依次安排各工段的投入量与产出量。

任务二　编制成批生产的作业计划

成批生产企业通常是库存式生产与订货式生产相结合，在一定的时间间隔中依次轮番生产多种产品。这些品种的产品在结构和工艺上具有相近性，各种产品的工艺路线不尽相同，安排生产时有多种工艺路线选择。这样，有时关键设备成为生产瓶颈，在安排生产时要合理地利用设备能力，尽量使生产均衡、稳定。通常情况下，成批生产企业的订单对交货期要求较为严格，使得成批生产企业的作业计划编制较为复杂。编制成批生产作业计划的期量标准有生产批量、生产间隔期、生产周期、生产提前期和在制品占用量定额。

导入案例

【情境 6.2】　某企业到 10 月 15 日结束，累计完成某型号产品生产 120 件，其他资料见表 6-6，按照累计编号法编制 10 月份后半月的作业计划。

表 6-6　某企业生产资料

工　艺	生产批量（件）	生产周期（天）	生产间隔期（天）	保险期（天）	产出提前期（天）	投入提前期（天）
毛坯生产	80	4	8		15	19
机加工生产	40	5	4		5	10
装配生产	20	2	2	0	0	2

案例分析

编制成批生产作业计划考虑的问题及方法。

(1)成批生产的作业计划编制必须准确掌握生产批量、生产间隔期、生产周期、生产提前期和在制品占用量定额等期量标准;

(2)用累计编号法编制成批生产的作业计划,计算出各个工艺阶段的投入、产出累计编号;

(3)根据投入、产出的累计编号计算投入量和产出量。

一、成批生产作业的期量标准

(一)生产批量与生产间隔期

生产批量是指为某制品生产做了一次生产准备,这次生产准备要完成的相同制品数量就是生产批量。如果生产批量大,连续生产时间长,设备调整的次数少,设备利用率就高;如果生产批量小,连续生产时间短,设备调整频繁,设备利用率就低。选择批量的大小不仅要考虑设备的利用率,还要考虑市场需求和库存成本,使生产批量达到经济合理性要求。生产间隔期是指相邻两批相同产品投入或产出的间隔时间。

(二)生产周期

生产周期是指制品从原料投入到成品产出所经历的全部时间。生产周期的时间包括:工艺加工过程时间、检验过程时间、运输过程时间、制度规定的停歇时间等。生产周期是非常重要的期量标准,它是确定产品在各个环节的投入和产出时间和编制作业计划的主要依据。生产周期的时间结构如图 6-4 所示。

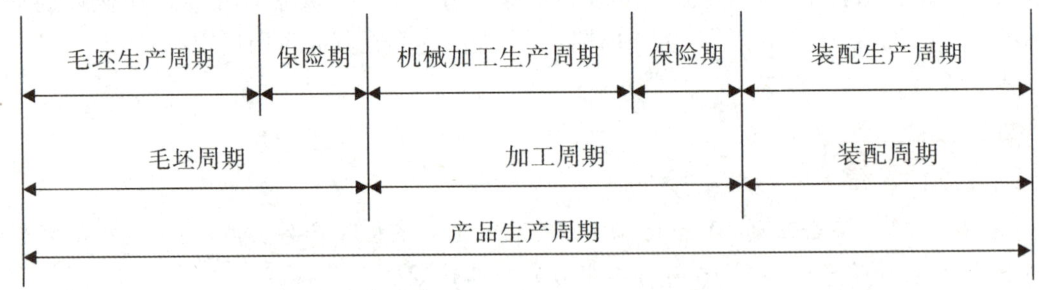

图 6-4 产品生产周期结构示意图

1. 单工序流程式生产的生产周期计算

流程式生产一般为流水生产,生产均匀、连续,尽管表示设备生产能力的技术参数单位不同,有的用线速度表示,有的用单位时间产出量表示,但都可以转换为单位时间产品的产出数量或者单位产量的生产时间。比如【小练习 1.7】可以根据工作车速、纸张宽度、厚度规格计算出单位时间的生产量。生产周期计算公式如下:

$$T=\frac{Q}{t}$$

式中,T 为生产周期;Q 为生产批量;t 为单位产量的生产时间。

2. 多工序流程式生产的生产周期计算

多工序流程式生产的生产周期等于各道工序加工周期和周转时间之和。生产周期计算公式如下：

$$T=\sum_{i=1}^{n}T_i+\sum_{s=1}^{n-1}T_s$$

式中，T 为产品生产周期；T_i 为 i 工序生产时间；T_s 为工序间的在制品周转时间。加工装配式生产可参考多工序流程式生产计算方法计算生产周期。

（三）生产提前期

提前期是指一项工作从完工的时间算起，倒推到开始之时经历的时间，即从工作开始到工作结束的时间。如图 6-5 所示，描述了提前期的含义。

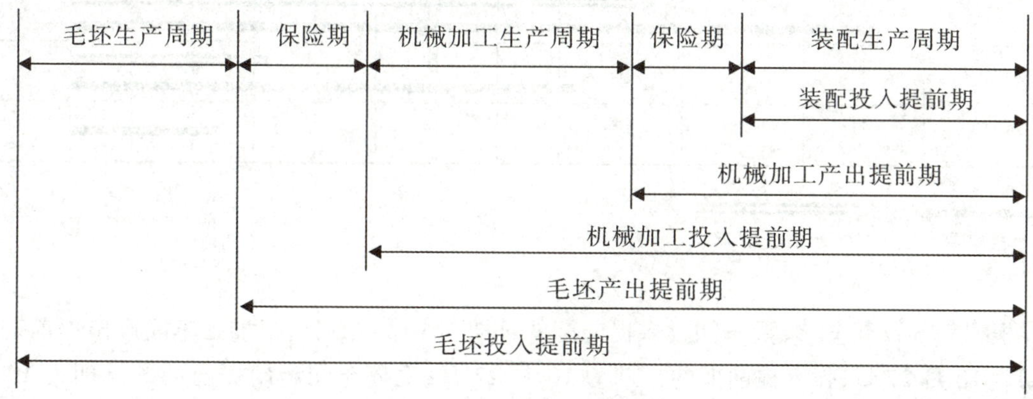

图 6-5　生产提前期示意图

生产提前期是指产品在各工艺阶段投入或者产出时间到产品完工入库经历的全部时间。

投入提前期是指制品在某工艺阶段投入生产的时间比成品完工时间应提前的时间。制品在某一工艺阶段的投入提前期等于该工艺阶段产出提前期加上该工艺阶段的生产周期。

产出提前期是指制品在某一工艺阶段产出的时间比成品完工产出时间应提前的时间。通常情况下，为了防止生产延误的影响和考虑运输时间会设置保险期。

（1）当前后工序生产间隔期相等时，生产提前期的计算公式为：

$$T_{iI}=T_{io}+T_i$$

$$T_{io}=T_{jI}+T_b$$

式中，T_{iI}为 i 车间投入提前期；T_{io}为 i 车间产出提前期；T_i 为 i 车间生产周期；T_{jI}为 j 车间投入提前期；T_b 为保险期。

【小练习 6.2】 某批产品要求 10 月 30 日交货，产品依次经过毛坯车间，机加工车间和装配车间进行生产，产品在各车间的生产周期依次为 4 天、5 天和 2 天，毛坯加工与机加工的保险期均为 1 天，求各车间的最迟的投入与产出时间。

解：产品出产日期为生产提前期计算的始点，所以，装配车间产出提前期的坐标为零点。

装配车间产出提前期 $T_{装出}=0$

装配车间投入提前期 $T_{装投}=T_{装出}+T_{装}=0+2=2$（天）

机加工车间产出提前期 $T_{机出}=T_{装投}+T_{保}=2+1=3$（天）

机加工车间投入提前期 $T_{机投}=T_{机出}+T_{机}=3+5=8$（天）

毛坯车间产出提前期 $T_{机出}=T_{机投}+T_{保}=8+1=9$（天）

毛坯车间投入提前期 $T_{坯投}=T_{坯出}+T_{坯}=9+4=13$（天）

将计算结果画到表 6-7 中。

表 6-7　生产提前期图表　（单位：天）

车间	日期														
	16	17	18	19	20	21	22	23	24	25	26	27	28	29	30
毛坯															
机加工															
装配															

投入提前期　产出提前期

根据表 6-7 可知：装配车间投入提前期的日期为 10 月 28 日；机加工车间产出提前期的日期为 10 月 27 日，投入提前期的日期为 10 月 22 日；毛坯车间产出提前期的日期为 10 月 21 日，投入提前期的日期为 10 月 17 日；将以上计算结果列于表 6-8 中。

表 6-8　各车间投入与产出时间

工艺	生产周期（天）	保险期（天）	投入提前期（天）	产出提前期（天）	投入日期	出产日期
毛坯生产	4	1	9+4=13	8+1=9	10.17	10.21
机加工生产	5	1	3+5=8	2+1=3	10.22	10.27
装配生产	2		2	0	10.28	10.3

（2）当前后生产车间的生产间隔期不相等但呈整倍数时，生产提前期的计算公式：

$$T_{iI}=T_{io}+T_i$$

$$T_{io}=T_{jT}+T_b+|R_i-R_j|$$

式中，R_i 为 i 车间生产间隔期；R_j 为 j 车间生产间隔期。

【小练习 6.3】　其他条件与【小练习 6.2】相同，只是装配车间的生产间隔期为 2 天，机加工车间的生产间隔期为 4 天，铸造车间的生产间隔期为 8 天，求生产提前期。

解：装配车间没有保险期，产出提前期的坐标为零点，它没有后续工序。

装配车间产出提前期 $T_{装出}=0+0+0=0$（天）

装配车间投入提前期 $T_{装投}=T_{装出}+T_{装}=0+2=2$（天）

机加工车间产出提前期 $T_{机出}=T_{装投}+T_{保}+|R_{机}-R_{装}|=2+1+|4-2|=5$（天）

机加工车间投入提前期 $T_{机投}=T_{机出}+T_{机}=5+5=10$（天）

毛坯车间产出提前期 $T_{坯出}=T_{机投}+T_{保}+|R_{坯}-R_{机}|=10+1+|8-4|=15$（天）

毛坯车间投入提前期 $T_{坯投}=T_{坯出}+T_{坯}=15+4=19$（天）

将计算结果画到表 6-9 中。

表 6-9 生产提前期图表 （单位：天）

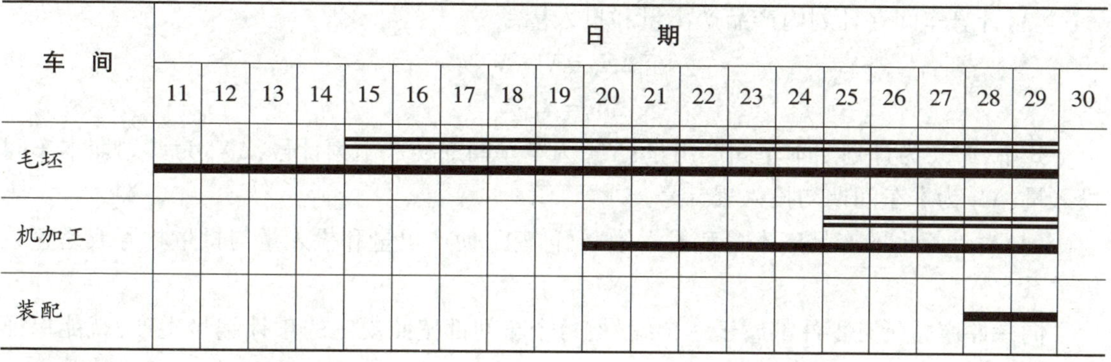

根据表 6-9 可知：装配车间投入前期的日期为 10 月 28 日；机加工车间产出提前期的日期为 10 月 25 日，投入提前期的日期为 10 月 20 日；毛坯车间产出提前期的日期为 10 月 15 日，投入提前期的日期为 10 月 11 日；将以上计算结果列于表 6-10 中。

表 6-10 各车间投入与产出时间

工 艺	生产周期（天）	生产间隔期（天）	保险期（天）	投入提前期（天）	产出提前期（天）	投入日期	出产日期
毛坯生产	4	8	1	15+4=19	10+1+(8−4)=15	10. 11	10. 15
机加工生产	5	4	1	5+5=10	2+1+(4−2)=5	10. 20	10. 25
装配生产	2	2	0	2	0	10. 28	10. 3

二、成批生产作业计划的编制

（一）厂级作业计划的编制

编制成批生产作业计划通常用累计编号法，这种方法是根据交货期日期，逆工序计算各工艺阶段的提前期，再通过提前期与生产量之间的关系将提前期转化为投入量与产出量。即从年初或者生产该型号产品开始算起，按照成品产出的顺序，为每个产品编一个累计号码，在同一个时点上，产品在某一生产工艺阶段上的累计号码，与成品产出的累计号码之差称为提前量，其大小与提前期成正比例关系。累计编号的一般步骤如下。

(1)首先确定各个生产环节的生产提前期定额与批量定额。

(2)计算各个车间计划期末的产品产出和投入应达到的累计号数。

$$N_O = N_{OL} + n_d T_O$$

$$N_I = N_{OL} + n_d T_I$$

式中,N_O 为本车间产出累计号;N_{OL}为最后工序车间产出累计号;N_I 为本车间投入累计号;T_O 为本车间产出提前期;T_I 本车间投入提前期;n_d 为最后车间日均产量。

(3)计算车间在计划内产品产出量和投入量。

$$\Delta N_O = N_O - N'_O$$

$$\Delta N_I = N_I - N'_I$$

式中,ΔN_O 为计划期本车间产出量;N'_O 为本车间期初产出累计号;ΔN_I 为计划期本车间投入量;N'_I 为本车间期初投入累计号。

(4)对计算出的产品产出量和投入量进行修正,使产出量和投入量与批量相等或呈整数倍关系。

同一件产品所有零件都属于一个编号,每个车间都按照规定的累计编号生产,就能保证零件的成套生产。

(二)车间内部作业计划的编制

成批生产车间内部作业计划要将月度的厂级生产作业计划分解为零件任务,再将零件任务细化为工序任务,分配到有关的生产单位和工作地。由于成批生产的生产任务不稳定,生产零件种类众多,工艺路线各不相同,多种工序共用生产设备,这样造成生产作业计划编制比较复杂。因此,需要将生产作业计划分解为三个层次,分别是作业进度计划、作业短期分配计划和作业进度控制,后两个层次的内容将在本项目中的任务四生产作业排序和任务五编制项目型作业计划中讨论,本任务只讨论作业进度计划。

编制作业进度计划的任务是为计划期内各项作业任务配置所需的生产能力,在保证交货期要求和保持生产负荷与能力平衡的条件下,编制出作业任务的进度日程计划。进度日程计划在定期轮番生产的情况下可与厂级作业计划同步,在不定期轮番生产的情况下应小于厂级作业计划的计划期,比如以半月或者旬为计划期编制车间内部的作业计划。编制作业计划的步骤如下:

(1)准备编制计划所需的材料。一是要准备零件的工艺路线文件,知道零件加工的工序、所需的设备及其工时定额;二是准备工作中心资料,知道现有生产设备的工作负荷与可利用的有效能力,比如班组、班次、设备数量、生产效率、有效生产能力等;三是准备外协、外购件供应资料,知道外协、外购件的供应来源和供应周期等。

(2)推算作业任务的工作工序进度日程。按照工序时间、排队时间和运输时间安排作业任务在每道工序上的持续时间,计算出各工序的开始时间与结束时间。

(3)计算生产能力需求量。将同一时段内所有工作任务对同一工作中心需求的加工时间汇总起来,得到该时段该工作中心的生产能力需求量,并核算该工作中心的工作负荷。

(4)调整工作中心负荷,使负荷与能力达到平衡。一种方法是降低某一时段的负荷,比如调整进度日程，使负荷与能力平衡；另一种方法是临时增加生产能力，比如加班生产。

(5)制订正式的作业进度计划和工作中心生产能力需求计划。

导入案例解析

(1)15 日结束产出的产品累计编号为 120，即 16 日初累计编号为 120，装配车间生产批量为 20 件，生产周期为 2 天，平均日产出 10 件，$n_d=10$；产出累计号如下（全部按期初值计算）：

$N_O=N_{OL}+n_dT_O=120+10\times0=120$（号）

因为生产间隔期为 2 天，所以，装配车间产品出产日期分别为 16、18、20、22、24、26、28、30 日等。

已知批量为 20 件，16 日产出产品的累计编号为 120 号，则 18 号产出产品的累计编号应为 140 号，20 日产出的累计编号应是 160 号，以此类推。

因为生产周期为 2 天，18 号产出的 140 号产品是 16 日投入的，16 号装配车间投入的累计编号也可以用下式计算（投入提前期为 2 天）。

$N_I=N_{OL}+n_dT_I=120+10\times2=140$（号）

因为生产间隔期为 2 天，所以，装配车间产品投入日期分别为 16、18、20、22、24、26、28、30 日等，投入的累计编号分别是 140、160，180、200、220、240、260、280。

(2)机加工车间产出提前期 5 天，16 日产出的累计编号计算如下：

$N_O=N_{OL}+n_dT_O=120+10\times5=170$（号）

机加工车间生产批量为 40 件，生产间隔期为 4 天，平均日产出 10 件，趋近 170 能与 40 成整数倍的编号是 160 和 200，即机加工车间 16 日产出累计编号为 170 号的产品，15 日产出累计编号为 160 号的产品，间隔期 4 天后的 19 日产出 200 号产品，23 日产出 240 号产品，以此类推。

生产周期为 5 天，自产出日倒推 5 日，即为投入批量的累计编号，或者按如下计算。

$N_I=N_{OL}+n_dT_I=120+10\times10=220$（号）（加工投入提前期为 10 天）

计算结果是 16 日投入 220 号，趋近 220 能与 40 成整数倍的编号是 200 和 240，生产间隔期为 4 天，平均日投入 10 件，14 日投入 200 号，18 日投入 240，22 日投入 280 号，以此类推。

(3)毛坯车间产出提前期 15 天，16 日产出的累计编号计算如下：

$N_O=N_{OL}+n_dT_O=120+10\times15=270$（号）

毛坯车间生产批量为 80 件，生产间隔期为 8 天，平均日产出 10 件，趋近 270 能与 80 成整数倍的编号是 240 和 320，即毛坯车间 13 日产出累计编号为 240 号的产品，间隔期 8 天后的 21 日产出 320 号产品，29 日产出 400 号产品，以此类推。

生产周期为 4 天，自出产日倒推 4 天即为毛坯投入的日期和数量，或按照投入批量的累计编号计算公式计算。

将上述计算结果列于表 6-11 中。

表 6-11　各车间投入与产出计划的累计编号

		日期																			
		11	12	13	14	15	16	17	18	19	20	21	22	23	24	25	26	27	28	29	30
装配	产出				100		120		140		160		180		200		220		240		260
	投入				120		140		160		180		200		220		240		260		280
机加工	产出	120				160				200				240				280			
	投入				200				240				280				320				360
毛坯	产出			240								320								400	
	投入							320													

可以看出，累计编号为 240 的产品于 28 日产出，在装配车间是 26 日投入的，投入提前期 2 天，生产周期 2 天，该车间下一个批次投入与产出累计编号是 260 号，生产间隔期 2 天；累计编号为 240 的产品在机加工车间 23 日产出，产出提前期是 5 天，在 18 日投入，投入提前期是 10 天，生产周期 5 天，该车间下一个批次投入与产出累计编号是 280 号，生产间隔期 4 天；累计编号为 240 的产品在毛坯车间 13 日出产，产出提前期 15 天，投入日期一定是 9 日（生产周期 4 天），生产投入提前期是 19 天，生产周期 4 天，该车间下一个批次投入与产出累计编号是 320 号，生产间隔期 8 天。

技能训练

在【情境 6.2】案例中，如果装配车间生产周期为 3 天，则装配车间的投入提前期也为 3 天，其他条件不变，请用累计编号法编制作业计划。

要点总结

编制成批生产作业计划的期量标准有生产批量、生产间隔期、生产周期、生产提前期和在制品占用量定额。厂级通常用累计编号法编制成批作业计划，为各车间分配任务；各车间对厂级的作业任务再进行分解细化到工序，落实到工作地和人。用累计编号法编制作业计划要准确计算各工序间的投入日期与出产日期，把握产品加工各道工序在时间上的衔接关系。

任务三　编制单件小批量生产的作业计划

单件小批量生产很少有重复性生产,没有周转在制品,在安排作业计划时,重点是考虑生产日期上的衔接、任务负荷与生产能力均衡。

【情境 6.3】 某机械厂专业生产定制木工设备,5 月份接受订单生产 A、B、C 三种型号设备,三种型号设备的生产分别经过毛生产、机加工生产、组装生产三个工艺环节,毛坯生产有一个作业班组,机加工和组装生产分别有两个作业班组,其他情况见表 6-12,表中生产周期按一个班组工作量工期计算,试编制综合日历进度表。

表 6-12　情境 6.3 资料

	生产数量(台)	可投产时间	订单交货时间	生产周期(天)		
				毛坯车间	机加工车间	装配车间
A 设备	2	5 月 1 日	5 月 15 日	1	4	5
B 设备	3	5 月 2 日	5 月 17 日	2	6	6
C 设备	1	5 月 4 日	5 月 18 日	1	6	6

案例分析

编制成批生产作业计划考虑的问题及方法。

(1)平衡各个工艺阶段的任务与能;

(2)考虑各个工艺阶段的生产衔接,各个工艺车间均连续生活生产。

一、单件小批量生产作业的期量标准

(一)生产周期

生产周期是单件小批量生产的基本期量标准,其构成与成批生产条件下产品的生产周期相同。由于产品品种多,通常只确定主要产品和代表产品的生产周期,其他产品可根据代表产品的生产周期加以比较,按其复杂程度确定。生产周期的确定方法可采用产品生产周期图表编制,在产品零件繁多、工序复杂的情况下,可以采用网络计划技术确定生产周期。

(二)总日历进度计划

总日历进度计划是各项产品订货在日历时间上的总安排。编制日历进度计划包括两部分内容:一是编制各项订货的生产进度计划,二是验算平衡各阶段设备的负荷。

二、单件小批量生产作业计划的编制方法

编制单件小批量生产作业计划经常用生产周期法,具体步骤如下。

(1)根据订货合同,确定产品的生产阶段,估算每阶段时间周期和进度,编制产品生产周期进度,见表6-13示例;

表6-13 产品生产周期进度表

订单编号:2016-21　　　　产品名称:卷板机

项　目	7月			8月			9月		
	上旬	中旬	下旬	上旬	中旬	下旬	上旬	中旬	下旬
产品结构设计									
产品工艺设计									
工艺装备准备									
材料准备									
加工生产									

(2)为每种产品编制订货说明书,计算该产品在各车间投入与产出时间,计算各工艺阶段生产周期,见表6-14示例;

表6-14 订货说明书

订单编号	交货日期	成套部件编号	工艺路线	投入日期	出产日期
			毛坯	7月22日	8月3日
		2019-21-01	机加工	8月5日	8月14日
2019-21	2019年8月30日		装配	8月17日	8月30日
			毛坯	7月26日	7月31日
		2019-21-02	机加工	8月6日	8月11日
			装配	8月17日	8月30日

(3)把订单中的各项产品出产日期和生产周期,汇集在一张综合日历进度表上,汇总过程中对各个生产车间、工艺环节的生产能力与生产任务进行平衡,并做好各项产品在各个工艺过程的生产衔接,见表6-15示例。

表 6-15 综合日历进度表

产品名称	数量	7月			8月			9月		
		上旬	中旬	下旬	上旬	中旬	下旬	上旬	中旬	下旬
弯管机	3									
异形磨边机	2									
剪板机	2									
卷板机	1									
折弯机	4									

毛坯 机加工 装配

导入案例解析

(1)根据交货期要求与各个工艺车间的生产周期初步安排日历进度,确定生产完成时间期间。

(2)根据各车间的有效工时及各种产品的任务量,在生产期间内调整各产品生产工艺加工的先后顺序,进行负荷平衡,保证各工艺车间连续均衡生产,并尽量保持产品各工艺阶段生产相衔接。

A 设备,毛坯 5 月 1 日加工 1 天,5 月 2 日至 5 日机加工 4 天,5 月 6 日至 10 日装配 5 天,11 日可以交货;

B 设备,毛坯 5 月 2 日至 3 日加工 2 天,5 月 4 日至 9 日进行机加工 6 天,5 月 10 日至 15 日装配 6 天,16 日交货;

C 设备,毛坯 5 月 4 日加工 1 天,5 月 6 日至 11 日进行机加工,因为 5 月 4 日至 5 月 5 日机加工车间在同时加工 A 和 B 设备,生产满负荷;5 月 6 日至 9 日同时加工 B 和 C 设备,生产也是满负荷;5 月 10 日在装配 A 和 B 设备生产达到满负荷,5 月 12 日至 16 日装配完成 C,保证 18 日前交货。结果见表 6-16 综合日历进度表。

表 6-16 综合日历进度表

产品名称	数量	5月																	
		1	2	3	4	5	6	7	8	9	10	11	12	13	14	15	16	17	18
A	2																		
B	3																		
C	1																		

毛坯 机加工 装配

技能训练

讨论大量生产、成批生产、单件小批量生产的作业计划编制的特点。

要点总结

作业计划是企业生产计划的具体执行计划，不管是大量生产、成批生产，还是单件小批量生产，都必须将生产任务落实到具体的品种、数量、工作单位、工作地和具体的工作日期。编制单件小批量生产作业计划时，重点是平衡任务负荷和生产能力。

任务四　生产作业排序

在安排成批生产和单件小批量生产的过程中，会遇到多项生产加工任务要同时开展而发生设备使用冲突的情况，也就是一台设备（工作地）上只能按照一定的顺序依次加工多种零件，或者几种零件要依次通过多台设备（工作地）进行加工，这就需要对各项作业在每台设备上的加工安排先后顺序，达到完成全部作业时间最短、费用最省的目的，这就是作业排序。

【情境 6.4】 A、B、C 三个不同的零件，先在甲设备上加工，再在乙设备上加工，最后在丙设备上加工，在三台设备上的加工时间列于表 6-17 中。请对上述零件加工顺序进行排序，使加工周期最短，并画出零件移动方式示意图。

表 6-17　零件在三台设备上的加工时间

零件	设备甲（小时）	设备乙（小时）	设备丙（小时）
A	4	3	5
B	6	2	3
C	5	4	5

案例分析

生产加工过程通常要对交货期、生产周期、库存量、设备利用率等进行控制。作业排序是进行作业控制的方法之一，完成作业排序要做以下工作：

（1）选择作业排序的规则；

（2）根据适用的作业排序方法，进行作业排序。

一、作业排序的要求与规则

作业排序的要求。通常情况下对作业排序有以下要求：①满足客户的交货期要求；②生产完成时间最短;③生产准备时间最短或者准备成本最小;④在制品库存量最小;⑤设备或劳动力利用率最高。

作业排序需遵循以下规则:

(1)先到先服务规则(Fist Come Fist Served,FCFS),优先选择最早进入排队等待的任务进行加工。

(2)最早交货期优先规则(Earliest Due Date,EDD),优先选择交货期限最早的工件加工。

(3)最短作业时间优先规则(Shortest Processing Time,SPT),优先选择加工时间最短的工件加工。

(4)紧迫性优先规则(Smallest Critical Ration,SCR),优先选择紧迫性强的工件加工。紧迫性系数表示紧迫性强弱,紧迫性系数等于交货期日期减去当前日期的差值除以剩余的工作天数。优先选择紧迫系数数值小的任务。

(5)最小松弛时间优先规则(Shortest Slack Time,SST),松弛时间等于距离交货日期的剩余时间与工件加工剩余时间之差,差值时间最小的任务优先加工。

(6)最少作业数优先规则(Fewest Operations,FO),剩余作业数少优先加工,因为作业数少意味着等待时间少,平均在制品少,制造提前期和平均延迟时间均少。

二、作业排序的方法

(一)单设备排序

单设备排序是指多种零件依次通过某一台设备或一个工作地的加工排序。在单件小批量生产中,合理安排使用关键设备很重要,它能够缩短工件等待时间,减少在制品占用量,提高设备利用率等。

【小练习 6.4】 A、B、C、D、E 五个不同的零件需要在一台设备上加工,有关的资料按照接到订单的顺序依次列于表 6-18 中,交货期从当前日期算起,请计算各种作业排序规则情况下的交货延迟时间。

表 6-18 5 个不同的零件的基本数据

零 件	交货期(天)	加工时间(天)	剩余制造提前期(天)	作业数(项)
A	6	1.5	7	4
B	5	1	5	1
C	4	3	6	5
D	7	4.5	6	3
E	8	5	10	2

解：(1)先到先服务原则。按照A、B、C、D、E顺序安排生产加工，即加工完A需要1.5天；加工完A之后才加工B，所以加工完B需要1.5+1=2.5(天)；加工完B之后才加工C，所以加工完C需要(1.5+1)+3=5.5(天)；依次类推。计算结果见表6-19。总的流程时间为1.5+2.5+5.5+10+15=34.5(天)平均流程时间为34.5÷5=6.9(天)。

表6-19 先到先服务原则计算结果

加工顺序	交货期(天)	加工时间(天)	作业数(项)	流程时间(天)	延迟时间(天)
A	6	1.5	4	0+1.5=1.5	-4.5
B	5	1	1	1.5+1=2.5	-2.5
C	4	3	5	2.54+3=5.5	1.5
D	7	4.5	3	5.5+4.5=10	3
E	8	5	2	10+5=15	7

可见，A、B可以按期交货，C、D、E延迟交货天数分别为1.5天、3天、7天。总延迟天数为1.5+3+7=11.5(天)，平均延迟天数为11.5÷5=2.3(天)。

(2)最早交货期优先规则。按照交货期最早原则的加工顺序是C、B、A、D、E，即加工完C需要3天；加工完C之后才加工B，所以加工完B需要3+1=4(天)；加工完B之后才加工A，所以加工完A需要(3+1)+1.5=5.5(天)；依次类推。计算结果见表6-20。总的流程时间为3+4+5.5+10+15=37.5(天)平均流程时间为37.5÷5=7.5(天)。

表6-20 最早交货期优先原则计算结果

加工顺序	交货期(天)	加工时间(天)	作业数(项)	流程时间(天)	延迟时间(天)
C	4	3	5	0+3=3	-1B
B	5	1	1	3+1=4	-1
A	6	1.5	4	4+1.5=5.5	-0.5
D	7	4.5	3	5.5+4.5=10	3
E	8	5	2	10+5=15	7

可见，C、B、A可以按期交货，D、E延迟交货天数分别为3天、7天。总延迟天数为3+7=10(天)，平均延迟天数为10÷5=2(天)。

(3)最短作业时间优先规则。按照最短作业时间优先规则的加工顺序是B、A、C、D、E，即加工完B需要1天；加工完B之后才加工A，所以加工完A需要1+1.5=2.5(天)；加工完A之后才加工C，所以加工完C需要(1+1.5)+3=5.5(天)；依次类推。计算结果见表6-21。总的流程时间为1+2.5+5.5+10+15=34(天)，平均流程时间为34÷5=6.8(天)。

表 6-21 最短作业时间优先原则计算结果

加工顺序	交货期(天)	加工时间(天)	作业数(项)	流程时间(天)	延迟时间(天)
B	5	1	1	0+1=1	-4
A	6	1.5	4	1+1.5=2.5	-3.5
C	4	3	5	2.5+3=5.5	1.5
D	7	4.5	3	5.5+4.5=10	3
E	8	5	2	10+5=15	7

可见,B、A 可以按期交货,C、D、E 延迟交货天数分别为 1.5 天、3 天、7 天。总延迟天数为 1.5+3+7=11.5(天),平均延迟天数为 11.5÷5=2.3(天)。

(4)紧迫性优先规则。首先计算紧迫性系数。交货期已知,剩余制造提前期即为剩余工作天数,所以本题中紧迫性系数$=\dfrac{\text{交货期}}{\text{剩余制造提前期}}$,计算结果列于表 6-22 中,并按照数值由小到大排列加工顺序,加工顺序为 C、E、A、B、D。流程时间计算同上述几种规则。总的流程时间为 3+8+9.5+10.5+15=46(天),平均流程时间为 46÷5=9.2(天)。

表 6-22 紧迫性优先原则计算结果

加工顺序	交货期(天)	加工时间	剩余制造提前期(天)	紧迫系数	流程时间(天)	延迟时间(天)
C	4	3	6	0.67	0+3=3	-1
E	8	5	10	0.8	3+5=8	0
A	6	1.5	7	0.86	8+1.5=9.5	3.5
B	5	1	5	1	9.5+1=10.5	5.5
D	7	4.5	6	1.17	10.5+4.5=15	8

可见,C、E 可以按期交货,A、B、D 延迟交货天数分别为 3.5 天、5.5 天、8 天。总延迟天数为 3.5+5.5+8=17(天),平均延迟天数为 17÷5=3.4(天)。

(5)最小松弛时间优先规则。本例中松弛时间=交货期-加工时间,计算结果列于表 6-23 中,并按照数值由小到大排列加工顺序,加工顺序为 C、D、E、B、A。流程时间计算同上述几种规则。总的流程时间为 3+7.5+12.5+13.5+15=51.5(天)平均流程时间为 51.5÷5=10.3(天)。

表 6-23　最小松弛时间优先原则计算结果

加工顺序	交货期(天)	加工时间(天)	作业数(项)	流程时间(天)	延迟时间(天)
C	4	3	1	0+3=3	-1
D	7	4.5	2.5	3+4.5=7.5	0.5
E	8	5	3	7.5+5=12.5	4.5
B	5	1	4	12.5+1=13.5	8.5
A	6	1.5	4.5	13.5+1.5=15	9

可见,C 可以按期交货,D、E、B、A 延迟交货天数分别为 0.5 天、4.5 天、8.5 天、9 天。总延迟天数为 0.5+4.5+8.5+9=22.5(天),平均延迟天数为 22.5÷5=4.5(天)。

(6)最少作业数优先规则。按照最少作业数优先原则的加工顺序是 B、E、D、A、C。计算结果见表 6-24。流程时间计算同上。总的流程时间为 1+6+10.5+12+15=44.5(天),平均流程时间为 44.5÷5=8.9(天)。

表 6-24　最小作业数优先原则计算结果

加工顺序	交货期(天)	加工时间(天)	作业数(项)	流程时间(天)	延迟时间(天)
B	5	1	1	0+1=1	-4
E	8	5	2	1+5=6	-1
D	7	4.5	3	6+4.5=10.5	3.5
A	6	1.5	4	10.5+1.5=12	6
C	4	3	5	12+3=15	11

可见,B、E 可以按期交货,D、A、C 延迟交货天数分别为 3.5 天、6 天、11 天。总延迟天数为 3.5+6+11=20.5(天),平均延迟天数为 20.5÷5=4.1(天)。

上述规则排序结果汇总比较见表 6-25。根据需要选择排序规则,对加工顺序进行排序。

表 6-25　各种排序规则排序结果对比

排序规则	加工顺序	平均流程时间(天)	平均延迟时间(天)
先到先服务原则	A、B、C、D、E	6.9	2.3
最早交货期优先规则	C、B、A、D、E	7.5	2
最短作业时间优先规则	B、A、C、D、E	6.8	2.3

续表

排序规则	加工顺序	平均流程时间(天)	平均延迟时间(天)
紧迫性优先规则	C、E、A、B、D	9.2	3.4
最小松弛时间优先规则	C、D、E、B、A	10.3	4.5
最少作业数优先规则	B、E、D、A、C	8.9	4.1

(二)两台设备排序

两台设备排序是指多种零件依次通过两台设备或两个工作地的加工排序,通常使用约翰逊-贝尔曼规则进行排序,使用该规则排序能够减少加工过程中的空闲时间。

约翰逊-贝尔曼规则的使用条件如下。

(1)各项作业在各台设备或者工作地的作业时间已知且固定;

(2)作业时间与作业顺序不相关;

(3)所有的作业都必须遵循同样的两步式工作顺序;

(4)没有工作优先级;

(5)在工件移送到第二台设备或者第二个工作地时,其在第一台设备或者第一个工作地的作业内容已全部完成。

约翰逊-贝尔曼规则的操作步骤如下。

步骤一,列出全部工件在各台设备或者工作地的加工时间。

步骤二,选取加工时间最短的作业,如果最短的作业是在第一台设备上或者第一个工作地上,就将该工件排在加工顺序的第一位;如果是在第二台设备上或者第二个工作地上,就将该工件排在加工顺序的倒数第一位。

步骤三,排除已经排序的工件,在剩余的工件中再选择加工时间最短的作业,按照步骤二进行排序。

步骤四,按照步骤二和步骤三排序。

【小练习 6.5】 A、B、C、D、E 五个不同的零件,先在甲设备上加工完成之后,需要再在乙设备上加工,在两台设备上的加工时间列于表 6-26 中,请对加工顺序进行排序,选择最短的加工周期。

表 6-26 零件在两台设备上的加工时间

零　件	设备甲(小时)	设备乙(小时)
A	4	7
B	3	2
C	7	5
D	6	7
E	6	3

解:(1)选取加工时间最短的作业。B在乙设备上的加工时间为2小时最短,乙是第二台设备,所以,排在倒数第一的位置;

(2)剩下的零件中,E在乙设备上的加工时间为3小时最短,乙是第二台设备,所以,排在倒数第二的位置;

(3)剩下的零件中,A在甲设备上的加工时间为4小时最短,甲是第一台设备,所以,排在第一的位置;

(4)剩下的零件中,C在乙设备上的加工时间为5小时最短,乙是第二台设备,所以,排在倒数第三的位置;

(5)现在只剩下零件D,排在剩余的空位上,即倒数第四、正数第二的位置。

加工顺序为A—D—C—E—B,如图6-6所示。

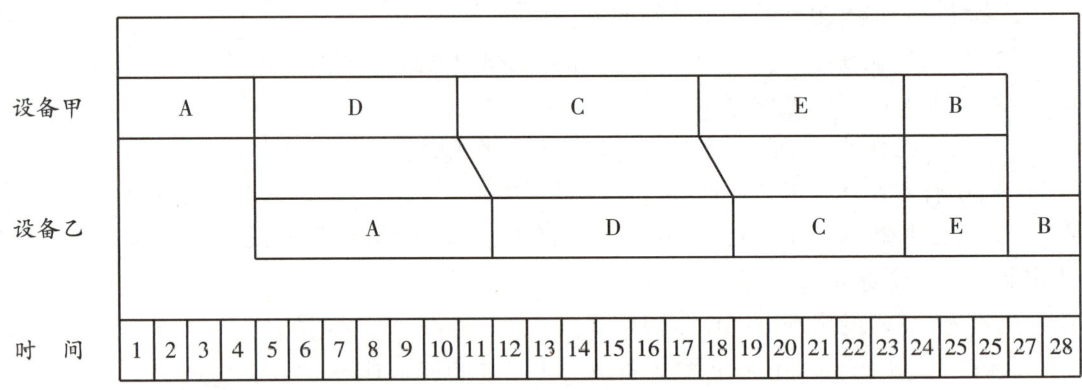

图6-6 作业周期示意图

(三)三台设备排序

三台设备排序是指多种零件依次通过三台设备或三个工作地的加工排序。

如果满足下列条件之一,可用约翰逊-贝尔曼规则进行排序。

(1)在设备1上的最小加工作业时间至少等于设备2上的最大加工作业时间;

(2)在设备3上的最小加工作业时间至少等于设备2上的最大加工作业时间。

三台设备排序求解方法如下。

(1)假设用设备甲和设备乙代替A、B、C三台设备,假设零件在设备甲上的操作时间等于在设备A和设备B上操作时间之和,零件在设备乙上的操作时间等于在设备B和设备C上操作时间之和,将零件在三台设备上的加工替代成在两台设备上的加工。

(2)用约翰逊-贝尔曼规则进行排序。

(3)如果零件在三台设备上的加工作业时间不能满足求解条件要求,也可以按照上述方法求近似解。

三、服务业的作业排序

服务业的作业排序有两种方式,一是安排顾客需求,二是安排服务人员。

(一)安排顾客需求

1. 预约

一个预约系统给予顾客特定的服务时间。这种方法的优点是及时地为顾客提供服务,且提高服务人员工作效率。医院看病、汽车修理、安装服务是使用预约系统提供服务的典型例子。

2. 预订

预订系统类似于预约系统,但它通常被用于顾客接受服务时需占用或使用相关的服务设施的情况。比如,顾客预订酒店客房、火车票、机票、电影票等。这种预订需要预付一定的款额,这样可以减少预订后不来接受服务的问题。比如,酒店交预订押金,打折机票不退款、预订火车票退票有扣款比例等。

3. 排队等待

如果不能准确地为顾客排序,顾客自愿等待,则按照一定规则排队等待。比如餐馆、银行、零售商店等通常使用这种方式。通常情况下是先到先服务,但也存在服务优先权,比如银行的金卡顾客、零售商店的大客户、餐馆的常客等。

(二)安排服务人员

服务业作业排序的另一种方法是将服务人员安排到顾客需求的不同时段内,当需要快速响应顾客,并且需求总量大致可以预测时使用这种方法。在这种情况下,可以通过安排服务人员调整服务能力,以满足不同时段内的不同服务工作负荷要求。采用这种方法的典型例子有邮局营业员、护士、警察、公交车司机等。根据服务工作需求可以采取多种排班的形式,有四班三倒、三班两倒等多种工作制。我国大部分服务行业实行五天工作制,员工都希望每周能够连休两天,下面举例介绍一种方法,使五天工作制能够安排两天连续休息时需要的人员最少。

【小练习 6.6】 某服务公司有接待人员 6 人,每周各天需要接待人员数量见表 6-27,安排接待人员每周 2 天连休,请给 6 人排班。

表 6-27 每周各天需要人数 (单位:人)

星期一	星期二	星期三	星期四	星期五	星期六	星期日
5	5	6	4	5	2	1

解:(1)将人员编号按顺序填写在表 6-28 的人员列中,将每天需要人数填写在 1 号人员从周一到周日对应的日期中。

(2)将相邻两天人员的需要量相加,安排 1 号人员在相加数最小的两天休息,从周一到周日,显然周六和周日是“2+1”得数最小,安排 1 号人员在周六、周日休息。

(3)将 1 号人员对应的每天需要人数减去 1 后,填写在 2 号人员对应的日期里,同样,将相邻两天人员的需要量相加,安排 2 号人员在相加数最小的两天休息,显然“2+1”得数最小,安排 2 号人员在周六、周日休息。同理安排 3 号和 4 号人员在周六、周日休息。

(4)5 号人员对应的相邻两天人员的需要量相加最小值是“1+0”，可以安排在周四、周五休息。

(5)6 号人员对应的相邻两天人员的需要量相加最小值的日期在周一、周二或周四、周五，因为周五要保证 5 人到岗，所以只能安排 6 号人员周一、周二休息，结果见表 6-28。可见，周四、周日可以再安排一人休息或者调整其从事其他工作。

表 6-28　每周各天需要人数　（单位：人）

人　员	人员需要数量													
	星期一		星期二		星期三		星期四		星期五		星期六		星期日	
1	5		5		6		4		5		2	×	1	×
2	4		4		5		3		4		2	×	1	×
3	3		3		4		2		3		2	×	1	×
4	2		2		3		1		2		2	×	1	×
5	1		1		2		0	×	1	×	2		1	
6	0	×	0	×	1		0		0		1		0	
在岗人	5		5		6		5		5		2		2	
需要人	5		5		6		4		5		2		1	
空闲人	0		0		0		1		0		0		1	

注：表中“×”表不休息。

导入案例解析

(1)假设丁设备和戊设备可以替代甲、乙、丙三台设备，作业时间列于表 6-29 中。

(2)利用约翰逊-贝尔曼规则进行排序。

表 6-29　假设丁、戊设备的加工时间

零件	设备丁，$T_{丁}=T_{甲}+T_{乙}$(小时)	设备戊，$T_{戊}=T_{乙}+T_{丙}$(小时)
A	4+3=7	3+5=8
B	6+2=8	2+3=5
C	5+4=9	4+5=9

表6-29中,加工时间5最小,是B零件在第2台设备戊上作业时间,B应排倒数第一的位置;其次加工时间7最小,是A零件在第一台设备丁上的作业时间,A应排在第一的位置上;剩下C排第二的位置。所以作业顺序为A—C—B,如图6-7所示。

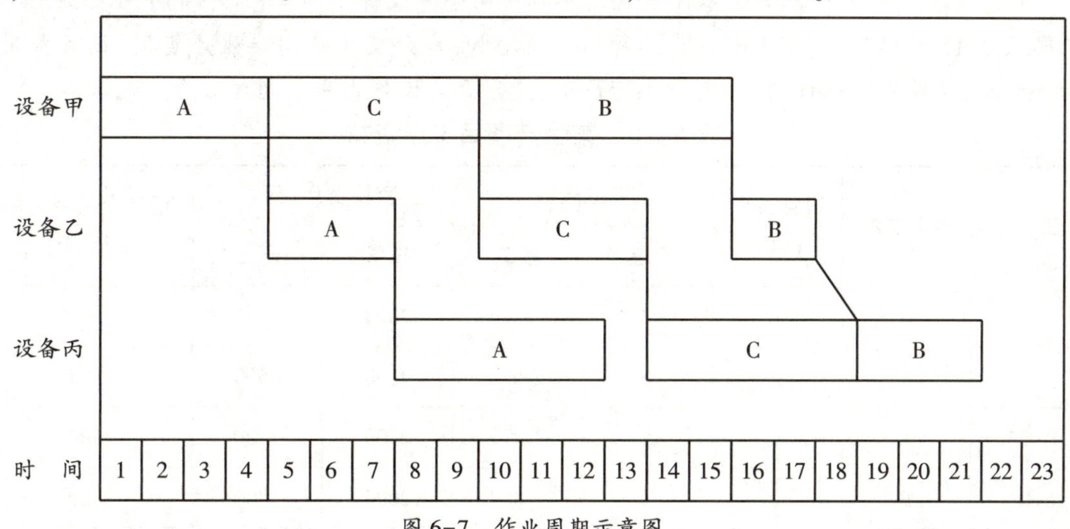

图6-7 作业周期示意图

技能训练

根据【情境6.4】的作业排序结果和图6-7,安排零件的移动方式,使每台设备连续作业,计算出生产周期,并画出示意图(提示:参考零件平行顺序移动方式)。

要点总结

单台设备排序可以根据需要,选择六项排序规则中的某项规则,对某台设备或者某个工作地的若干作业进行排序。两台设备和三台设备的作业排序,我们只考虑了零件加工路线相同情况下的问题解决方法,若干零件作业依次通过两台设备或者两个工作地时,通常使用约翰逊-贝尔曼规则进行排序,三台设备排序是约翰逊-贝尔曼规则的扩展方法。

任务五 编制项目型作业计划

有时候客户要求定制生产较为复杂的产品,产品的生产过程复杂并且是一次性生产。由于没有这类产品生产经验,产品设计、生产组织、加工工艺等许多工作都是创新性的,我们可以把这类的生产作业当作一个项目来管理。网络计划技术是对项目计划管理的科学方法,它以网络图的形式反映项目各项活动的先后顺序及相互关系,通过计算网络时间找出影响全局的关键活动和关键路线,对项目进行统筹安排,对生产作业的时间、资源、费用进行计划与控制,达到预期的管理目标。

导入案例

【情境 6.5】 有一批定制零件各道工序都在同型号设备上加工,工序资料见表 6-30,要求必须在 15 日内完工,赶工时生产总费用不能增加,每天发生的间接生产费用(固定费用)为 500 元,请编制网络计划,并安排生产设备,使每天的设备占用不超过 2 台。

表 6-30 某生产项目工序资料

工 序	紧前工序	设备占用(台)	完成天数		直接费用(元)		赶工费用变化率(元/天)
			正常	赶工	正常	赶工	
A	0	1	2	—	2000	—	—
B	0	1	6	5	4000	4500	500
C	A	1	5	4	2500	3000	500
D	B	1	5	4	2000	2300	300
E	B	1	3	—	1500	—	—
F	C、D	1	3	2	1500	2300	800
G	C、D	1	3	—	1500	—	—
H	E、F	1	4	3	2000	2200	200

案例分析

编制合理的生产计划要做以下工作。

(1)编制正常生产的网络计划,安排各道工序的生产;

(2)对工期—费用进行优化达到工期要求;

(3)进行工期—资源优化,安排设备资源,在满足生产的情况下使用设备最少。

一、绘制网络图

网络图又称为网络模型,它反映项目的生产过程及其各项活动之间的关系。没有网络图,项目进度计划中的时间参数就没有办法计算,编制项目进度计划必须首先绘制网络图。

(一)网络图的构成

网络图由箭线、结点和路线三部分组成。

1. 箭线

一条箭线表示一项活动,它可以表示零件加工过程中的一道工序或者一项工作。一般在箭杆上方标出活动名称,箭杆下方标出活动时间,也可以将名称与时间标在一起。需要消耗资源并占用时间的活动,用实线表示,即用→表示;不需要消耗资源也不需要占用时间的活动称为虚活动,用虚线表示,即用→表示。

2. 结点

结点用○表示,表示一项活动开始的时点,也表示一项活动结束的时点,它不消耗资源和时间。在网络图中,左边第一个结点叫始点,右边第一个结点叫终点,其他结点都叫中间结点。

3. 路线

从网络图始点开始,沿着箭线方向到达终点形成的首尾相接的通道称为路线。网络图由多条路线组成,其中最长的路线叫关键路线,关键路线上的活动(工序)叫关键活动(工序),关键路线一般用双实线或者加粗线表示。

(二)网络图绘制规则

(1)各项活动按从左到右顺序排列。

(2)箭头结点编号大于箭尾结点编号,如图 6-8(a)、(b)所示。

(a)箭头结点标号正确表示　　(b)箭头结点标号错误表示

图 6-8　箭头结点标号规则示意图

(3)两个结点之间只能有一条箭线,如图 6-9(a)、(b)所示。

(a)两结点间箭线正确表示　　(b)两结点间箭线错误表示

图 6-9　两结点间箭线表示规则示意图

(4)每项活动必须有结点表示开始与结束,如图 6-10(a)、(b)所示。

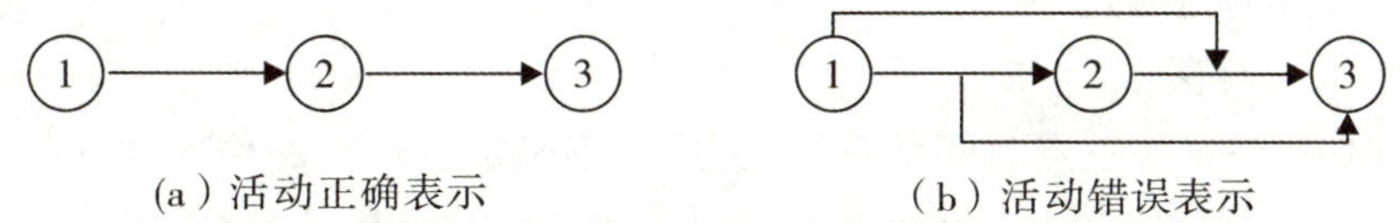

(a)活动正确表示　　(b)活动错误表示

图 6-10　活动表示规则示意图

(5)网络图中只能有一个源和一个汇,即网络图中只能有一个始点和一个终点,如图 6-11 所示。

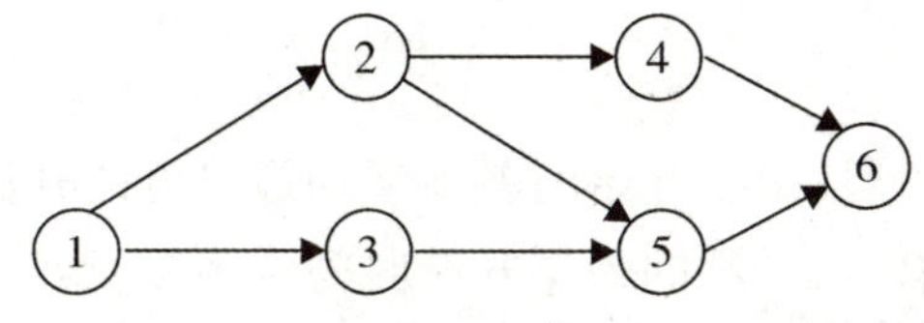

图 6-11　网络中只能有一个源一个汇

【小练习 6.7】　某零件加工的工序资料见表 6-31,请画出该零件的项目计划网络图。

表 6-31 某零件的加工工序资料

工序名称	A	B	C	D	E	F	G
紧前工序	—	—	B	B	A、C	A、C、D	E、F
所需时间(天)	3	3	5	9	8	6	3

解：网络图如图 6-12 所示。

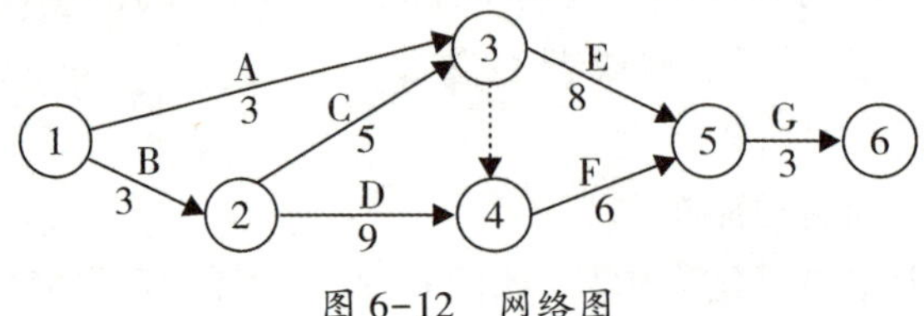

图 6-12 网络图

二、编制项目网络计划

根据网络图计算出各个结点时间参数，就可以编制出初步的项目进度计划；再根据项目管理的目标要求和相关的约束条件，调整各项作业的起止时间对资源进行合理分配利用，编制出最终的项目进度计划。

（一）工序时间估算

1. 单一时间估算

单一时间估算又称单点值估算法，对活动的作业时间只确定一个时间值，以完成作业可能性最大的时间为准。它适用于不可知因素较少的作业时间估算，有同类工程或类似产品的工时资料可借鉴的情况。

2. 三种时间估算法

三种时间估算法又称三点时间估算法，适用于不确定性较大的作业时间估算。分别估算出乐观时间(a)、保守时间(m)和可能时间(b)，然后求其平均时间 T_e。

$$T_e=\frac{a+4m+b}{6}$$

（二）结点时间的计算

1. 结点最早开始时间

结点最早开始时间，是指从结点开始的各项活动最早可能开始进行的时间。计算时从网络图的始点开始，一般将始点活动的最早开始时间设为零，当项目开始有具体时间时，可将项目开始时间定为始点的最早时间，顺着结点编号从小到大依次计算各个结点的最早开始时间。

(1)当进入 j 结点的箭线只有一条时，j 结点的最早开始时间为 $ET(j)$，则：

$$ET(j)=ET(i)+t_{ij}$$

$ET(i)$ 为 i 结点最早开始时间，$t(i,j)$ 为结点 i–j 的作业时间如图 6-13(a)所示。

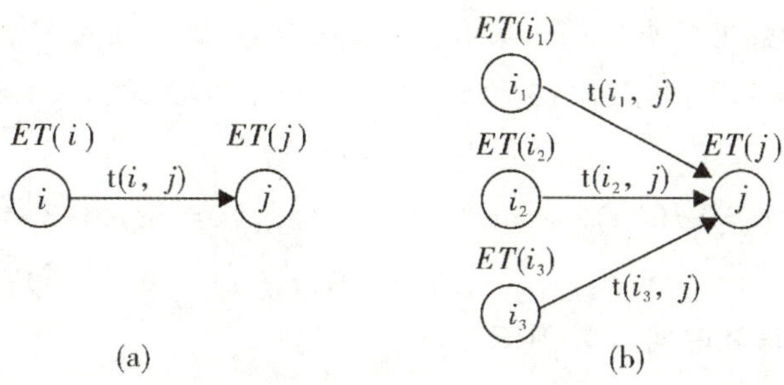

图 6-13　结合最早开始时间

(2)当进入 j 结点的箭线有多条时,则:

$$ET(j)=\max\{ET(j)+t(i,j)\}$$

取 $ET(j)$ 计算结果的最大值,如图 6-14(b)所示。

【小练习 6.8】　图 6-13(b)中,i_1 结点的最早开始时间为第 3 天;i_2 结点的最早开始时间为第 6 天;i_3 结点的最早开始时间为第 2 天,结点 i_1-j 的作业时间 $t(i,j)=6$ 天;结点 i_3-j 的作业时间 $t(i_2,j)=8$ 天;结点 i_3-j 的作业时间 $t(i_3,j)=4$ 天,求结点 j 的最早开始时间。

解:$ET(j)=\max\{ET(i)+t(i,j)\}=\max\begin{Bmatrix}ET(i_1)+t(i_1,j)\\ET(i_2)+t(i_2,j)\\ET(i_3)+t(i_3,j)\end{Bmatrix}=\max\begin{Bmatrix}3+6\\6+8\\2+4\end{Bmatrix}=14$(天)

所以,j 结点最早开始时间为第 14 天。

2. 结点最迟结束时间

结点最迟结束时间,是指以本结点为结束结点的各项活动最迟必须结束的时间。计算时从网络图的终点开始,逆着结点编号从大到小依次计算各个结点的最迟结束时间。因为终点之后没有作业,所以终点的结束时间等于它的最早开始时间。

(1)当 i 结点后只有一条箭线时,i 结点的最迟结束时间为 $LT(i)$,则:

$$LT(i)=LT(j)-t(i,j)$$

$LT(j)$ 为 j 结点最迟结束时间,如图 6-14(a)所示。

(2)当 i 结点后有多条箭线时,则:

$$LT(i)=\min\{LT(j)-t(i,j)\}$$

取 $LT(0)$ 计算结果的最小值,如图 6-14(b)所示。

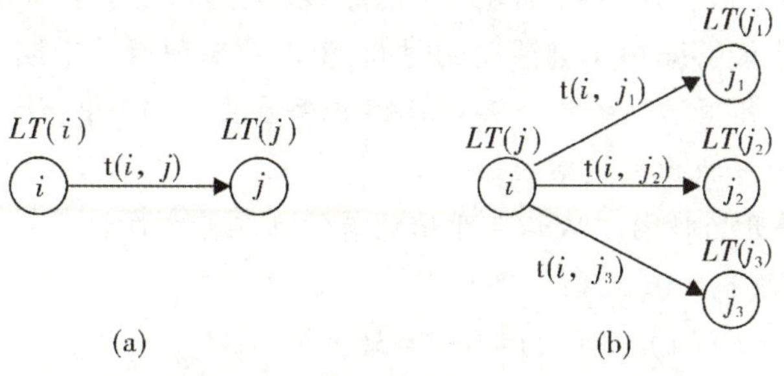

图 6-14　结点最迟结束时间

【小练习 6.9】　图 6-14(b)中,j_1 结点的最迟结束时间为第 7 天;j_2 结点的最迟结束时间为第 6 天；j_3 结点的最迟结束时间为第 8 天，结点 $i \to j_1$ 的作业时间 $t(i,j_1)=5$ 天；结点的 i-j_2 作业时间 $t(i,j_2)=3$ 天；结点 i-73 的作业时间 $t(i,j_3)=2$ 天，求结点的最迟结束时间。

解：$$LT(j)=\min\{LT(j)+t(i,j)\}=\min\begin{Bmatrix}LT(j_1)+t(i,j_1)\\LT(j_2)+t(i,j_2)\\LT(j_3)+t(i,j_3)\end{Bmatrix}=\min\begin{Bmatrix}7-5\\6-3\\8-2\end{Bmatrix}=2(\text{天})$$

所以，i 结点最迟结束时间为第 2(天)。

(三)活动时间的计算

1. 活动最早开始时间和最早结束时间

活动最早开始时间等于代表该活动箭线的箭尾结点的最早开始时间，用 ES 表示，活动最早结束时间等于该活动最早开始时间加上该活动的作业时间之和，用 EF 表示。

在【小练习 6.8】中，活动 (i_1,j) 的最早开始时间 $ES(i_1,j)=ET(i_l)=3$(天)，最早结束时间 $EF(i_1,j)=ES(i_1,j)+t(i_1,j)=3+6=9$(天)。

2. 活动最迟结束时间和最迟开始时间

活动最迟结束时间等于代表该活动箭线的箭头结点的最迟结束时间，用 LF 表示，活动最迟开始时间等于该活动最迟结束时间减去该活动的作业时间之差，用 LS 表示。

在【小练习 6.9】中，活动 (i,j_1) 的最迟结束时间 $LF(i,j_1)=LT(j_1)=7$(天)，最迟开始时间 $LS(i,j_1)=LF(i,j_1)-t(i,j_1)=7-5=2$(天)。

(四)活动时差的计算

活动时差是指活动的最迟开始时间与最早开始时间之差，用 S 表示。它表示活动开始时间可以在活动时差范围内进行机动安排，所以活动时差又称机动时间和宽裕时间。其计算公式如下：

$$S(i,j)=LS(i,j)-ES(i,j)=LF(i,j)-EF(i,j)$$

如果 (h,i) 活动之后是 (i,j) 活动，那么 i 结点既是活动 (h,i) 的终结点，也是活动 (i,j) 的始结点，就是说，如果结点 i 反映活动 (h,i) 的最迟结束时间，也是活动 (i,j) 的最迟开始时间。

(五)确定关键路线

网络图中时差为零的各项活动称为关键活动，由关键活动组成的路线称为关键路线。关键路线是网络图中从始点到终点时间最长的路线，关键路线上各项活动时间之和构成项目总工期。因此，如果能够缩短关键活动的时间，就能缩短项目总工期。

【小练习 6.10】 各项活动的作业天数已经标写在图 6-13 中，计算各节点的最早开始时间和最迟结束时间，并找出关键路线。

解：(1) 计算最早开始时间。从始点开始顺着结点编号方向计算。

结点①是始点 $ET(1)=0$(天)；

结点②是 $ET(2)=ET(1)+t(1,2)=0+3=3$(天)；

结点③是 $ET(3)=\max\{ET(i)+t(i,j)\}=\max\begin{Bmatrix}ET(1)+t(1,3)\\ET(2)+t(2,3)\end{Bmatrix}=\max\begin{Bmatrix}0+3\\3+5\end{Bmatrix}=8$(天)；

结点④是 $ET(4)=\max\{ET(i)+t(i,j)\}=\max\begin{Bmatrix}ET(3)+t(3,4)\\ET(2)+t(2,4)\end{Bmatrix}=\max\begin{Bmatrix}8+0\\3+9\end{Bmatrix}=12$（天）；

结点⑤是 $ET(5)=\max\{ET(i)+t(i,j)\}=\max\begin{Bmatrix}ET(3)+t(3,5)\\ET(4)+t(4,5)\end{Bmatrix}=\max\begin{Bmatrix}8+8\\12+6\end{Bmatrix}=18$（天）；

结点⑥是 $ET(6)=ET(5)+t(5,6)=18+3=21$（天）。

(2)计算最迟结束时间。从终点开始逆着编号的方向计算。

结点⑥是终点 $LT(6)=21$；

结点⑤是 $LT(5)=LT(6)-t(5,6)=18-3=18$（天）；

结点④是 $LT(4)=LT(5)-t(4,5)=18\_6=12$（天）；

结点③是 $ET(3)=\min\{ET(i)+t(i,j)\}=\max\begin{Bmatrix}ET(1)+t(3,4)\\ET(5)+t(3,5)\end{Bmatrix}=\min\begin{Bmatrix}12-0\\18-8\end{Bmatrix}=10$（天）；

结点②是 $ET(2)=\min\{ET(i)+t(i,j)\}=\max\begin{Bmatrix}ET(3)+t(2,3)\\ET(4)+t(2,4)\end{Bmatrix}=\min\begin{Bmatrix}10-5\\12-9\end{Bmatrix}=3$（天）；

结点①是 $ET(1)=\min\{ET(i)+t(i,j)\}=\max\begin{Bmatrix}ET(3)+t(1,3)\\ET(2)+t(1,2)\end{Bmatrix}=\min\begin{Bmatrix}10-3\\3-3\end{Bmatrix}=0$（天）；与实际相符。

(3)最早开始时间填入结点的□中，最迟结束时间填入结点的△中，如图6-15所示。

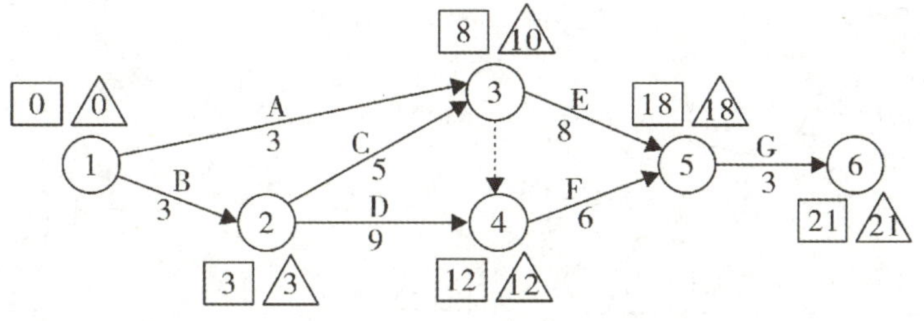

图6-15 网络计划图

结点②既是活动①→②的终结点，也是活动②→③、②→④的始结点，也就是说，结点②反映的活动①→②的最迟结束时间，也是活动②→③、②→④的最迟开始时间，其他结点同理。

关键路线为① $\xrightarrow{A}$ ② $\xrightarrow{B}$ ④ $\xrightarrow{D}$ ⑤ $\xrightarrow{F}$ ⑥。线路总时间为 3+9+6+3=21（天）。

关键路线上各项活动的最早开始时间与最迟开始时间相等，没有时间差。因此，关键路线总时间决定项目的总时间，关键路线上的活动进度决定整个项目进度。

三、项目网络计划优化

时间、资源与费用是项目管理的三个主要要素，根据各项活动时间参数编写的初步项目进度计划，只考虑了活动之间逻辑关系和时间的要求，没有考虑资源、费用等要素的要求，项目优化就是调整初始计划，使时间、资源与费用三个要素趋于合理，尽可能缩短工期、减少资源使用、降低费用。网络计划优化的内容包括时间优化、时间—资源优化和时间—费用优化三类。

（一）网络计划的时间优化

时间优化就是在得到资源、费用保证的情况下寻求最短的项目工期。缩短工期的基本途径和常用方法有以下几个：

（1）采用新技术、新工艺，改进现有的技术和工艺方案，压缩活动时间；

（2）利用作业时差，从非关键路线上抽调人力、设备、财力支援关键活动，缩短关键活动时间；

（3）增加人力和设备，重新划分活动组成，实行平行交叉作业。

如果赶工工期明确，只需将网络图终结点最终工期改为新的目标工期，重新计算各活动的最迟开工时间和活动时差。时差为负值的活动所在路线就是赶工路线，调整赶工路线上的活动时间，达到按期完工的目的要求。如果赶工工期不明确，则应逐步缩短关键路线的工期。

【小练习 6.11】 如果【小练习 6.10】的项目要求 18 天必须完工，所有活动经加班均可以缩短时间 1 天，请确定赶工路线。

解：用图解法来做本题。如图 6-16 所示，将最迟结束时间（项目完工时间）标写在图中的最后一个结点⑥位置，逆结点依次标写各项活动的最迟结束时间，原计划各项活动的最早开始时间仍标写在图中，活动节点时差为负值的路线即是赶工路线（三角图中的数字减去方形图中的数字）。

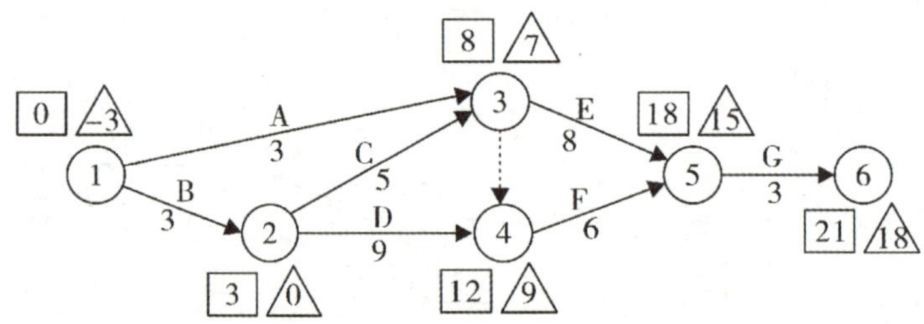

图 6-16 网络计划图

可见，三条路线均需赶工三天，G、B 活动是不同路线中的共同活动，优化赶工 G、B 活动 1 天，再赶工 D 活动一天（D 或 F 任意）则可实现 18 天完工的目标。重新计算最早开始时间填写在图 6-17 中，关键路线活动时差为零。

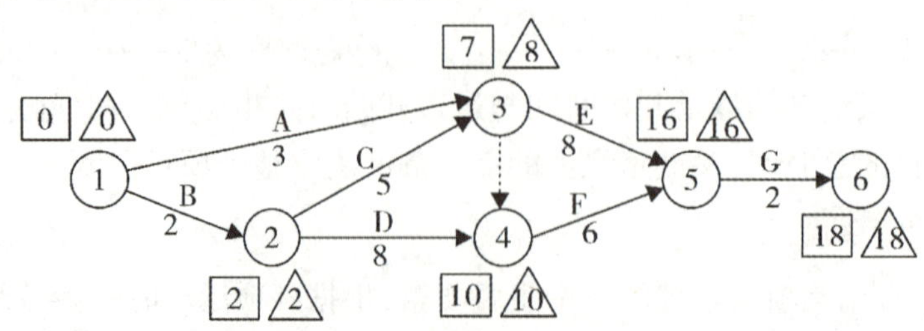

图 6-17 网络计划时间优化图

（二）网络计划的时间—费用优化

时间—费用优化是综合考虑工期与费用的关系，寻求以最低的工程总费用获得最佳的工期。生产过程中发生的费用包括直接费用与间接费用,直接费用通常包括直接人工费用、加班费、材料费、设备费等。在一定的费用范围内,增加直接费用将缩短工期,也就是说通过增加工作人员数量、加班、增添设备等可以缩短工期。缩短单位时间工期所需增加的直接费用称为直接费用变化率(赶工费用变化率)。而间接费用通常是指管理费、设备折旧费、维修等摊销的固定费用。工期越长摊销的固定费用越多,工期越短摊销的间接费用越少。

网络计划的时间—费用优化基本方法是先找出关键路线,然后在关键路线上依次压缩直接费用变化率小的作业时间,直到增加的直接费用比压缩工期减少的间接费用大为止,同时压缩作业时间关键路线应不发生转移。

【小练习 6.12】 网络计划图 6-18 的费用资料列于表 6-32 中,实施该计划每天发生的间接费用为 500 元,请在不增加每日总费用的基础上对该计划进行优化。

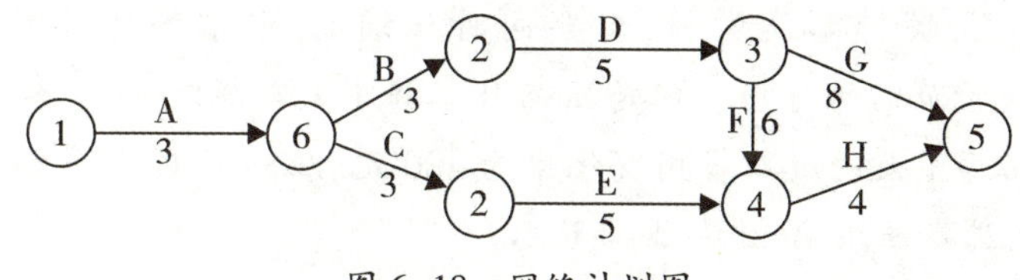

图 6-18 网络计划图

表 6-32 某项目型生产直接费用表

工 序	完成天数		直接费用(元)		赶工费用变化率(元/天)
	正常	赶工	正常	赶工	
A	3	2	2000	3000	1000
B	2	1	1000	1400	400
C	3	2	1500	1800	300
D	5	3	2000	2600	300
E	5	4	1500	2000	500
F	6	3	1500	2100	200
G	8	6	1500	2100	300
H	4	3	2000	2250	250

解:(1)确定关键路线和总费用。路线 ABDG,总时间为 3+2+5+8=18(天);路线 ABDFH,总时间为 3+2+5+6+4=20(天);路线 ACEH,总时间为 3+3+5+4=15(天);所以,路线 ABDFH 为关键路线,总费用为:

500×20+(2000+1000+1500+2000+1500+1500+1500+2000)=23000(元)

(2)按照赶工费用变化率从小到大优化关键路线

关键路线上F工序赶工费用变化率最小,如果压缩F工序3天,关键路线将发生转移,变为ABDG,所以,最多压缩2天。此时,有2条关键路线ABDFH和ABDG,总时间为18天,压缩1天增加直接费用200元,节约间接费用500元,增加的费用小于节约的费用,可行。

压缩F、G工序各1天,此时,关键路线ABDFH和ABDG总时间为17天,压缩1天,增加的费用为,F工序增加200元,G增加300元;共增加500元,节约的间接费用为500元,增加的费用与节约的费用相等,即不增加费用情况下可缩短工期,可行。

压缩D工序2天,此时,三条路线总时间均为15天,关键路线未转移,压缩D工序1天增加直接费用300元,节约间接费用500元,可行。

压缩B工序1天,关键路线转移,需要同时压缩C,则增加直接费用300+400=700(元),增加的费用大于节约的费用。但是压缩B工序1天与压缩F、G各1天对总工期的影响一样,但压缩B工序1天的赶工费用变化率为400元,压缩F、G工序各1天赶工费用变化率为500元。所以,选择压缩B,放弃压缩F、G。

压缩E或H工序1天,总工期不能缩短,总费用不能降低,反而增加。

压缩A工序1天,关键路线未转移,增加直接费用为1000元,节约的间接费用为500元,增加的费用大于节约的费用,不可行。

所以,优化后总工期为15天,总费用为:

500×15+(2000+1400+1500+2600+1500+1900+1500+2000)=21900(元)

见表6-33。

表6-33 某项目型生产计划优化后直接费用表

工序	完成天数			直接费用(元)			赶工费用变化率(元/天)
	正常	压缩	优化后	正常	增加	优化	
A	3	—	3	2000	—	2000	1000
B	2	1	1	1000	400	1400	400
C	3	—	3	1500	—	1500	300
D	5	2	3	2000	600	2600	300
E	5	—	5	1500	—	1500	500
F	6	2	4	1500	400	1900	200
G	8	—	8	1500	—	1500	300
H	4	—	4	2000	—	2000	250
合计				13000		14400	

(三)网络计划的时间—资源优化

时间—资源优化是指在特定的条件下,并在所要求的工期内,使资源达到充分而均衡的利用。这个资源可以是人员安排、设备配备、材料供给等项目资源。优化的基本方法是计算每项活动需要资源量(比如某道工序需要的人数或者设备工时等),作出初步的项目进度计划安排,优先安排关键路线活动和总时差较小的活动需要的资源,利用时差,将与关键活动同时进行的时差大的活动推迟,平衡资源使用量,消除资源使用高峰,使资源需求在整个工期中尽量连续均衡,如果超过资源供应限度,则调整计划,推迟工期。

【小练习 6.13】 某生产工序之间的关系见表 6-34,要求每日的工作人员不能超过 16 人,请安排作业计划并平衡作业人员。

解:(1)根据表 6-34 画出网络图,如图 6-19 所示。

表 6-34 某生产项目工序资料

工序	A	B	C	D	E	F	G	H	I	J
紧前工序	—	—	—	A	B	C	D	D	H、E、F	C
工序时间(天)	2	4	4	3	4	7	4	3	6	8
作业人数(人)	8	4	6	2	3	9	4	3	7	4

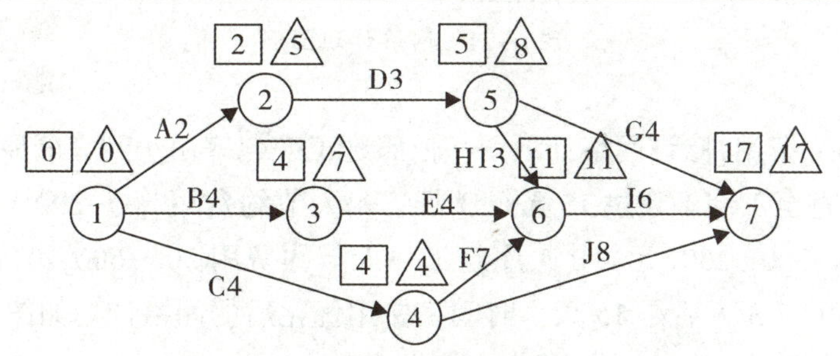

图 6-19 网络计划图

(2)在时间坐标中画出每道工序,并调整工序的最早开始时间和最晚结束时间,平衡工序操作人数,比如 A 工序加工周期 2 天,可以在 1 至 5 日中任何时间安排加工;B 工序加工周期 4 天,可以在 1 至 7 日中任何时间加工等,人员安排平衡结果如图 6-20 所示。

工序	$t(i,j)$	*ES*	*LF*	人数	日期																
					1	2	3	4	5	6	7	8	9	10	11	12	13	14	15	16	17
A	2	0	5	8																	
B	4	0	7	4																	
C	4	0	4	6																	
D	3	2	8	2																	
E	4	4	11	3																	
F	7	4	11	9																	
G	4	5	17	4																	

续表

工序	$t(i,j)$	ES	LF	人数	日期																
					1	2	3	4	5	6	7	8	9	10	11	12	13	14	15	16	17
H	3	5	11	3																	
I	6	11	17	7																	
J	8	4	17	4																	
日需人数					14	14	12	12	15	16	15	15	16	16	13	15	15	15	15	11	7

图 6-20 生产人员安排平衡示意图

导入案例解析

（1）画出正常生产的网络计划图，如图 6-21 所示，关键路线为 BDFH，工期为 18 天。

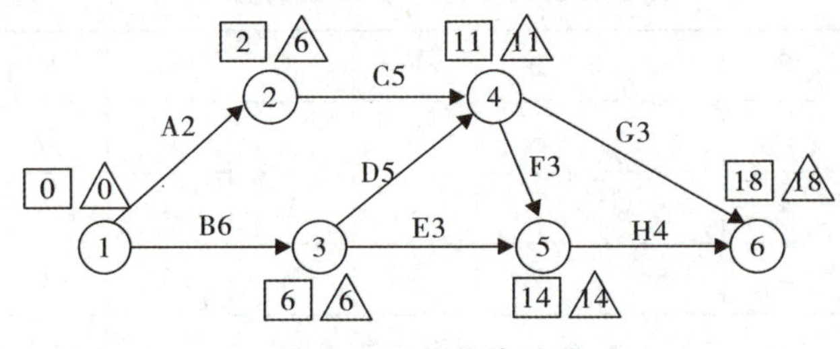

图 6-21 网络计划图

（2）优化时间—费用，修订网络计划图。依照赶工变化率由小到大的原则对网络图的关键路线进行优化，直至工期不超过 15 天。H 赶工一天节约费用 500-200=300（元）；D 赶工一天节约费用 500-300=200（元）；B 工序赶工一天节约费用 500-500=0（元），赶工不增加总费用；总工期缩短了 3 天后是 15 天。时间—费用优化后的网络计划如图 6-22 所示。

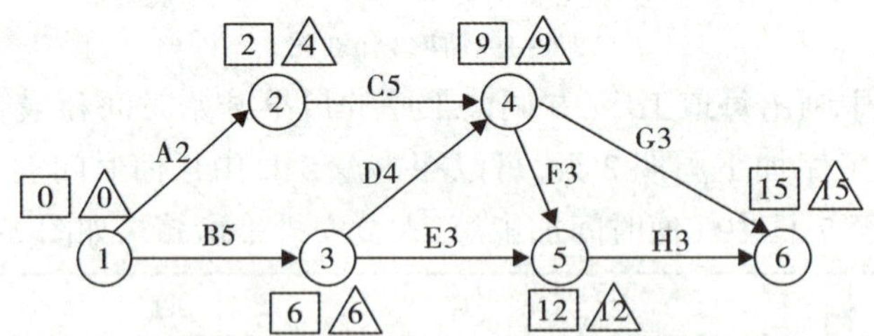

图 6-22 时间—费用优化后网络计划图

（3）优化时间—资源，平衡设备使用量，使每天使用的设备数不超过两台，如图 6-23 所示。

工序	t(i,j)	ES	LF	设备数	日期														
					1	2	3	4	5	6	7	8	9	10	11	12	13	14	15
A	2	0	4	1															
B	5	0	5	1															

续表

工序	t(i,j)	ES	LF	设备数	日期 1	2	3	4	5	6	7	8	9	10	11	12	13	14	15
C	5	2	9	1															
D	4	5	9	1															
E	3	5	12	1															
F	3	9	12	1															
G	3	9	15	1															
H	3	12	15	1															
设备占用数					2	2	2	2	2	2	2	2	2	2	2	2	2	1	1

图 6-23 生产设备安排平衡示意图

技能训练

零件加工网络计划如图 6-17 所示，各道工序所需人数见表 6-35，请均衡安排生产人员。

表 6-35 某零件加工工序人员需求表

工序	A	B	C	D	E	F	G
作业人数(人)	10	3	6	4	8	5	7

要点总结

网络计划适用于编制一次性的计划，根据生产活动(工序)的时间、顺序逻辑关系，以图的形式反映各道工序作业的起始与结束时间，并反映它们之间相互关系。在初步完成网络进度计划后，再根据时间—费用情况、时间—资源情况，对工期、费用、投入资源进行优化，在满足工期要求的情况下，节约生产费用，均衡资源，合理投入，网络生产计划即基本完成。

课后练习

一、判断题

1. 如果流水线由多道工序组成，各道工序的节拍一定是相等的。 ( )
2. 在制品是生产过程中未完工的各种制品，自动化流水生产线就不存在在制品。 ( )
3. 厂级作业计划是把生产任务落实到车间，车间内部作业计划是将生产任务落实到每个工作地和工人。 ( )
4. 当前后生产车间的生产间隔期相等或者不相等时，生产提前期的计算公式是一样的。 ( )
5. 在作业排序时，可以同时遵循多项作业排序规则。 ( )
6. 网络计划图中活动时差是指活动的最早开始时间与最早结束时间之差。 ( )

7. 关键路线只能有一条,在优化网络计划时可以改变关键路线。 ( )
8. 编制成批生产作业计划通常用累计编号法,各道工序的生产批量通常都是一样的。 ( )

二、单项选择题

1. 在多品种生产的企业中,当产品的结构、工艺和劳动量构成差别较大时,生产能力的计量单位宜采用( )。
   A. 具体产品　B. 代表产品　C. 假定产品　D. 定型产品
2. 某一加工过程的加工周期为 13 分钟,要求按照节拍 3 分钟/件进行产出,则最少需要( )个工作地。
   A. 5　B. 12　C. 4　D. 3
3. 工序间流动在制品是指( )。
   A. 正在各工序加工的在制品
   B. 正在各工序加工、检验、装配的在制品
   C. 各工作地期初或期末存放的在制品
   D. 正在各工序间运输途中的在制品
4. 成批生产类型的期量标准不包括( )。
   A. 生产节拍　B. 生产批量　C. 生产周期　D. 生产间隔期
5. 下列有关期量标准的说法中不正确的是( )。
   A. 生产周期是指从原材料投入到成品产出为止的全部日历时间
   B. 产出提前期是指某一工序制品的出产日期比后一工序投入生产的日期应提前的天数
   C. 最后一道工序的产出提前期为零
   D. 最小批量法是根据允许的设备调整时间损失系数来确定的批量
6. 在多品种成批轮番生产条件下,编制生产作业计划的方法宜采用( )。
   A. 累计编号法　B. 在制品定额法
   C. 网络计划技术法　D. 订货点法
7. 大量生产类型的企业,编制生产作业计划可采用( )。
   A. 在制品定额法　B. 累计编号法
   C. 生产周期图表法　D. 订货点法
8. 下列关于网络技术中关键线路的描述正确的是( )。
   A. 各项活动的总时差大于 0　B. 各项活动的总时差小于 0
   C. 线路持续时间最短　D. 线路持续时间最长
9. 在工期一定的条件下,为了达到工期与资源的最佳结合,可调整( )上的资源。
   A. 总时差　B. 关键路线　C. 非关键路线　D. 单时差
10. 活动的最早可能完成时间是( )。
    A. 该活动箭头事件的最早发生时间
    B. 该活动箭头事件的最迟发生时间

C. 该活动箭尾事件的最早发生时间

D. 该活动箭尾最早开始时间加上活动所需时间

三、简答题

1. 作业计划包括哪些内容?
2. 编制作业计划需要哪些信息?
3. 作业排序的规则有哪些?
4. 约翰-贝尔曼规则的操作步骤有哪些?
5. 网络图绘制规则有哪些?
6. 网络计划的时间—费用优化和网络计划的时间资源优化的基本方法有哪些?

四、计算题

1. 产品 A 依次经过毛坯车间,机加工车间和装配车间进行生产,产品在各车间的生产周期依次为 3 天、6 天和 8 天,毛坯加工保险期均为 2 天,机加工的保险期均为 1 天,求产品 A 的投入提前期。
2. A、B、C、D、E、F 六个不同的零件,先在甲设备加工完成之后,再在乙设备上加工,在两台设备上的加工时间列于表 6-36 中,请对加工顺序进行排序,选择最短的加工周期。

表 6-36　零件在两台设备上的加工时间

零件	设备甲(小时)	设备乙(小时)
A	3	4
B	5	1
C	2	8
D	4	4
E	6	5
F	6	3

3. 某产品加工工序网络图如图 6-24 所示,指出关键路线和总工期。

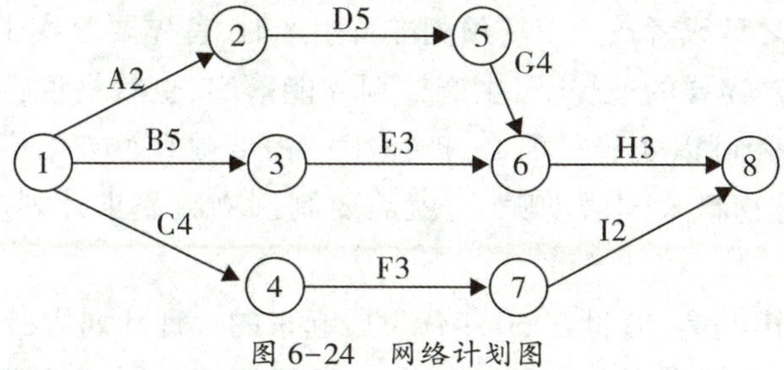

图 6-24　网络计划图

项目七　需求管理与库存控制

学习目标

【知识目标】

1. 掌握物料需求计划的运算逻辑；
2. 了解库存管理的内容；
3. 掌握库存控制的重点模型应用；
4. 掌握物资消耗定额的制定方法。

【能力目标】

1. 能够编制简单的物料需求计划；
2. 能够运用库存模型、经济批量等理论计算经济采购批量与经济生产批量；
3. 能够制定物资消耗定额。

【素质目标】

1. 通过物料需求计划的运算，培养学生严谨负责的工作作风；
2. 培养学生的库存控制能力，掌握供需间的动态关系，分析问题和解决问题的综合素质。

任务一　编制物料需求计划

当我们拿到订单之后或者按照市场预测准备生产时，首先要落实生产物料的供应，只有在生产物料满足了生产需要的前提下，生产计划才能落实，也就是说，生产用的原辅材料得到保障之后作业计划才可以实施。那么，产品生产需要哪些物料，需要多少，什么时间需要，我们应该怎样安排物料采购活动呢，这就需要制订物料需求计划（Material Requirement Planning，MRP）。

物料需求计划（MRP）是20世纪60年代发展起来的一种计划物料需求量和需求时间的计算机信息系统，是专为辅助企业进行从属需求库存管理及制订补充订货计划而开发的。物料需求计划起步于1965年美国人J. A. Orlicky博士提出了独立需求与相关需求的概念。这里的“物料”泛指所有的材料、在制品、半成品、外购件和产成品。开始时，它只计算需求量，是开环的，而且没有考虑生产能力的约束，其作用也很小。后来，从原料供应厂商和生产现场取得了信息反馈，形成了闭环 MRP，这才开始成为一种生产方式。

导入案例

【情境 7.1】 某公司是小家电专业生产企业，接到订货 DFZ220A 型电饭煲 6000 件，交货期 30 天。一个电饭煲配一只 D220 型内胆，现有内胆库存 1000 只，内胆由企业自己生产，内胆冲压加工周期 3 天，内胆冲压合格率是 99.5%，要求第 15 天交货。每只内胆需要规格 0.8×Φ390（厚度 0.8mm，直径 390mm）圆铝片一个，重 0.2579kg，现有符合生产需求的圆铝片库存量 500kg，0.8×Φ390 圆铝片采购需要 9 天到货；每只内胆需要 PO 0.015×470×470mm 不透明胶带 1 个，现有该规格胶带库存量 1025 个，PO 0.015×470×470mm 不透明胶带需要 4 天到货。请编制满足该订单电饭煲生产的内胆物料需求计划。

案例分析

编制物料需求计划就是要明确需要的物料名称、规格型号、数量和需要时间，为了解决上述问题必须明确以下问题。

（1）生产什么产品？生产多少？什么时候开始生产？什么时候完成生产？主生产计划对上述内容进行了明确安排。

（2）产品是由哪些物料构成的？生产一件（批）产品需要哪些原辅材料？需要多少？什么时间需要？

（3）现在库存中已经有哪些生产物料。通过查询库存记录文件来获得。

（4）考虑库存后，计算什么时间还需要哪些生产物料。依据物料需求计划的计算逻辑计算。

一、相关概念

（一）独立需求与相关需求

1. 独立需求

一种物料的需求与其他物料的需求无关，需求的数量与需求时间通常是根据市场预测或者客户的订单确定，这种由企业外部决定的需求称为独立需求。独立需求的物料包括成品、半成品、样品、备件和备品等。比如，玩具厂生产的电动玩具是独立需求产品，它生产的微型电机是玩具的一个零件，一部分作为自己的玩具零件，一部分销售给其他企业作为零件，销售给其他企业作为零件的微型电机属于独立需求产品，自用的则不属于。

2. 相关需求

根据物料之间的组成关系，由其他物料需求项目引起的需求称为相关需求。相关需求数量和时间由其他项目引起，通过计算求得，包括半成品、零部件和原材料。比如，前面所述的例子，客户订购电动玩具引起了对微型电动机的需求，这时对微型电动机的需求属于相关需求；有客户订购了电冰箱厂的冰箱后，电冰箱厂才对制冷压缩机有需求，此时对制冷压缩机的需求属于相关需求。

(二)物料清单

物料清单(Bill Of Materials,BOM)表,它描述了产品由哪些零件、原材料组成,以及这些零件、原材料组成的结构关系和它们之间在数量、时间上存在什么样的相互关系。物料清单描述了产品构成物料间的相互关系。

1. 明确物料名称

物料名称就是物料的名,在 MRP、MRPII、ERP 等管理软件中反映的是对一类物料属性的描述,相同名称的物料也存在很多差异性,比如螺钉,它们又存在材质、规格、型号的差异,相同名称的物料所指实际物料不一定相同。

2. 明确物料规格型号

规格型号又进一步对同名称的物料进行属性细分,使同名称的实际物料具有唯一性。

3. 明确物料数量

明确每种规格型号的物料需要多少,不仅根据产品的构成确定物料需要的数量,还要结合库存情况最终确定购买量。

4. 明确每种物料都在什么时间需要

生产物料的采购周期与生产周期各不相同,在生产工艺流程中,有的物料先使用加工,有的后使用加工,没有必要同时采购所有的生产物料。为了减少物料库存、减少在制品库存、减少采购资金占用,可以根据物料供应周期和工序生产提前期来确定物料的采购或生产提前期。

物料清单常用列表法(见表 7-1)、结构树图法(如图 7-1 所示)等方法描述。物料清单结构图是一种树形结构,也称作产品结构树。它描述了产品的全部构成以及这些构成的相互隶属关系。

表 7-1　X 产品 BOM 表

客户名称:×××			订单编号:M00001		产品编码:X00001	
序号	物料编码	物料名称	规格型号	计量单位	数量	备注
1	A100001	A	A105	套	1	
2	B100002	B	B106/2	件	2	
3	Cl00003	C	C102	套	3	
4	AI20001	A_1	RC-2	件	1	
5	A120002	A_2	Y620	套	1	
6	A120003	A_3	Y630	件		
7	B120001	B_1	L640 套件	套	1	

续表

客户名称:×××			订单编号:M00001		产品编码:X00001	
8	C120001	C_1	E112	件	1	
9	Cl20002	C_2	L310 套件	套		
10	Cl20003	C_3	A 类	件		
11	D120001	D_1	PE3	件	1	
12	E120001	E_1	A3	件	1	

在图 7-1 中:

0 层产品 X 由 1 个 A 部件、2 个 B 部件、3 个 C 部件组成,加工周期 $LT=1$ 天;

1 层部件 A 由 1 个 A_1 零件、1 个 A_2 零件、2 个 A_3 零件组成,加工周期 $LT=3$ 天;

2 层零件 A_1 由 1 个 D_1 材料、1 个 E_1 材料、2 个 C_3 零件组成,加工周期 $LT=3$ 天;

3 层是构成 2 层零件的物料,D_1 材料交付周期 $LT=1$ 天,E_1 材料交付周期 $LT=1$ 天,C_3 零件交付周期 $LT=2$ 天。

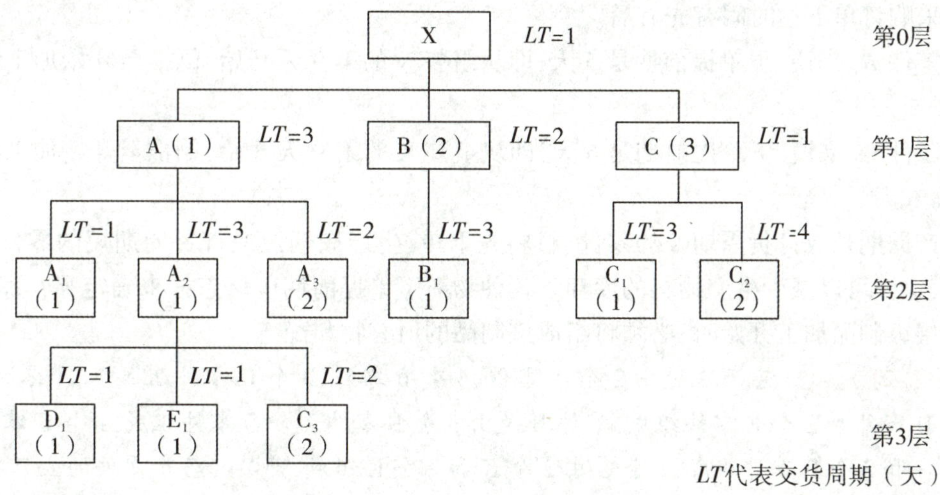

图 7-1 产品结构树示意图

将产品构成放在时间坐标上,以产品的交货期为起点倒排生产计划或者采购计划,就可以确定各个部件、零件、材料的生产投入提前期和出产提前期,从而可以确定各个部件、零件、材料的最晚开始加工时间和最晚采购订货时间,如图 7-2 所示。

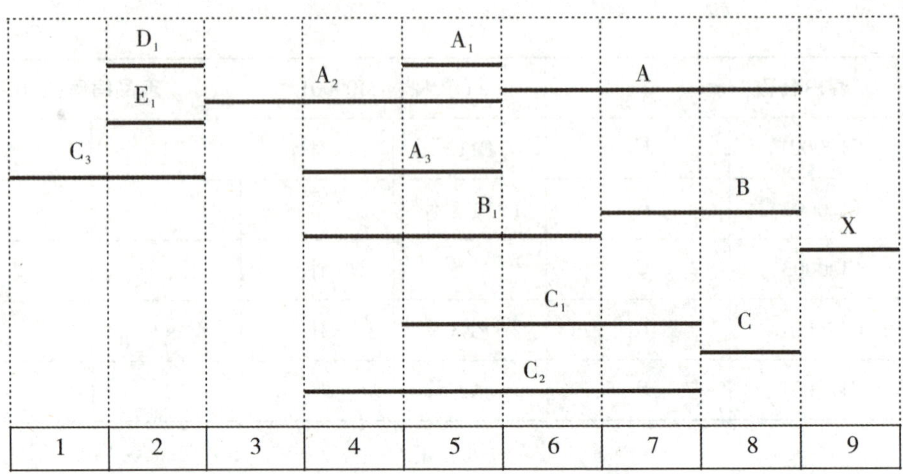

图 7-2 产品结构树时间坐标示意图

当产品 X 的生产任务下达之后,A、B、C 三种部件的加工周期各不相等;

从下达 C_3 零件采购订单到完成 A 部件加工需要 8 天时间;

从原材料、零件准备到完成 B 部件需要 5 天时间;

从原材料、零件准备到完成 C 部件需要 5 天时间;

可以看出,在保证装配加工周期的前提下,相同层次的零部件,其生产任务下达时间和原材料采购订单下达时间有先有后。

对零件 A_1 来说,下单提前期是 5 天,即从组装 X 的第 9 天开始,倒推至开始加工的第 5 天,共需 5 天;

对零件 C_2 来说,下单提前期是 6 天,即从组装 X 的第 9 天开始,倒推至开始加工的第 4 天,共需 6 天。

生产周期长或订货周期长的零件、材料先下单,生产周期短或订货周期短的零件、材料后下单,这样可以减少生产物料的库存。各种物料下单提前期应该怎样来确定呢?那就是:在上一层级制品加工开始时,必须将组成该制品的所有物料配齐。

【小练习 7.1】 某产品 U 由 2 个 A 零件、4 个 B 零件、3 个 C 零件组成,一个零件 A 又由 1 个 D 零件和 2 个 E 零件组成,零件 B 是由 3 个 F 零件 2 个 G 零件组成,1 个 C 零件由 2 个 E 零件和 3 个 P 零件组成,1 个 G 由 2 个 K 和 2 个 E 组成,产品与各个零件的生产周期和库存量见表 7-2,请画出产品结构树;如果第 10 周交货 100 件产品 U,求零件 E 的净需求量和订货提前期。

表 7-2 产品 U 的有关资料

代号	U	A	B	C	D	E	F	G	P	K
组成及数量	A2、B4、C3	DKE2	F3、G2	E2、P3				K2、E2		
生产周期(周)	1	2	3	1	3	2	3	1	3	1
库存数量(个)	0	10	20	0	15	100	20	10	0	0

解：(1)按照U产品组成关系画出产品结构树，并调整相同的零件于同一结构层次，如图7-3所示。

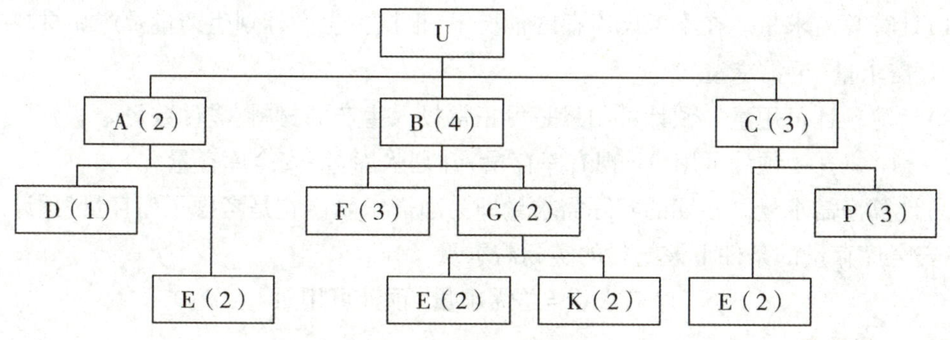

图7-3 U产品结构树图

从U产品结构树时间坐标示意图可以看出，如果第10周交货：

A零件最迟要在第7周开始加工，用于生产零件A的E零件要在第5周开始加工；

B零件最迟要在第6周开始加工，用于生产零件B的E零件要在第3周开始加工；

C零件最迟要在第8周开始加工，用于生产零件C的E零件要在第6周开始加工。

(2)计算E零件的需求量。根据表7-2和产品结构树各个零件之间的关系可知：

①生产100个U产品需要100×2个A，库存10个A，则需生产(100×2-10)个A，1个A需要2个E，则：

生产A零件需要E=(100×2-10)×2=380(个)

②生产100个U产品需要100M个B，库存20个B，则需生产(100×4-20)个B，1个B需要2个G，库存10个G，需要(100×4-20)×2-10个G，1个G需要2个E，则：

生产B零件需要E=[(100×4-20)×2-10]×2=1500(个)

③生产100个U产品需要100×3个C，库存0，则需生产100×3个C，1个C需要2个E，则：

生产C零件需要E=(100×3)×2=600(个)

④库存E零件100个，

生产100个U产品需要E=380+1500+600-100=2380(个)

(三)库存文件

库存文件是描述原材料、零部件和产成品库存状态的记录，包括物料名称、规格、型号、编码、数量、供应提前期、预计到货量、来源、保险库存量、库存类别等记录信息。库存信息是动态信息，为了保证库存信息的及时性与准确性，要通过计算机信息管理系统进行周期性的盘点。

二、物料需求计划运算步骤

(一)物料需求计划输入

第一，输入主生产计划，明确产品的生产数量、规格、交货期；第二，输入物料清单，明确产品构成；根据产品的构成(物料清单BOM表)，确定各种物料的需求量和需求时间；第三,输入库存文件,根据库存记录文件中记录的已有物料情况,明确物料库存数量。

(二)物料需求计划编制计算

(1)计算总需求量。在不考虑库存的情况下,根据主生产计划生产量及产品材料各种构成确定总需求量(毛需求量)。

(2)计算预计可用量。预计可用量是可正常投入生产的材料、零件数量。

预计可用量=现有库存量+计划入库量-安全库存量

(3)计算净需求量。各期的实际需求量即为净需求量。它是考虑了库存量、预计到货量和预备安全库存量的条件下该物料的实际需求量。

净需求量=总需求量-预计可用量

(三)订货批量

当计算完成净需求量时要发出订货,无论是计划采购还是计划生产,都要考虑订货批量的问题。比如在【小练习 7.1】中,分别在第 3、5、6 周需要发出订货 E 零件,由于需求量各不相同,所以每次订货所发生订货费或者数量折扣等情况就不相同,生产过程中进行生产转换时,也会发生生产转换费用,因此订货批量和生产批量都会影响产品的生产成本。综合考虑满足生产需求的各种因素,一般订货批量方法分为以下几种:

(1)直接批量法,是直接将净需求量作为订货或者加工的批量。该办法优点是简单易操作,缺点是不利于精细化管理。

(2)固定批量法,预先规定好一个固定的批量,每次订货或加工时按照规定好的批量订货或加工。通常固定批量为防止缺货的最小批量。当净需求量小于最小订货批量时,订货批量按最小订货批量订货,以保证订货的经济性;当净需求量大于最小订货批量时,按净需求量订货,以满足生产计划要求。

(3)固定订货间隔期法,是预先设定一个固定的订货间隔期,然后根据此期间净需求的总和发出订货。订货间隔期有时是随机产生的,有时是根据历史记录来确定。本着成本费用低和资金占用少的原则,通常情况下,价值高的物料订货间隔期定得短些,价值低的物料订货间隔期定得长些。

(4)经济批量法,是根据单位产品支付费用最小原则确定批量的方法。具体见任务二库存控制。

占用少的原则,通常情况下,价值高的物料订货间隔期定得短些,价值低的物料订货间隔期定得长些。

(5)经济批量法,是根据单位产品支付费用最小原则确定批量的方法。具体见任务二库存控制。

概括起来讲,物料需求计划的基本逻辑包括以下三点:①根据独立需求产品生产计划和物料清单计算出各种物料的需求量和需求时间;②根据物料需求时间和生产、订货周期计算出该物料的生产、订货时间;③结合库存量计算出物料需求的时间和净需求量。物料需求计划逻辑流程如图 7-4 所示。

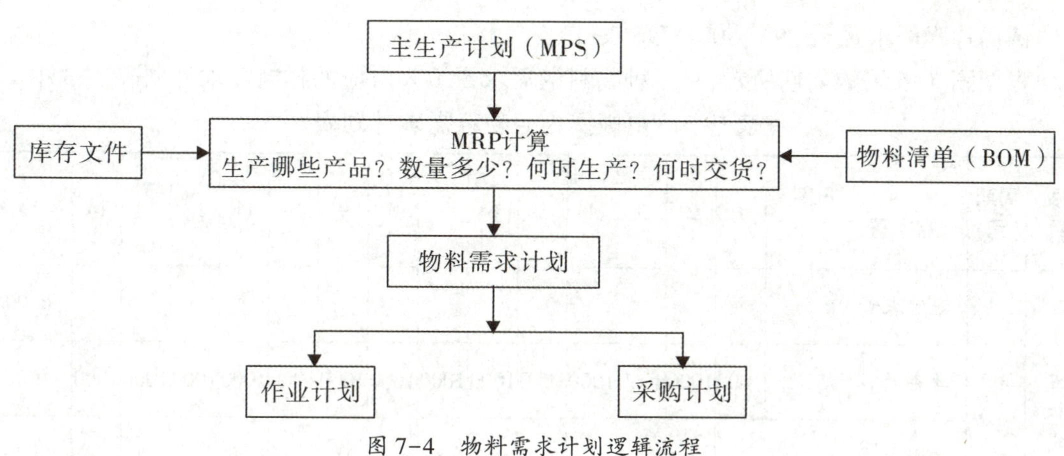

图 7-4 物料需求计划逻辑流程

导入案例解析

根据【情境 7.1】资料，任务实施步骤如下。

步骤一：绘制产品结构树，如图 7-5 所示。

步骤二：绘制采购或加工提前周期示意图，如图 7-6 所示。

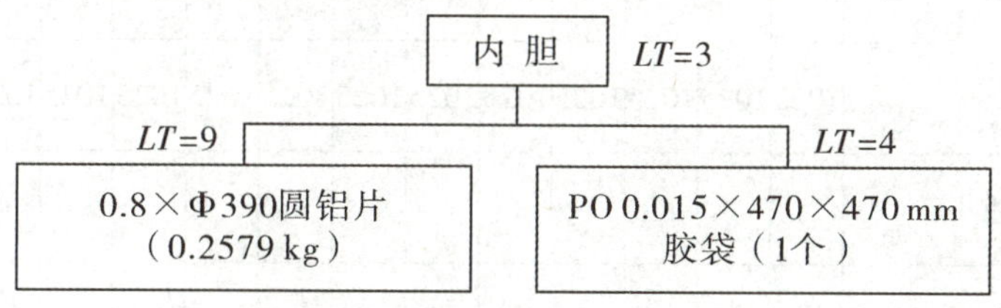

图 7-5 电饭煲内胆产品结构树

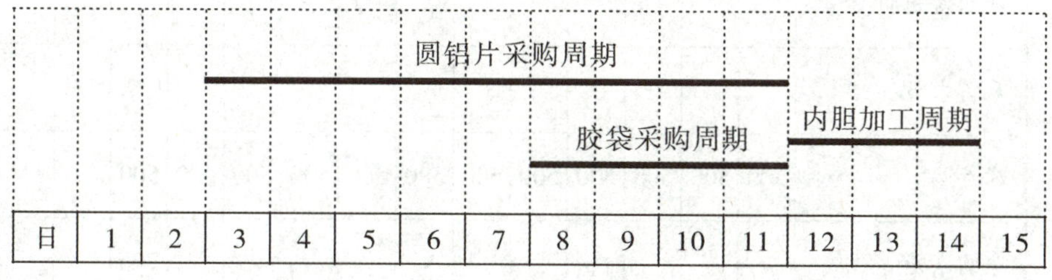

图 7-6 材料采购加工提前期示意图

步骤三：物料需求计算。

内胆总需求量 = 6000（只）

内胆净需求量 = 6000 − 1000 = 5000（只）

内胆生产计划下达量 = 5000 ÷ 99.5% = 5025（只）（成品率 99.5%）

胶袋总需求量 = 5025 × 1 = 5025（个）

胶袋净需求量 = 5025 − 1025 = 4000（个）

圆铝片总需求量 = 5025 × 0.2579 = 1296（kg）

圆铝片净需求量=1296-500=796(kg)

根据图 7-5 采购周期所示,将各种物料的需求量填入对应的物料需求计划表 7-3 中。

表 7-3 电饭煲内胆物料需求计划表

项目	周期(元)	需求量 \ 日期	1	2	3	4	5	6	7	8	9	10	11	12	13	14	15
电饭煲内胆(只)	3	毛需求量															6000
		库存量	1000	1000	1000	1000	1000	1000	1000	1000	1000	1000	1000	1000	1000	1000	1000
		净需求量															5000
		计划收货量															5000
		生产计划下达量												2025			
胶带(个)	4	毛需求量												2025			
		库存量	1025	1025	1025	1025	1025	1025	1025	1025	1025	1025	1025	1025			
		净需求量												4000			
		计划收货量												4000			
		计划发出订货量								4000							
圆铝片(kg)	9	毛需求量												1296			
		库存量	500	500	500	500	500	500	500	500	500	500	500	500			
		净需求量												796			
		计划收货量												796			
		计划发出订货量			796												

注:按期初时间计算。

技能训练

某企业接到6000只电饭煲订单，组装周期1周，其他条件如【情境7.1】，产品物料清单及供应周期见表7-4和图7-7，根据产品物料组成表，产品订单和库存信息，编制库存量不足部分的物料需求计划。

表7-4 产品物料组成表

序号	名称	代号	构成数量	库存量	供货周期(周)
1	熔断器总成	A	1套	1.8万套	2
2	煲外壳组件	B	1套	1. 万套	4
3	煲盖组件	C	1套	0.1万套	3
4	煲底总成	D	1套	1.3万套	2
5	电热组件	E	1套	1.5万套	4
6	开关总成	F	1套	1.8万套	1
7	蒸层	G	1套	0万套	2
8	内胆	H	1只	0.1万套	2
9	电源线组	I	1套	1.8万套	1
10	保温组件	J	1套	1.8万套	1
11	限温龄	K	1套	1.8万套	1
12	紧固螺钉组	L	1套	1.8万套	1
13	包装说明附件	M	1套	2万套	2

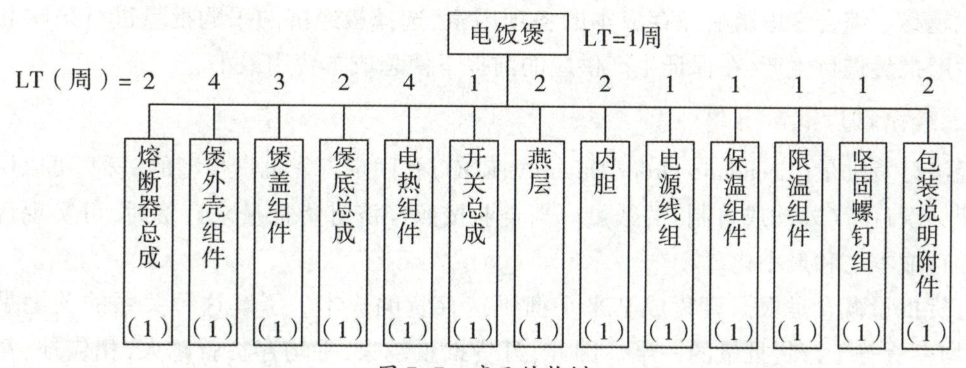

图7-7 产品结构树

要点总结

编制物料需求计划时,要确定物料毛需求数量和物料需求时间两个关键参数,物料毛需求量依据物料清单对产品构成的描述和主生产计划的生产量来计算,物料需求时间是以产品交货期为基点,逆加工周期或订货周期推算,再结合库存量计算出各种物料的净需求数量和需求时间。

任务二 库存控制

库存是为了维持生产而暂时处于储备状态的原材料、在制品、零件等资源,目的是保证生产供应,防止物料缺货而中断生产服务。库存资金占用是企业流动资金占用的主要部分。控制库存是降低生产成本的重要手段之一,因此,在能够满足生产与服务需求的前提下库存越少越好,库存物资周转越快越好,库存物资损失越小越好。

导入案例

【情境 7.2】 某公司年产电咖啡壶 100 万只,年采购玻璃杯 100 万只,每只玻璃杯 4.5 元,保管费率 5%,每次订货费 25 元,玻璃杯订货周期 2 天,开产后,日均用量 4000 只,不允许因缺货影响生产。如果采购量达到 1.5 万只少于 2 万只享受折扣价为 4.4 元/只,如果采购量达到 2 万只以上享受价格 4.3 元/只,请确定采购批量控制库存成本。

案例分析

通常情况下库存量越多,库存保管费就越多,物资占用资金就越多,购买次数越多,订货费用就越高。综合考虑影响库存成本的各项因素,选择最经济的采购批量进行采购和最经济的生产批量进行生产,在保证生产供应的前提下使总成本费用最小。

一、经济订货批量模型

经济订货批量(Economic Order Quantity,EOQ)是固定订货批量模型的一种,可以用来确定企业一次订货(外购或自制)的数量。当企业按照经济订货批量来订货时,可实现订货成本和储存成本之和最小化。

订货批量概念是根据订货成本来平衡维持存货的成本。了解这种关系的关键是要记住,平均存货等于订货批量的一半。因此,订货批量越大,平均存货就越大,相应地,每年的维持成本也越大。然而,订货批量越大,每计划期需要的订货次数就越少,相应地,订货总成本也就越低。把订货批量公式化可以确定精确的数量,据此,对于给定的销售量,订货和维持存货的年度联合总成本是最低的。使订货成本和维持成本总计最低的点代表了总成本。上述讨论介绍了基本的批量概念,并确定了最基本的目标。简单地说,这些目标是要识别能够使存货维持和订货的总成本降低到最低限度的订货批量或订货时间。

购进库存商品的经济订货批量，是指能够使一定时期购、存库存商品的相关总成本最低的每批订货数量。企业购、存库存商品的相关总成本包括购买成本、相关订货费用和相关储存成本之和。

经济订货批量模型是目前大多数企业最常采用的货物定购方式。该模型适用于整批间隔进货、不允许缺货的存储问题，即某种物资单位时间的需求量为常 D，存储量以单位时间消耗数量 D 的速度逐渐下降，经过时间 T 后，存储量下降到零，此时开始订货并随即到货，库存量由零上升为最高库存量 Q，然后开始下一个存储周期，形成多周期存储模型。

在采购过程中总成本费用包括三项：

(1)采购成本，就是购买物料付给卖方的货款，它等于购买数量与单价的乘积。

(2)订货费用，就是每次购买物料发生在商务活动上的费用，假设每次订货费用是固定的，与购买数量没有关系，那么一年内订货次数越多，发生的订货费用就越多。

(3)物料仓库保管费，一般情况下每单位的物料仓库保管费是一样的，它等于物料采购量与单位仓库保管费的乘积。

经济订货批量模型(EOQ)，就是在年采购成本、订货费用和仓库保管费用总和最小的情况下，每次最经济的采购数量。

假如，一年中每次订货数量相同，但订货数量大小不受限制；订货提前期已知；不允许缺货；每次订货费用相同；库存费与库存量成正比，则库存量变化如图 7-9 所示，采购过程的年总成本费用计算公式如下：

$$C=S\left(\frac{D}{Q}\right)+H\left(\frac{Q}{2}\right)+D\cdot P$$

式中，C 为年总成本费用；D 为年需求量；Q 为每次订货批量；S 为每次订货费用；H 为单位产品年保管费；P 为物料单价。

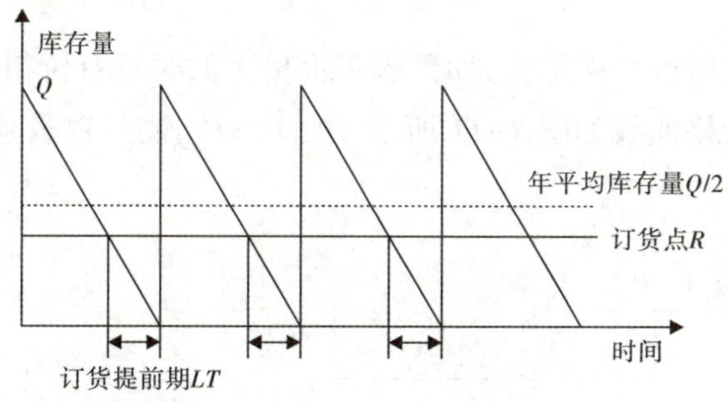

图 7-9　经济订货批量模型假设下的库存量变化

当一年的需求量确定后，如果每次订货量 Q 越少，则订货次数 $\left(\frac{D}{Q}\right)$ 就越多，库存量 $\left(\frac{Q}{2}\right)$ 就越少，订货次数越多，年发生订货费用越多，年发生库存保管费用越少；如果每次订货量越大，则订货次数越少，订货费用越少，库存量越大，库存保管费越多。一般情况下采购成本$(D \cdot P)$是常数,不影响经济订货批量 EOQ,经济订货批量模型成本费用曲线如图 7-10 所示,经济订货批量 EOQ 计算公式为:

$$经济订货批量\ EOQ=\sqrt{\frac{2DS}{H}}$$

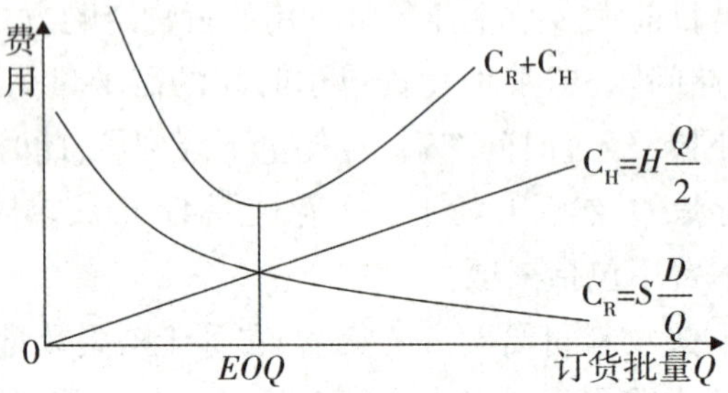

图 7-10 经济订货批量模型成本费用曲线

【小练习 7.2】 某企业年需求某种零件 18000 件,每次订货费 45 元,零件单价为 160 元/件,保管费为单价的 5%,订货提前期 5 天,假设全年 300 个工作日,求经济订货批量和订货点。

解:(1)求经济订货批量:

$$EOQ=\sqrt{\frac{2\times18000\times45}{160\times5\%}}=450(件)$$

(2)求订货点:

$$日平均需求量(件)d=\frac{18000}{300}=60(件)$$

$$订货点(件)R=d\cdot LT=60\times5=300(件)$$

所以,在库存下降到 300 件时要发出订货。

二、价格折扣模型

经济订货批量模型假设价格不变,如果购买批量大的时候有价格折扣,要采用价格折扣模型。有数量折扣的价格曲线如图 7-11 所示,$P_1>P_2>P_3$,购买数量越多价格越低。

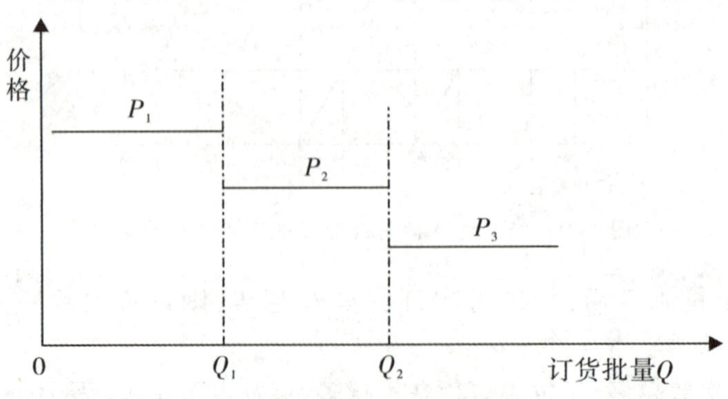

图 7-11 有数量折扣的价格曲线

当购买数量 $Q<Q_1$ 时，价格是 P_1；当购买数量 $Q_1 \leqslant Q \leqslant Q_2$ 时，价格是 P_2；当购买数量 $Q>Q_2$ 时，价格是 P_3。

当价格是 P_1 时，总成本 $C_{T1}=S\left(\frac{D}{Q}\right)+H\left(\frac{Q}{2}\right)+D \cdot P_1$

当价格是 P_2 时，总成本 $C_{T2}=S\left(\frac{D}{Q}\right)+H\left(\frac{Q}{2}\right)+D \cdot P_2$

当价格是 P_3 时，总成本 $C_{T3}=S\left(\frac{D}{Q}\right)+H\left(\frac{Q}{2}\right)+D \cdot P_3$

有两个折扣点的价格折扣模型如图 7-12 所示，当总成本费用为 L 时，同时在 C_{T1}、C_{T2}、C_{T3} 曲线上找到 a、b、c 对应点，也就是说，购买 Q_a、Q_b、Q_c 批量花费的总成本是一样的，原因是购买批量不同享受不同的价格，我们要选择花费同样成本购买数量最多的批量方案。

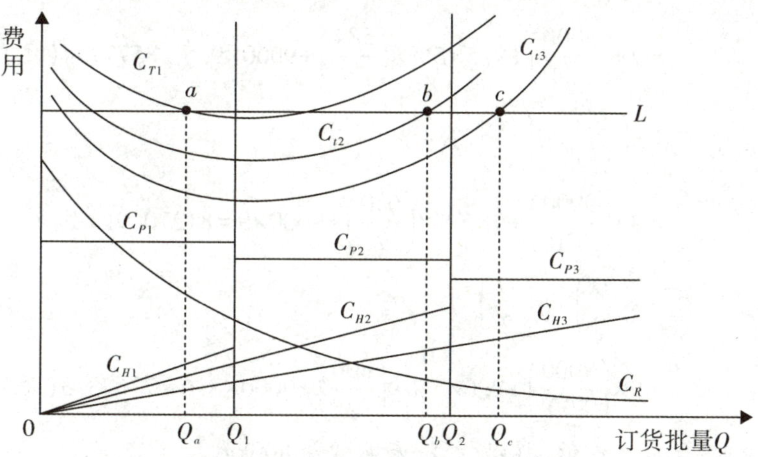

图 7-12　有两个折扣点的价格折扣模型

计算有价格折扣的最优订货批量步骤如下：

步骤一，取最低价格代入基本经济订货批量公式求出最佳订货批量 Q^*。若 Q^* 符合所享受价格数量范围(即所求的点在曲线上 C_T)，Q^* 即为最优订货批量。否则，转入步骤二。

步骤二，取次低价格代入基本经济订货批量公式求出 Q^*。若 Q^* 符合所享受价格数量范围，计算订货量为 Q^* 时的总费用和所有大于 Q^* 的数量折扣点(曲线中断点)所对应的总费用，取其中最小总费用所对应的数量即为最优订货批量。

步骤三，如果 Q^* 不可行，重复步骤二，直到找到一个可行的经济订货批量为止。

【小练习 7.3】 某公司年需求某种材料 9000kg，已知一次订货费为 9 元，库存费为材料价格的 5%，订货数量有价格折扣，订货量在 650kg 以下单价 9.5 元/kg；650~799kg 单价 9 元/kg；800kg 以上单价 8.6 元/kg，求出最佳订货量。

解：(1) 如果单价为 8.6 元/kg 的经济订货批量：

$$Q^*=EOQ=\sqrt{\frac{2\times9000\times9}{8.6\times5\%}}=613.8(\text{kg})$$

数量 614kg 不够享受价格 8.6 元/kg 的条件，方案不可行。

(2)如果单价为 9 元/kg 的经济订货批量：

$$Q^*=EOQ=\sqrt{\frac{2\times9000\times9}{9.5\times5\%}}=584(\text{kg})$$

数量 600kg 也不在享受价格 9 元/kg 的条件范围，方案不可行。

(3)如果单价为 9.5 元/kg 的经济订货批量：

$$Q^*=EOQ=\sqrt{\frac{2\times9000\times9}{8.6\times5\%}}=613.8(\text{kg})$$

订货数量在 650kg 以下单价为 9.5 元/kg，符合价格约束条件。

(4)计算不同价格下的总费用：

$Q^*=584\text{kg}$ 时，$C_1=S\left(\frac{D}{Q}\right)+H\left(\frac{Q}{2}\right)+D\cdot P_1$

$$=9\times\left(\frac{9000}{584}\right)+9.5\times5\%\times\left(\frac{584}{2}\right)+9000\times9.5=85777.4(\text{元})$$

$Q^*=650\text{kg}$ 时，$C_2=S\left(\frac{D}{Q}\right)+H\left(\frac{Q}{2}\right)+D\cdot P_2$

$$=9\times\left(\frac{9000}{650}\right)+9\times5\%\times\left(\frac{650}{2}\right)+9000\times9=81270.9(\text{元})$$

$Q^*=800\text{kg}$ 时，$C_3=S\left(\frac{D}{Q}\right)+H\left(\frac{Q}{2}\right)+D\cdot P_3$

$$=9\times\left(\frac{9000}{800}\right)+8.6\times5\%\times\left(\frac{800}{2}\right)+9000\times8.6=77673.3(\text{元})$$

$Q^*=800\text{kg}$ 时，总成本最低，所以，经济采购量是 800kg。

三、经济生产批量模型

经济生产批量(Economic Production Lot，EPL)，又称经济生产量(Economic Production Quantity，EPQ)。由于生产系统调整准备时间的存在，在补充成品库存的生产中有一个一次生产多少最经济的问题，这就是经济生产批量。在经济订货批量模型中，相关成本最终确定为两项，即变动订货成本和变动储存成本，在确定经济生产批量时，以生产准备成本替代订货成本，而储存成本内容不变。

经济生产批量是生产中大量使用的模型，在包装企业中，经济批量生产应用比较广泛。即便像包装机械的组装中，也有部分工作是进行批量生产的。这主要是因为，在确定的条件下，生产某个零部件的实际产量超过该零部件的使用量，只要生产持续不断地进行，库存就会不断增加。在生产周期中，库存的形成速度是生产率和使用率的差值。

如果生产时间为 t_P，生产率为 q，需求率为 d，最大库存量为 I_{max}，t_P 时间内生产量为 Q，订货点为 RL，订货提前期 LT，经济批量生产模型条件下的库存变化如图 7-13 所示。

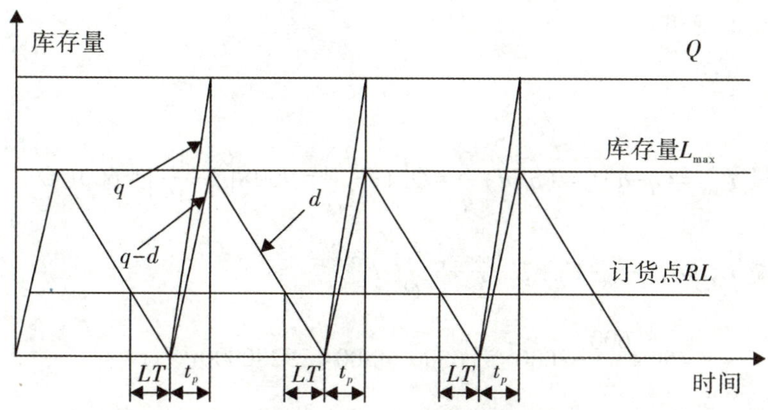

图 7-13 经济生产批量模型条件下的库存变化

从图 7-13 中可以看出，需求率 $d<$生产率 q，生产期间内，生产批量 $Q=qt_P$；完成生产批量 Q 的消耗量为 dt_P；库存量为 $I_{max}=(q-d)t_P$。当库存量从 RL 降到 0 时，所需的时间等于生产提前期，也就是当库存降到 RL 时开始生产，正好库存为 0 时成品开始生产补充库存。

在经济生产批量模型假设条件下，平均库存是$\frac{I_{max}}{2}$，年生产次数是$\frac{D}{Q}$，年生产成本是 P^D；则有：

$$C_T=C_H+C_R+C_P=H\frac{I_{max}}{2}+S\frac{D}{Q}+P^D$$

式中，C_T 为年总成本费用；C_H 为年储存成本；C_R 为年生产准备成本；C_P 为年产品生产成本；S 为每次生产准备成本；D 为年需求量；Q 为生产批量；P 为单位产品生产成本；H 为每单位产品年保管费。

在总成本费用最小情况下的生产批量就是经济生产批量。

$$EPQ=\sqrt{\frac{2DS}{H\left(1-\frac{d}{1}\right)}}$$

式中，EPQ 为经济生产批量；分为生产率；d 为需求率。

【小练习 7.4】 A 公司年产某型号设备 4500 台。生产率为每天 45 台，一年 300 个工作日均量向经销商供货，生产提前期为 6 天，单位产品的生产成本为 6500 元，单位产品库存费 50 元，每次生产准备费用 3000 元，求经济生产批量、订货点、年生产次数、年总成本费用。

解：需求率 $d=\frac{4500}{300}=15$

经济生产批量 $EPQ=\sqrt{\frac{2DS}{H\left(1-\frac{d}{1}\right)}}=\sqrt{\frac{2\times4500\times3000}{50\left(1-\frac{15}{45}\right)}}=900$（台）

订货点 $RL=15\times6=90$（台）

年生产次数 $n=\frac{D}{Q}=\frac{4500}{900}=5$（次）

求生产总成本费用：

生产时间 $t_o=\frac{Q}{q}$

最大库存量 $I_{max}=(q-d)t_o=(q-d)\frac{Q}{q}=Q\left(1-\frac{d}{1}\right)=900\times\left(1-\frac{15}{45}\right)=600$（台）

年总成本费 $C_T=C_H+C_R+C_P=H\frac{I_{max}}{2}+S\frac{D}{Q}+P^D$

$$=50\times\frac{600}{2}+3000\times5+6500\times4500=29280000（元）$$

【小练习 7.5】 根据预测，市场每年对 x 公司的产品需求量为 1 万个。一年按 250 个工作日计算，平均日需求量为 40 个。该公司的日生产量为 80 个，每次生产准备费用为 100 元，每年单位产品的库存费用是 4 元。试确定其经济生产批量。

解：由公式可得，经济生产批量

$$Q_P^*=\sqrt{\frac{2DS}{H\left(1-\frac{d}{P}\right)}}=\sqrt{\frac{2\times10000\times100}{4\times\left(\frac{40}{80}\right)}}=1000（个）$$

在上述的经济生产批量 Q_P^* 中，有两个特例：

（1）当 $p>d$ 或 $d=0$ 时，$Q_P^*=\frac{2DS}{H}$等，这就是基本 EOQ 模型，可见 Q_P^* 更具有一般性。

（2）当 $P=d$ 时，$Q_P^*=\infty$，这对应的是大量生产方式。EOQ 模型对分析问题十分有用。一般来说，每次生产准备费 H 越大，则经济生产批量就应该越大；单位维持库存费用越大，则经济生产批量就应该越小。例如，在机械加工行业，毛坯的生产批量通常大于零件的加工批量。这是因为毛坯生产的准备工作比零件加工的准备工作复杂，而零件本身的价值又比毛坯高，从而零件的单位维持库存费就较高。

四、库存量控制策略

（一）定量订货控制

定量订货控制又称为订货点控制，是预先设定一个订货点 R，当库存量降到订货点数量时就发出订货，补充库存，每次发出的订货量 Q 相同，但订货周期 T 是变化的。这种控制方式需要连续工作量大，但对库存量控制比较严密，可防止缺货。定量订货库存控制模型如图 7-14 所示，图中 LT 为订货提前期。

（二）定期订货控制

定期订货控制，是按照预先确定的检查周期检查库存量，根据库存检查结果确定订货量，将库存补充到目标水平。订货周期 T 和最大库存量不变，但每次订货数量 Q 不同。经济订货批量模型假设下的库存量变化如图 7-15 所示。定期订货工作量少，订货费用可以降低，可能造成库存过多，也可能因库存检查不及时造成缺货。

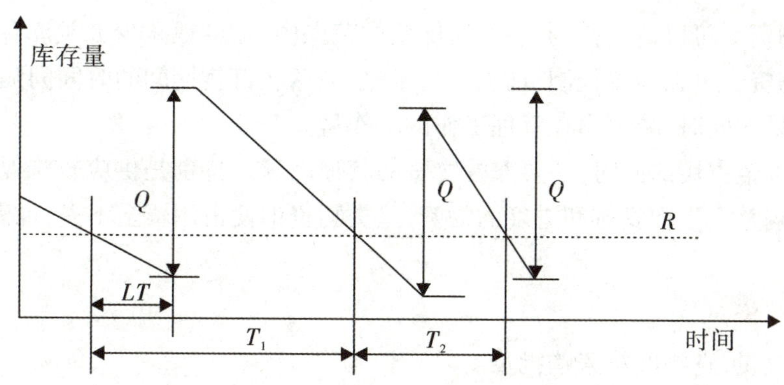

图 7-14 定量订货库存控制模型

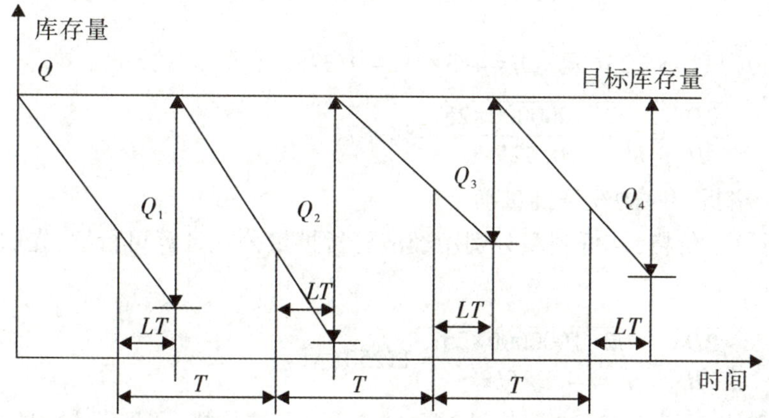

图 7-15 经济订货批量模型假设下的库存量变化

(三)库存量控制的 ABC 管理法

一个企业的库存物资有上百种、上千种、上万种,在这些物资中有一个规律,我们根据这些物资的重要程度把它们划分为 ABC 三类,见表 7-5。

表 7-5 库存物资的 ABC 分类法

物资类别	管理的重要性	占品种比例(%)	占用资金比例(%)
A	关键	约 20	约 80
B	一般	约 30	约 15
C	次要	约 50	约 5

如果对所有的物资都投入全部精力去管理,不一定有好的效果,很可能忽略关键因素。所以,对库存物资进行 ABC 分类后,企业可以对不同类别的物资采用不同的控制策略,以提高管理与控制的效率。

(1)A 类物资。要重点控制,要严格控制其库存储备量、订货数量、订货时间。在保证需求的前提下,尽可能减少库存,节约流动资金。

(2)B 类物资。可以适当控制,在力所能及的范围内,适度地减少 B 类库存。

(3)C 类物资。可以简单控制,增加订货量,加大两次订货期间的时间间隔,在不影响库存控制整体效果的同时,减少库存管理工作的工作量。

在考虑到资金占用的同时,还要兼顾物资的其他因素。特别是供应较难保障的物资,一旦缺货将会影响整个生产安排和进度的物资,这类物资即使占用资金不多,也需要划归 A 类物资。

导入案例解析

控制采购批量,选择经济采购批量。

(1)计算无价格折扣情况下的经济订货批量。由【情境 7.2】资料可知,当没有价格折扣时:

$D=1000000$(只);$S=25$(元);$H=4.5\times5\%=0.225$(元)

$$Q^*=EOQ=\sqrt{\frac{2DS}{H}}=\sqrt{\frac{2\times1000000\times25}{0.225}}=14907(\text{只})$$

(2)当有价格折扣时的经济批量确定。

步骤一:对每个价格,从低到高分别用经济订货批量公式计算可行解,先取单价等于 4.3 元计算。

$$Q^*=EOQ=\sqrt{\frac{2DS}{H}}=\sqrt{\frac{2\times1000000\times25}{4.3\times5\%}}=15250(\text{只})$$

因为当采购大于等于 20000 只时才享受 4.3 元/只的价格,采购批量 $Q^*=15250$ 只,不在享受价格范围,解不可行,再取 $P=4.4$ 元/只计算。

$$Q^*=EOQ=\sqrt{\frac{2DS}{H}}=\sqrt{\frac{2\times1000000\times25}{4.4\times5\%}}=15076(\text{只})$$

采购批量 $Q^*=15076$ 在 15000~19999 只享受价格范围之内,解可行。

步骤二:计算 = 15076 的总费用,并且与取得最低价格折扣的最小数量(20000 只,4.3 元/只)的总费用比较。

$$Q^*=15076\text{ 时},C_2=S\left(\frac{D}{Q}\right)+H\left(\frac{Q}{2}\right)+D\cdot P_2$$

$$=25\times\left(\frac{1000000}{15076}\right)+4.4\times5\%\times\left(\frac{15076}{2}\right)+1000000\times4.4=4403316(\text{元})$$

$$Q^*=20000\text{ 时},C_3=S\left(\frac{D}{Q}\right)+H\left(\frac{Q}{2}\right)+D\cdot P_3$$

$$=25\times\left(\frac{1000000}{20000}\right)+4.3\times5\%\times\left(\frac{20000}{2}\right)+1000000\times4.3=4303400(\text{元})$$

$EOQ=20000$ 时总成本最低,是最佳批量方案;

订货点 $R=d\cdot LT=4000\times2=8000$(只)

每当库存量降到 8000 只的时候就要发出订货,同时,玻璃杯是属于 A 类物资,不仅在库存量控制上实行重点监控，还要在出入库管理和库存保管上重点管理。

技能训练

在【情境 7.2】中，如果每年自己生产 100 万只玻璃杯，库存保管费是 0.2 元/只，每次生产准备费是 3000 元，日生产能力 6000 只，日需求量仍然是 4000 只，求经济生产批量。

要点总结

降低库存成本先从控制库存量入手，选择仓库保管费、订货费用、采购成本三项总成本最低的采购批量方案。如果选择最经济的生产批量生产，经济订货批量模型和经济生产批量模型为控制库存成本提供了有效的帮助。

任务三 仓库管理

仓库是企业储备物资的场所，主要工作内容包括物资的出、入库管理、物资的保管。做好仓库管理是保证生产供应和减少库存损失的重要工作，同时，掌握准确的库存信息是生产决策的重要依据。

导入案例

【情境 7.3】 玻璃杯是易碎物品，保管不当损耗较大，【情境 7.2】中的公司每年需求玻璃杯多达 100 万只，在做好采购量控制的同时，仓库管理也是控制库存成本的重要工作，请指出应该如何做好仓库管理。

案例分析

根据仓库管理工作的主要内容，应该准确掌握库存数量，做好出入库管理，做好仓库物资保管，防止丢失、损坏。

一、物资入库管理

物资入库是仓库作业流程的第一个环节，是指商品进入仓库储存时所进行的商品接收、卸货、搬运、查点数量、验收质量、办理入库手续等各项业务活动的计划和组织。其基本要求是：保证入库商品数量准确，质量符合要求，包装完整无损，手续完备清楚，入库迅速。入库作业的主要作业流程如下。

(一) 外购物资的入库验收

外购物资入库验收工作包括两个方面的内容。

1. 物资品种、规格、数量的验收

核对采购发票、对方的发(送)货单的物资内容符合合同规定采购内容，检查核定物资的品种、规格、数量与发(送)货单相符并确认收到数量。

2. 物资质量验收

按照合同约定的检验方式进行质量检验,出具质量检验报告或者质量验收单。

物资品种、规格、数量、质量检验全部符合要求后,验收人员填写物资验收报告单(见表7-6)。仓库管理员对验收合格物资进行登记入库,填写入库单(见表7-7),建立库存台账,并将入库验收单和发票交财务部门。如有因不符合要求不能验收的物资,收货人员应及时报告采购部门与对方交涉,办理退货手续和补送手续。

表7-6 物资验收报告单

编号:

物资名称		计量单位	
规格型号		应收数量	
供货单位		实收数量	
到货日期		收货地点	

外观检测:

检验员:________

日　期:________

质量检测:

检验员:________

日　期:________

验收结论:　□合格　□不合格

注:一式三份,采购、仓库、质检各一份。

表 7-7　入库单

入库时间：　　　　　　　　年　　月　　日　　　　　　　编号：

序号	物资名称	规格型号	单位	数量	单价	金额	备注

验收人：　　　　　　仓管员：　　　　　　仓库负责人：　　　　　　制单人：

对于物资验收报告单和物资入库单是同一张单的物资，并只需要感官检验和简单技术检验的时候，只对数量与外观进行检验，并在合同中约定事后质量保证措施；对于检验周期长的产品，可将物资存放在仓库待检区，并由仓管员开具待检入库手续，证明收到待检物资的产品品种、数量和存放地点，待物资产品检验合格后办理正式入库手续。

(二)退料缴库

退料缴库是指生产现场剩余的物料或者闲置不用的物料退回给仓库进行管理的工作。在生产活动中，有时所领物料发生剩余，有时领到的物料与需要不符，有时生产现场的物料质量不合格，有多余的半成品等，为了搞好现场管理，对这些物料要进行退库处理。物料退库时要填写退料单(见表 7-8)，一般退料单一式两份，仓库一联，退料单位一联。仓管部门对退料实行分类管理，对可再用的退料及时登记台账，以便发放使用。

表 7-8　退料单

年　　月　　日

投产产品：				生产单号：		
材料名称	规格型号	计量单位	数量	单价	金额	退料原因

部门主管：　　　　　　仓管主管：　　　　　　仓库员：　　　　　　退料人：

(三)成品与半成品入库管理

完成全部加工制造过程的产品为成品;在生产加工过程中完成部分制造过程,并已经检验合格交付仓库保管的中间产品,这部分产品就是半成品。车间对生产检验合格的成品和半成品要及时开出成品、半成品入库单(见表7-9),随入库的成品与半成品一同提交给仓库。仓库管理员根据成品、半成品入库单对入库成品、半成品进行实物清点后进行核收,然后放置在指定库位,并进行库存登记。

表7-9 成品、半成品入库单

生产部门　　　　　　年　　月　　日　　　　　　编号:

序号	产品名称	规格型号	质量等级	单位	数量	存放位置	备注

主管:　　　　品管员:　　　　仓管员:　　　　制单:

二、物资保管

物资保管的基本要求是科学分类、合理存放、妥善保管、定期检查。物资保管就是根据物资的物理、化学性质及用途等进行科学分类,将物资存放在规定的仓库、库区的固定库位,搞好库存环境,保持库存环境干燥、清洁、卫生,防止库存物资发生锈蚀、变质、损坏、丢失等。要定期对库存物资进行检查与清点,防止库存物资超期储存,并做到账实相符。

(一)合理存放

合理存放,就是对物资进行科学分类并存放在规划好的库区、库位储存,是防止库存损失错发物料的有效手段。企业的物资管理主要有以下几种方式。

1. 分区分类

就是根据物资产品的特点合理规划存放地点,并将分类好的物资存放在对应的固定位置上。比如,易燃、易爆、有毒、有害、易腐蚀等危险品要设专区单独保管,根据生产用途及材料的物理、化学性质可划分材料专区,比如电料区、标准件区等。

2. 四号定位

就是按照仓库的区号、架号、层号、位号对物资进行统一编号,便于仓管员查找和发料。将物资编号记录在库存登记账上,仓管员通过查看物料账卡记录,就能知道物料存放的准确位置,避免出差错。比如,物料编号是3322,则表示物资存放在3号区、3号架、第2层、2号位。

3. 五五摆放

就是对物资摆放要五五成行、五五成方、五五成串、五五成包、五五成堆、五五成层，使摆放的物资叠放规则整齐，便于点数、盘点和取送。

同时，发放物料时要遵守先进先出的原则，防止物料久置损耗和变质。要合理利用仓库空间与面积，保证合理的作业空间，保证各种作业工具、设备、器材完好，保持库内通道畅通，做好各种库存的标识，保持良好的库存环境，文明作业，搞好库存管理。

（二）建立库存台账

库存台账是记录每天库存物资进出数量与金额的账簿，用来核算、监督库存物资。仓库管理员要认真做好台账记录，以便把该物资的进、销、存清晰地反映出来。物料库存台账样式见表7-10。

表7-10 物料库存台账

品种： 规格： 型号： （计量单位： ）

日期	入库	出库	结存	备注

（三）盘点

盘点就是对库存物资进行盘点并与账面核对，了解账面与实物是否相符，有无超储积压，物资有无损坏、变质、锈蚀等现象，以便及时掌握库存实际情况。

盘点有经常盘点和定期盘点。经常盘点由仓管员随时进行，定期盘点由供应部门和财务部门共同组织定期进行，发现问题要查明原因和责任，对超储的物资及时处理。定期盘点主要方法有以下几种。

1. 永续盘点

即由仓管员每天都对有收发状态的物资进行盘点。

2. 循环盘点

即仓管员根据物资分批、分区、分类、分期地进行轮番盘点。

3. 定期盘点

即在月末、季末或者年末对物资进行全面清点。

4. 重点盘点

即对重点物资进行的盘点。

一般在盘点期间内停止出入库，经常性盘点一般都在没有出入库业务时进行，定期盘点一般都在期末停止办理出入库手续时进行。物料盘点表样式见表7-11。

表7-11 物料盘点表

日期	物资名称	规格	单位	账面数量	实盘数量	备注

仓库主管： 仓管员： 制单人：

三、领用物料

车间原材料控制有发料和领料两种方式，发料是由物料管理部门或仓库根据生产计划，直接向生产现场发放。发料有利于强化物资消耗定额管理，有利于物料消耗控制。领料是生产车间根据生产需要填写领料单向仓库领取物料。在物料发放和使用时要注意以下几点。

（一）出库必须办理手续

不管是生产发料还是领料都要办理出库手续，即仓管员要对批准的发料单（见表7-12）和领料单（见表7-13）进行核对后方可发放物料，没有正规手续一律不准发料。

表7-12 发料单

制造单号： 产品名称： 编号：

生产批量： 生产车间： 年 月 日

物资编号	物料名称	规格	单位	单位用量	应发数量	实发数量	备注

批准： 仓管员： 领料员：

表 7-13 领料单

领料部门　　　　　　　　　　　　年　　月　　日　　　　　　　编号：

物资编号	物料名称	规格	单位	请领数量	实领数量	用途备注

批准：　　　　　　　　仓管员：　　　　　　　　领料人：

(二)严格执行限额发料制度

发料数量要按照物资消耗定额和生产计划的产品生产量核算出物资需要量,制定发放物资数量,严格控制物料的发放数量。

(三)实行物料退库和核销制度

发生多余的物料时,要及时办理退料手续(退料单样式见表 7-8)。物资部门还要对生产部门消耗的物料按月进行核销,加强对生产部门物资消耗的考核。核销单(见表 7-14)由生产车间填写,上报物资供应部门,用以考核车间物资使用的合理性。

表 7-14 生产车间材料核销单

材料类别：　　　　　　　　　　　产品名称：　　　　　　　　车间：

材料名称	规格型号	单位	材料消耗		超		降		原因

经手人：　　　　　　　　车间主管：　　　　　　　　保管员：

(四)建立消耗台账

生产车间要建立材料消耗台账(见表 7-15),以便及时掌握各生产班组原材料的实际消耗情况。记录材料日常使用情况,对比消耗定额,分析材料使用情况,及时纠正浪费状况。

表 7-15 材料消耗台账

班组:

<table>
<tr><td rowspan="2">材料名称</td><td colspan="4"></td><td>规格</td><td></td><td>单位</td><td></td><td>消耗定额</td><td></td></tr>
<tr><td colspan="2">实际消耗</td><td colspan="2">月累计消耗</td><td colspan="6">备　　注</td></tr>
<tr><td>日期</td><td>数量</td><td>超/降</td><td>数量</td><td>超/降</td><td colspan="6"></td></tr>
<tr><td></td><td></td><td></td><td></td><td></td><td colspan="6"></td></tr>
<tr><td></td><td></td><td></td><td></td><td></td><td colspan="6"></td></tr>
<tr><td></td><td></td><td></td><td></td><td></td><td colspan="6"></td></tr>
<tr><td></td><td></td><td></td><td></td><td></td><td colspan="6"></td></tr>
<tr><td></td><td></td><td></td><td></td><td></td><td colspan="6"></td></tr>
<tr><td></td><td></td><td></td><td></td><td></td><td colspan="6"></td></tr>
<tr><td></td><td></td><td></td><td></td><td></td><td colspan="6"></td></tr>
</table>

导入案例解析

做好玻璃杯仓库管理要做好以下工作:

第一,把好验收入库关。对数量、质量进行认真检验,保证入库物资质量合格、数量准确;对退库物资也是一样,核对数量,检查质量,把好退库物资入库关。

第二,把好物资保管关。在储存过程中要妥善保管,防止破损,定点存放,明确标识,防止存放混乱,建好台账,及时记录物料的领用量和入库量,及时清点,保证账卡相符。

第三,把好物资发放关。领用、发放一定要有合规手续,手续不全不发物资,防止物资滥发。

第四,把好物资使用关。物料使用一定按照消耗定额考核,防止超领物资和浪费。

技能训练

【情境 7.2】中的企业学习海尔公司实行日清日结,当天工作任务必须日结。假设企业均衡生产,根据情境资料和该公司的经济订货批量,试模拟填写 10 日的玻璃杯的库存台账。

要点总结

降低库存成本从两个方面着手，一是参照经济批量模型确定合理的采购批量和生产批量，使仓库保管费、订货费用（生产准备费）、采购成本（生产成本）三项总成本最低；二是做好仓库管理工作，严格管理物料出入库，保证物料出入库符合相关手续，保证库存过程中没有不合理损耗，保证不发生物料丢失现象。

任务四　物料消耗定额

生产一件产品需要多少原辅材料，消耗多少燃料动力，消耗多少各种物资，需要有一个最合理的数量标准，这个标准就是物料消耗定额。确定了产品的物料消耗定额，知道了生产多少产品，就知道了生产这批产品需要多少原辅材料。它是制订物资供应计划的依据，也是考核材料消耗指标，进行产品成本管理的重要手段。

【情境 7.4】 某公司生产 A 型电饭煲 6000 件，每只内胆需规格 0.8×Φ390 圆铝片一件（0.2579kg），冲压圆铝片搭边 3mm（冲压时每件圆铝片之间的间距），现在有 1600mm×1200mm 和 2300mm×1200mm 两种规格铝板材料，请选择材料并制定工艺消耗定额。

案例分析

制定工艺消耗定额要做以下工作。

1. 生产 0.8×Φ390 圆铝片的铝板材料消耗定额，就是生产一件圆铝片需要多少千克的铝板。

（1）首先画出在现有生产设备工艺水平下冲压下料草图，确定各种规格铝板材料可以冲压多少件 Φ390 的圆铝片。

（2）求整张铝板材料冲压出铝片毛坯的总重量。

（3）求铝板材料下料利用率。将铝片毛坯的总重量除以整张铝板材料的总重量得出下料利用率。

（4）求圆铝片产品铝板材料工艺消耗定额。工艺消耗定额等于圆铝片重量除以下料利用率，即得出生产一件圆铝片消耗多少千克铝板。

2. 对比两种尺寸规格的铝板材，选择材料利用率最高、损耗最小的尺寸规格铝板。

一、物料消耗定额的内容

物料消耗定额是指在一定的生产技术和生产组织的条件下，制造单位产品或完成某项生产任务，合理消耗物料的标准数量。物料消耗包括构成产品净重的产品消耗、工艺消耗和非工艺消耗三个部分。构成产品净重的消耗是产品的组成部分，这部分消耗由产品设计决定。工艺消耗是生产加工工艺过程中的消耗，比如，切削金属过程中产生的金属屑就属于工艺消耗，这部分消耗与加工工艺特点和加工技术水平有关。非工艺消耗是生产加工、运输、保管等过程中产生的合理损耗，这部分消耗与企业的管理水平有关。

物资消耗定额是根据上述消耗的三个部分制定出工艺消耗定额和非工艺消耗定额。工艺消耗定额是生产单位产品或完成单位工作量必须产生的物料消耗量，它包括构成产品净重的消耗和合理的工艺消耗两部分。比如，零件的净重量、加工过程中产生的废屑、边角余料、夹头、残料属于工艺消耗定额，它是发料和考核物料消耗的主要依据。非工艺消耗定额是对非工艺消耗量制定的定额，比如，调整设备产生的损耗、废品损耗、生产过程中的保管不善损失等属于非工艺消耗定额。

二、物料消耗定额的制定方法

（一）经验估计法

经验估计法是根据定额制定人员的经验和掌握的资料来估计制定的。这种方法简便易行，主观因素较多，科学性和准确性稍差一些。适用于消耗量不大但没有一定消耗规律的材料，比如单件小批量生产的产品。一般按平均消耗水平确定，其计算公式为：

$$M=\frac{a+4c+b}{6}$$

式中，M 为物料消耗定额；a 为估计最少的消耗数量；b 为估计最多的消耗数量；c 为估计一般的消耗数量。

（二）统计分析法

统计分析法是根据过去物料实际消耗的统计资料，再考虑计划期生产技术组织条件等因素进行分析计算，而制定的物料消耗定额。为了保证定额的先进合理性，一般尽量采用平均先进定额计算方法。其计算公式为：

$$M_a=\frac{M_r+M_{\min}}{2}$$

式中，M_a 为平均先进消耗定额；M_r 为平均实际消耗定额；$M_{\min}$ 为最小实际消耗定额。统计分析法简单易行，但必须有大量和准确的统计资料，一般适用于成批轮番生产的产品。

（三）技术计算法

技术计算法是根据产品图纸和工艺文件进行分析计算确定的物料消耗定额的方法。这种方法计算准确、科学、工作量大，要求技术文件和资料完整，主要用于批量较大，技术资料较完整的定型产品的物料消耗定额的制定。

（四）实际测量法

实际测量法是根据对现场、实物测量和分析计算制定物料消耗定额的方法。采用实际测量法要注意生产条件的典型性、代表性，测量次数一般不少于三次，以便能够真实反映物料消耗的实际水平。这种方法适用于工艺简单、加工人员较少的生产工序或产品。

三、物料消耗定额的制定

(一)主要原材料消耗定额的制定

工艺消耗定额可以根据产品的设计和采用的加工工艺技术方法来确定,非工艺消耗定额是管理不善造成的消耗,生产过程中产生的质量损失、丢失,原材料尺寸规格影响材料的利用率等非工艺消耗不可避免。为了保证原材料供应,在工艺消耗的基础上,按照一定比例加上非工艺消耗,这样计算出来的定额称为材料供应定额。工艺消耗定额作为车间发放材料的依据和生产组织考核的依据,材料供应定额作为核算材料需要量和编制采购计划的依据。根据产品工艺性质不同,计算材料消耗定额时分以下两种情况。

1. 机械物理性质的加工情况

在机械物理性质的加工情况下,原材料消耗定额的制定通常根据设计图纸和工艺技术文件对规定的产品尺寸、规格、重量等用具体的公式计算而得。在机械加工企业的很多零件先由下料单位把棒材、板材等型材下料成毛坯,再由机加工、热处理、铆焊等车间进行加工,零件的钢材消耗定额一般按照毛坯的重量进行计算。

(1)锻造零件材料消耗定额:

锻件材料消耗定额=毛坯重量+锻造切割损耗重量+烧损重量+锯口重量+夹头重量+残料重量。毛坯是产品组成部分,锻造切割损耗、烧损、锯口、夹头、残料是工艺损耗,两部分共同构成消耗定额。

(2)棒料零件消耗定额:

零件棒材消耗定额=一根棒材的重量/一根棒材可能锯出的毛坯数量一根棒材重量

=棒材单位长度的重量×棒材长度

一根棒材可锯毛坯的数量=(棒材长度-料夹长度-剩余料长度)/(单位毛坯长度+锯口宽度)。锯口、夹头和残料是工艺损耗,三部分共同构成消耗定额。

(3)板材零件消耗定额:

板材下料利用率=(零件毛坯总重量/板材重量)×100%

零件板材消耗定额=每个零件的毛坯重量/板材下料利用率

搭边、残料是工艺损耗,两部分共同构成消耗定额。

各种规格型材都有理论重量资料可供查阅,根据毛坯的尺寸和型材的规格型号所标称的理论重量,计算出材料重量或者零件毛坯重量。

2. 冶金与化工产品加工情况

冶金与化工产品加工时,原材料消耗定额的制定通常根据工艺流程的特点和预定的配料比,用一系列的技术经济指标(如成品率、料耗比等)计算,计算公式为:

成品率=(成品重量/投入的原材料重量)×100%

料耗比=投入的原材料重量/成品重量

(二)辅助材料及其他材料定额的制定方法

辅助材料及其他材料消耗的特点是品种繁多、用途广、使用情况也较复杂,一般难以用计算法确定它们的消耗定额,大多按其服务对象或使用寿命来制定。一般根据实际情况采用以下不同的制定方法。

1. 辅助材料消耗定额

辅助材料是指间接地用于生产制造,在生产制造中起到辅助作用,但不构成产品主要组成部分的各种材料。辅助材料消耗定额的制定方法主要有以下几种:

(1)用于生产加工工艺技术中的辅助材料,按单位产品确定。例如,塑料树脂中的抗老化剂、蜡模铸造中的蜡、电饭煲内胆冲压过程中衬的胶袋都属于辅助材料。

(2)用于设备维护保养的辅助材料,按设备工作的台时(班)确定,即按照使用时间周期确定。例如,设备运转一个台时(班)消耗多少千克的润滑油,设备冷却液多长时间更换等。

(3)经常使用无消耗规律的辅助材料,按照统计和经验估计确定消耗定额,定期发放,或者按照实际需要以旧换新。例如,标识用的笔、擦机器的棉纱、卫生清洁的笤帚、照明灯具等。

2. 燃料消耗定额

燃料品种较多,包括煤、焦炭、天然气等。为了使燃料消耗具有可比性,消耗定额一般是根据产品生产消耗的燃料换算成标煤消耗量。例如,发一度电需要多少千克标煤,生产一吨铸铁件需要消耗多少吨焦炭,折算成每吨铸铁件消耗多少吨标煤等。

3. 动力消耗定额

动力消耗一般是按照单位产品消耗的电量确定消耗定额。生产某种产品加工工艺过程中直接消耗的动力就按单位产品来确定。比如,生产一吨电解铝耗电量定额。如果用电力驱动设备,要先计算驱动设备的电力耗费量,再按生产的工时数比例分摊到单位产品中去。如将磁控溅射镀膜玻璃生产线全月耗电量,按不同批次产品在生产线上所耗工时比例进行分摊,再把分摊到的耗电量除以该批次生产数量,所得结果就是每平方米镀膜玻璃的电力消耗定额。

4. 工具消耗定额

工具消耗定额一般是根据工具耐用期限和使用时间来制定的。

导入案例解析

根据【情境 7.4】资料,任务实施如下。

第一,求使用 1600mm×1200mm 规格铝板材生产一件圆铝片消耗量。

(1)画出现有工艺水平下冲压下料草图,每张 1600mm×1200mm 铝板可以冲压 12 件 Φ390mm 圆铝片,如图 7-16 所示。

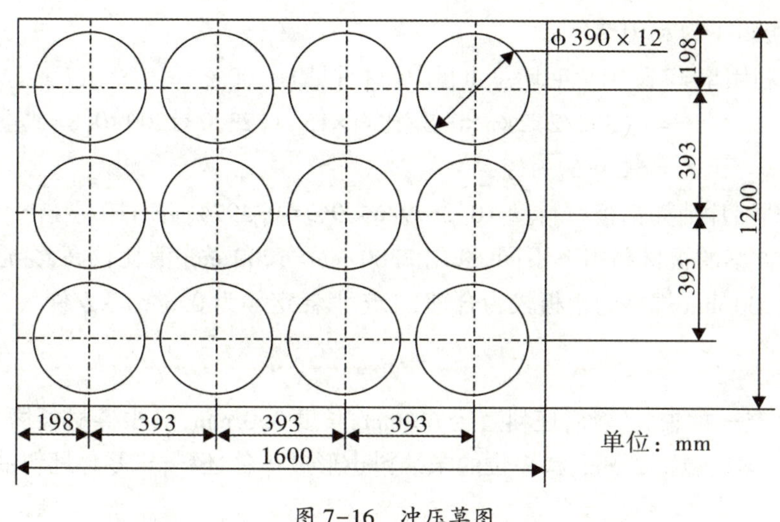

图 7-16　冲压草图

(2)求铝板材下料利用率。将 12 件铝片毛坯的总重量除以整张铝板的总重量得出下料利用率。

板材下料利用率＝(圆铝片毛坯总重量/板材重量)×100%

$$=[(390/2)^2\times\pi\times0.8\times\text{比重}\times12]/(1600\times1200\times0.8\times\text{比重})\times100\%$$

$$=74.6\%$$

(3)求圆铝片产品铝板材消耗量。

圆铝片板材消耗量＝每个圆铝片的毛坯重量/板材下料利用率

$$=(0.2579/74.6\%)=0.3457(\text{kg/件})$$

第二,计算 2300×1200 规格的铝板生产该产品的消耗量。

(1)每张 2300 mm×1200 mm 铝板可以冲压 15 件 Φ390 mm 圆铝片,并形成 332 mm 长的边料。如图 7-17 所示。

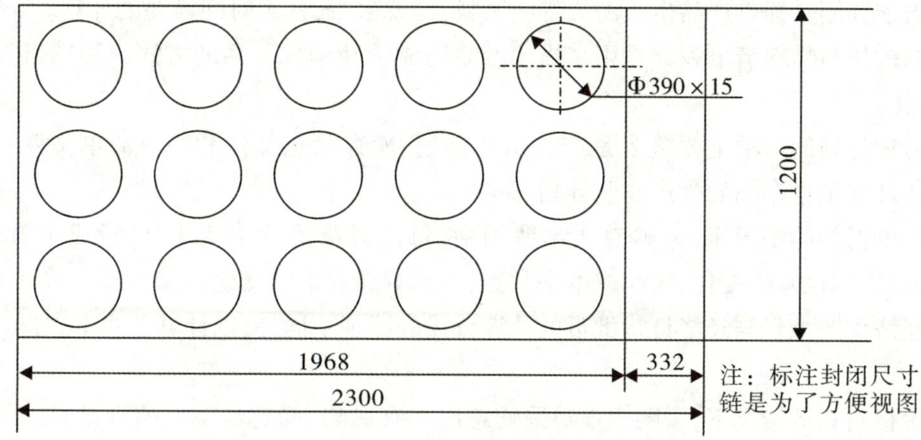

图 7-17　冲压下料草图

(2)求铝板材下料利用率。

板材下料利用率=(圆铝片毛坯总重量/板材重量)×100%

=[(390/2)2×π×0.8×比重×15]/(2300×1200×0.8×比重)×100%

=64.9%

(3)每件圆铝片消耗铝板材料量=0.2579/64.9%=0.3974(kg/件)

可见两种方案的板材利用率不同,选用2300 mm×1200 mm消耗较高,会造成浪费。选用1600 mm×1200 mm规格的铝板较为合理,工艺消耗定额为0.3457 kg/件。

技能训练

某公司生产一批轴类零件,坯料直径60 mm、长度350 mm,一根棒材长度2200 mm,重量22.2 kg/m,锯口量1.2 mm,料夹位的末端料也形成一件坯料,求零件坯料的消耗定额。

要点总结

物料消耗定额就是生产单位产品消耗各种原辅材料最合理的数量。它与生产设备、工艺要求、管理水平、工人的操作技术水平等有关。消耗定额高低是相对的,是特定条件下合理性消耗,消耗定额是控制生产成本的重要手段。

课后练习

一、判断题

1. 物料清单提供产品构成的原材料、零件和组件及其构成关系等信息。 (　　)
2. 相关需求一般指的是构成产品的零件、材料等,完成了所有加工工序的产品就一定是独立需求产品。 (　　)
3. 物料需求计划是提供产品生产需要哪些物料,需要多少,什么时间需要的计划。 (　　)
4. 产品结构树与物料清单表都是用来描述产品构成及其构成关系的方式,只是表述形式不同而已。 (　　)
5. 物料需求计划的三项主要输入是产品出产计划、库存状态文件和物料清单文件,这里所说出产计划是指车间的生产作业计划。 (　　)
6. 在无价格折扣的情况下,采购总成本费用中,每次订货量发生变化,订货成本就发生变化,库存成本也发生变化,采购成本是常数,不影响总成本的变化。 (　　)
7. 由于经济生产批量与经济订货批量的计算公式的原理不同,所以计算公式不一样。 (　　)
8. 在有价格折扣的情况下,采购成本对采购总成本有影响,确定经济采购批量时,必须计算采购成本、订货费用和库存费用三项总成本费用,以确定经济批量。 (　　)
9. 在特殊情况下,可以先发料后补手续以免耽误生产。 (　　)

10. 物料消耗定额包括设备故障造成的物料损耗。 ( )

二、单项选择题

1. 物料清单是企业物料管理的重要文件，其英文缩写是( )。
   A. BOM B. BIM C. BPM D. BCM
2. 关于物料清单，下列表述错误的是( )。
   A. 是物料需求计划系统的三个主要输入之一
   B. 能够在需求的时间提供需要数量的物料
   C. 列出产品生产的顺序
   D. 能够对物料进行编码
3. 企业库存积压的源头是( )。
   A. 销售工作没做好 B. 生产计划不合理
   C. 物料清单不准确 D. 管理人员不合格
4. 在允许缺货的情况下，经济进货批量是使( )的进货批量。
   A. 进货成本等于储存成本和短缺成本之和
   B. 进货费用、储存成本与短缺成本之和最小
   C. 进货成本与储存成本之和最小
   D. 进货费用等于储存成本
5. 库存管理的基本目标就是( )。
   A. 防止缺货和超储 B. 消除供需双方的空间差异
   C. 实现联合管理库存 D. 协调与供应商的关系
6. 当库存量降低至订货点即触发订货的控制，称为( )。
   A. 安全量订货控制 B. 计划订货控制
   C. 定期订货控制 D. 定量订货控制
7. 定量订货控制需要随时将库存余额与订货点比较，决定是否发出订货，又称为( )。
   A. 定期检查控制 B. 定期检查控制
   C. 随机检查控制 D. 连续检查控制
8. 物资存放一般采取( )。
   A. 分类存放 B. 分区存放 C. 分区分类存放 D. 分性质存放
9. 某企业甲材料 2008 年需用量 40000 千克。每次进货费用 300 元，单位储存成本 30 元，单位缺货成本 20 元，则在允许缺货情况下的经济进货批量为( )千克。
   A. 894.43 B. 178.89 C. 711 D. 1414.21

三、简答题

1. 简述物料需求计划的运算逻辑。
2. 简述计算有价格折扣的最优订货批量步骤。
3. 什么是 ABC 库存管理法？
4. 物资保管工作的主要内容有哪些？

5. 仓库管理工作的主要内容有哪些?
6. 简述制定物资消耗定额的意义。

四、计算题

1. A 产品的构成信息与库存信息见表 7-16,要求第 4 周交货 100 个,第 8 周交货 150 个。要求:(1)画出产品结构树;(2)编制物料需求计划。

表 7-16　A 产品的构成信息与库存信息

产品名称	提前期(周)	持有量(个)	直接构件
A	1	0	B(4)、C(2)、D(1)
B	2	0	
C	1	50	
D	1		

2. 某企业年需要某种零件 10000 件,每次订货费 16 元,零件单价为 160 元/件,保管费为单价的 5%,订货提前期 5 天,一年按 250 个工作日计算,
求:(1)经济订货批量;(2)订货点库存储备量。
3. 某公司是一家亚洲地区的套装门分销商,大装门在香港生产后运至上海,预计 2023 年需求量为 15000 套,相关购进成本为 400 元,与定购和储存这些门的相关资料为:

(1)去年一共订购 22 次,总处理成本 13400 元,其中固定成本 10760 元,预计未来成本性态不变。

(2)每次进货入关检查费用为 280 元。

(3)套装门购进后要进行检查,所以需要雇用一名检验人员,每月支付工资 3000 元,每次进货的抽检工作需要 8 小时,发生的变动费用每小时 2.5 元。

(4)套装门储存成本为 2500 元/年,另外加上每套 4 元。

(5)在储存过程中破损成本平均每套 28.5 元。

(6)占用资金利息等其他储存成本每套门 20 元。

(7)单位缺货成本为 105 元。

要求:(1)计算每次进货费用。

(2)计算单位存货年储存成本。

(3)计算经济进货批量、全年进货次数和每次进货平均缺货量。

(4)计算 2023 年存货进价和固定性进货费用。

课堂案例

未来的仓库:2030 年,仓库长什么样子

美国 MMH 杂志刊发了 swisslog 的《PLANNING FOR THE WAREHOUSE OF THEFUTURE 未来仓库的计划》,文章综合了几家咨询公司对未来仓储、电商发展、社会变革、未来商业模式的内容,归纳整理出的一篇对 2030 年的仓库场景的描述,

变革的步伐从未像今天那样快,这些变化最终将影响未来的仓库。从人口结构到日益城市化,从无人机到 3D 打印,社会和技术变革将给供应链管理者带来压力,迫使他们让商品更接近消费者,并灵活地开发仓库,以支持本地市场,通过多种渠道更快地交付。

通过供应链制造货物最终要与消费者合作,消费者不仅推动需求,而且设定交货预期。因此,当我们考虑未来的仓库时,快速回顾社会发生的宏观变化是有价值的。以下是物流业趋势:

供应链正受到社会更广泛变化和技术进步带来的一些趋势的影响。其中包括:

电子商务,目前已经给供应链造成重大破坏的最大趋势之一是电子商务的持续增长。在欧洲,电子商务在零售中的平均份额在 2015 年为 7%,2016 年为 8%,2017 年达到 8.8%。在全球范围内,零售电子商务预计将增加到零售总额的 14.6%。

电子商务继续高速增长,部分原因是订单和交货之间的时间缩短。在其开发初期,消费者通常等待一周或更长时间才能收到订单。虽然在某些专业类别中可能仍然如此,但主要电子商务参与者现在通常对许多订单提供两天交货,而第二天甚至同一天的交货越来越普遍。

这在消费者中产生了更高的期望,随着电子商务扩展到食品等新类别,交货时间继续被压缩,电子零售商正在探索多种选择,以始终如一地实现第二天或当天的交货。

1. 预期物流

预测物流是一个过程,它预测未来需要哪些物流服务,哪些区域需要。预期物流已经发展的领域是预期运输。这允许在线零售商根据以前的客户行为数据在订单发生之前预测订单。然后,此信息用于将货物装运或移近潜在客户的位置,以便更快地交货。在未来,我们将看到预期物流扩展到整个价值链。

2. 以客户为中心的生产/批量

在未来,客户将日益成为生产中心。结果可能是更本地化的生产,因为客户不想等待他们的个性化产品。3D 打印的趋势将推动生产的个性化和本地化。2015 年,阿迪达斯德国速度工厂允许客户定制鞋子,是这一趋势的早期例子。

对仓储和物流的影响是显著的:这些定制鞋从没到过仓库;它们直接从工厂发运给客户,减少了对仓库空间的需求。

这就是支持个性化生产增长所需的物流。即使我们还没有达到"批量单件"生产对于大多数产品可行的阶段,随着这一趋势的发展,公司可能会将生产推向更贴近客户的位置,并

专注于下一步生产。而且,我们很可能将生产推向更近的位置。

3. 全渠道物流

消费者已经在使用多种渠道进行购物。他们开始和结束他们的购买旅程在不同的点,并期待大量的信息,一定的交付速度和个性化的体验。这给零售商创造了机会,可以合并不同的渠道,为客户优化整个旅程,而不是优化单个渠道(DHL 趋势研究,2015)。从零售商的角度来看,全渠道物流可以提高客户群和忠诚度,同时提高盈利能力。使用多种渠道购物的购物者比传统购物者多花 15%~30%。

到 2030 年,客户的全渠道购物将进一步提升,渠道可能比现在更加多样化。送货上门是目前最受欢迎的送货方式,近 70%的网上购物者都使用它。然而,大约 50%的人已经尝试过网上购物和在商店购物。

普华永道(PwC)2017 年的一项调查显示,33%的购物者愿意选择路边取货,28%的消费者愿意在第三方取货。这些模式通常被称为"点击和收集"。

展望未来,我们期望看到物流网络的物理资产能够虚拟化和更加动态地管理,符合客户需求。预计还将有更多的聚焦。

4. 当日发货(更快的发货)

如前所述,电子商务通过塑造和满足消费者对更快交付的期望而持续增长。下一个边界是当天交货。当天和即时交付的市场份额将进一步扩大。

(资料来源:整理编辑,网易:https://www.163.com/dy/article/FKAH1L1O0514DCU1.html)

项目八　生产控制

学习目标

【知识目标】

1. 掌握生产进度控制的基本方法和工具，生产成本项目的日常控制方法；
2. 了解成本控制的基本内容和方法；
3. 了解质量控制的基本方法和工具。

【能力目标】

1. 能够运用生产进度控制工具和方法进行生产进度控制；
2. 能够运用生产成本控制方法进行生产成本控制；
3. 能够运用质量控制工具和方法进行产品质量控制。

【素质目标】

1. 增强标准化工作能力，培养学生严谨生产的规范意识，
2. 增强生产成本控制水平，加强安全生产管理意识和企业的现场管理优化能力。
3. 提升质量意识，培养严谨负责的工作作风。

任务一　生产进度控制

生产进度控制是在生产作业计划执行过程中，保证产品生产的数量和生产周期符合作业计划进度要求而进行的控制。在生产加工过程中会遇到生产原材料缺料、断料，设备发生故障，生产缺员，出现生产工艺瓶颈等各种问题，影响生产任务不能按期完成，所以，要对生产过程进行监督、检查和控制，以计划要求为标准，及时采取相应的措施，纠正生产工作偏差，保证能够按期交货。

导入案例

【情境 8.1】 某企业生产跟单员的主要职责有：审核订单，包括规格、数量、交货期；了解并协调原料满足订单生产需用量；负责订单跟踪工作，原材料投放—各工序出产量—成品入库—发货并跟踪记录，确保订单顺利完成，对交货时间负责。请指出跟单员应该掌握的生

产进度控制知识和技能。

案例分析

控制生产进度,需要掌握以下信息、知识和技能。

(1)及时获得生产进度的信息;

(2)掌握造成生产进度延迟的因素;

(3)掌握生产进度控制的内容、措施和方法。

一、影响生产进度的因素

生产中影响生产进度的因素一般有以下几项。

(一)设备故障

设备完好是发挥设备生产能力的保障,在制订生产计划时要考虑设备完好率指标;在生产过程中,当设备发生故障的时间超出计划允许的时间时,有可能影响生产进度计划的完成。

(二)产品质量问题

在制订生产计划时,要考虑废品率指标,当废品率超出计划时,就会影响生产计划。造成废品率过高的原因很多,主要原因有机器设备、人员、原材料、工艺设计等。这些因素造成的废品率高都会影响到生产进度。

(三)物料供应问题

物料供应中断时间过长,且加工计划也没能及时调整,会严重影响生产进度。停工待料有两种情况:一是由于材料计划不当或供应商原因造成供应中断,从而造成停工待料;二是由于前后工序衔接不好,造成后道工序停工,保证生产物料供应和保证各工序生产的均衡性非常重要。

(四)员工缺勤

关键设备和流水生产线员工缺勤,会导致生产率的下降,当缺勤严重时会导致停产,劳动力投入是生产进度的重要保证。

二、生产进度控制的内容

(一)投入进度控制

投入进度控制是指对产品的投入日期、投入数量,以及原材料、零部件投入等所做的控制。投入控制是预防性控制,通过对投入资源的控制,达到期望的生产目的,避免出现物料供应不足、生产任务量完不成或者产品生产超量造成积压等结果;通过投入进度控制,实现生产的均衡性、成套性和连续性,确保生产均衡稳定进行。

(二)工序进度控制

工序进度控制是对产品在生产过程中各道工序的进度进行控制。完成生产投入之后就开始加工制造,通常产品由多个零件、部件构成,经过多道加工工序,整个产品的生产提前期包括了各道工序的生产提前期,保证各道工序进度按期完成才能保证整个生产进度按期完成,特别是对关键路径的工序进行控制,对于保证完成生产进度尤为重要。

（三）出产进度控制

出产进度控制是指对产品的出产日期、出产提前期、出产数量、出产均衡性和出产成套性的控制。出产进度、投入进度和工序进度的控制是相互联系和相互制约的关系，投入进度和工序进度控制好了，出产进度控制也就顺利了，出产进度控制好了，投入控制和工序控制按照出产反馈信息，及时采取投入进度控制和工序进度控制措施，保证生产进度按计划完成。

三、生产调度

企业一般都设有生产调度部门，生产调度部门是企业的生产指挥中心，它的职能是组织实施生产作业计划，保证生产活动能够按照计划协调进行，其中最重要的工作之一是控制生产作业进度。它是生产制造命令的集中发出部门，指挥、协调企业的生产运作活动。

（一）调度的工作方法

1. 调度会议制度

调度会议制度是了解生产情况和存在问题，进行上下沟通与联系的重要方式。由生产调度部门组织召开例会，各个生产部门与职能部门的相关负责人参加，了解生产活动中的一切情况，相互通报存在的问题，及时检查、协调生产进度，大多数生产中存在的问题通过在会议上直接发出指令得以解决。

2. 调度值班制度

当企业生产时，安排生产调度值班。调度值班要及时传达生产指令，检查生产运行情况，检查各项生产指令执行情况，对生产活动中发生的各种问题及时处理，遇有重大问题及时汇报，并做好值班记录，严格执行交接班制度。

3. 调度报告制度

各级生产调度部门把每日的调度情况和值班情况上报给上级部门和有关领导，即工段每班要把本班情况报给车间调度，车间调度要把生产车间的生产作业执行情况报给总调度室，总调度室要把每日的生产、库存、产品配套、出产进度等情况编写成生产日报报给厂部领导、车间和各个有关部门。

（二）生产调度中的常用工具

1. 单工序工票

单工序工票又称短票、工序票等。它是对工人分派生产任务、下达作业指令时的一种派工单形式，它以工序为对象设票，单工序工票仅记录一道工序的生产情况，一道工序完工，零件送检，检验员在工票上记录有关事项后，工票返回到计划调度人员后，计划调度人员再为下道工序开出新的工票，见表 8-1。

表 8-1 单工序工票

票号： 车间： 设备号： 年 月 日

<table>
<tr><td>产品编号</td><td></td><td>件号</td><td></td><td>件名</td><td colspan="2"></td></tr>
<tr><td>序号</td><td></td><td>序名</td><td></td><td rowspan="2">投入件数</td><td>本批</td><td></td></tr>
<tr><td>单件工时定额</td><td></td><td>每台件数</td><td></td><td>累计</td><td></td></tr>
</table>

<table>
<tr><td rowspan="2">日期</td><td rowspan="2">班次</td><td rowspan="2">操作人员</td><td colspan="3">加工时间</td><td rowspan="2">完成件数</td><td colspan="5">检查结果</td><td colspan="2">停工</td><td rowspan="2">备注</td></tr>
<tr><td>起</td><td>止</td><td>工时</td><td>合格</td><td>回用</td><td>退修</td><td>工废</td><td>料废</td><td>待料</td><td>其他设备</td></tr>
<tr><td></td><td></td><td></td><td></td><td></td><td></td><td></td><td></td><td></td><td></td><td></td><td></td><td></td><td></td><td></td></tr>
<tr><td></td><td></td><td></td><td></td><td></td><td></td><td></td><td></td><td></td><td></td><td></td><td></td><td></td><td></td><td></td></tr>
<tr><td></td><td></td><td></td><td></td><td></td><td></td><td></td><td></td><td></td><td></td><td></td><td></td><td></td><td></td><td></td></tr>
<tr><td></td><td></td><td></td><td></td><td></td><td></td><td></td><td></td><td></td><td></td><td></td><td></td><td></td><td></td><td></td></tr>
<tr><td></td><td></td><td></td><td></td><td></td><td></td><td></td><td></td><td></td><td></td><td></td><td></td><td></td><td></td><td></td></tr>
</table>

<table>
<tr><td>班组长</td><td></td><td>车间调度员</td><td></td><td>车间主任</td><td></td></tr>
</table>

单工序工票内容一般包括生产设备、生产任务、工时定额、实际完成产品数量、加工起止时间、实际所用工时、停工因素等，工票同时是统计生产进度、反映产品质量、计算工作奖励、分析定额执行和工时利用的依据。不同生产类型的企业所用工票形式不尽相同，但其内容基本一致，单工序工票的优点是周转时间短，使用比较灵活，由于是一道工序一票，开票的工作量较大，更适用于批量大的零件派工使用。

工票一般由车间计划员或工段分配员按照三定（定机、定人、定活）和生产计划进度要求开票派活，工人完成该工序生产任务后，与工票一起交给产品检查人员，由检查人员填写检查结果，送还给车间计划员。在工票记录过程中一定要保证记录资料准确、及时、完整，保证工票的记录质量。

2. 加工路线单

加工路线单又称多工序工票、长票等。它是下达作业指令时常用的一种派工单的形式，它被成批生产和单件生产类型的企业普遍采用。它是以零件为对象，综合地发布指令，指导工人根据既定的工艺路线顺次地进行加工。加工路线单跟随零件一起转移，它记录每批零件从下料、加工、检查到入库为止全部加工工序的加工情况。一批零件各道工序共用一张加工路线单，它便于制订生产轮班计划，控制生产进度，控制上下工序之间的衔接与配合，贯彻工艺纪律。它既是生产作业指令，也是工艺路线和领料、检验、交库的凭证，又是作业核算和统计的凭证，起到一单多用的作用，有利于保证管理数据的一致性，是成批生产和单件生产的企业普遍采用的重要生产作业控制工具。加工路线单见表 8-2。

表 8-2 加工路线单

编号：　　　　　　　　　　　　　　　　　　　　　　　　　　　　　年　　月　　日

<table>
<tr><td colspan="2" rowspan="2">产品编号</td><td colspan="2" rowspan="2"></td><td rowspan="2">产品名称</td><td colspan="4" rowspan="2"></td><td rowspan="2">计划投入</td><td>件</td><td>台</td><td>累计</td></tr>
<tr><td></td><td></td><td></td></tr>
<tr><td colspan="2" rowspan="2">零件编号</td><td colspan="2" rowspan="2"></td><td rowspan="2">每台件数</td><td colspan="4" rowspan="2"></td><td rowspan="2">实际投入</td><td>件</td><td>台</td><td>累计</td></tr>
<tr><td></td><td></td><td></td></tr>
<tr><td rowspan="2">日期</td><td colspan="2">工序</td><td rowspan="2">机床号</td><td colspan="2">操作工</td><td colspan="2">工时定额</td><td colspan="5">检查结果</td></tr>
<tr><td>编号</td><td>名称</td><td>人数</td><td>签字</td><td>辅助时间</td><td>单件</td><td>合格</td><td>返修</td><td>工废</td><td>料废</td><td>检查员签字</td></tr>
<tr><td></td><td></td><td></td><td></td><td></td><td></td><td></td><td></td><td></td><td></td><td></td><td></td><td></td></tr>
<tr><td></td><td></td><td></td><td></td><td></td><td></td><td></td><td></td><td></td><td></td><td></td><td></td><td></td></tr>
<tr><td></td><td></td><td></td><td></td><td></td><td></td><td></td><td></td><td></td><td></td><td></td><td></td><td></td></tr>
<tr><td></td><td></td><td></td><td></td><td></td><td></td><td></td><td></td><td></td><td></td><td></td><td></td><td></td></tr>
<tr><td></td><td></td><td></td><td></td><td></td><td></td><td></td><td></td><td></td><td></td><td></td><td></td><td></td></tr>
<tr><td colspan="2">合格入库数</td><td></td><td colspan="2">检查员签章</td><td></td><td colspan="2">仓管员签章</td><td></td><td>入库日期</td><td></td><td>备注</td><td></td></tr>
</table>

加工路线单流转的一般程序如下：

(1)生产管理部门根据月度生产作业计划和期量标准，填写加工路线单的表头部分，送加工车间；

(2)车间生产计划调度人员根据工艺规程填写各道工序的名称、工时定额和件数，并送交仓库备料；

(3)仓库根据加工路线单中的领料单(或者与加工路线单相符的领料单)发料；

(4)工段计划员根据作业轮班计划，把加工路线单交工作地加工；

(5)工人每完成一道工序后，送交检查员填写检查结果；

(6)当最后一道工序加工完毕之后，工段计划员在加工路线单上填写零件入库数量，并与实物一起交仓库验收；

(7)车间统计人员根据零件入库验收签章返回的加工路线单，按日进行登记汇总，编制车间生产日报，报送生产管理部门。

3. 生产日报表

生产日报表是记录生产信息，反映生产情况的统计资料。它记录了产品生产的数量、品种、日期、完成情况等信息。管理者可以根据统计报表监控产品生产计划的完成情况，追溯该批次产品的生产单位，进行质量监控，帮助生产管理者及时掌握生产动态，为管理提供依据。生产日报表按照它的统计范围可以分为班组生产日报表和车间生产日报表，见表 8-3、表 8-4。

表 8-3 班组生产日报表

车间　　　　　　　　　　　　班组　　　　　　　　　　　　年　　月　　日

产品品种	预计产量	实际产量	产品合格率	废品数	生产工时	停工工时			辅助工时		
						设备	材料	其他			
待加工在制品转移				已加工在制品转移			出勤情况				
产品品种	上班结存	本班领料	本班结存	上班结存	交下工序	本班结存	应到人数	事假人数	病假人数	其他	实到人数

表 8-4 车间生产日报表

车间： 年 月 日

<table>
<tr><td rowspan="2">编号</td><td rowspan="2">产品名称</td><td rowspan="2">预定产量</td><td colspan="2">本日产产量</td><td colspan="2">累计产量</td><td colspan="2">耗费工时</td><td colspan="2">半成品</td></tr>
<tr><td>预计</td><td>实际</td><td>预计</td><td>实际</td><td>本日</td><td>累计</td><td>本日</td><td>累计</td></tr>
<tr><td></td><td></td><td></td><td></td><td></td><td></td><td></td><td></td><td></td><td></td><td></td></tr>
<tr><td></td><td></td><td></td><td></td><td></td><td></td><td></td><td></td><td></td><td></td><td></td></tr>
<tr><td></td><td></td><td></td><td></td><td></td><td></td><td></td><td></td><td></td><td></td><td></td></tr>
<tr><td rowspan="5">人事记录</td><td>应到人数</td><td></td><td colspan="4" rowspan="5">停工记录</td><td colspan="4" rowspan="5">异常报告</td></tr>
<tr><td>请假人数</td><td></td></tr>
<tr><td>调出人数</td><td></td></tr>
<tr><td>调入人数</td><td></td></tr>
<tr><td>实到人数</td><td></td></tr>
</table>

4. 生产进度变更通知单

由于客户要求或者生产环节、物料供应环节出现问题等因素影响了生产进度，需要对生产进度进行重新安排时，使用生产进度变更通知单调整生产指令，指导调整后的生产作业活动，见表 8-5。

表 8-5 生产进度变更通知单

年 月 日

<table>
<tr><td rowspan="2">产品编号</td><td rowspan="2">班组</td><td colspan="3">原 定</td><td colspan="3">变 更</td><td rowspan="2">备注</td></tr>
<tr><td>规格</td><td>数量</td><td>完成日期</td><td>规格</td><td>数量</td><td>完成日期</td></tr>
<tr><td></td><td></td><td></td><td></td><td></td><td></td><td></td><td></td><td></td></tr>
<tr><td></td><td></td><td></td><td></td><td></td><td></td><td></td><td></td><td></td></tr>
<tr><td></td><td></td><td></td><td></td><td></td><td></td><td></td><td></td><td></td></tr>
<tr><td></td><td></td><td></td><td></td><td></td><td></td><td></td><td></td><td></td></tr>
<tr><td></td><td></td><td></td><td></td><td></td><td></td><td></td><td></td><td></td></tr>
<tr><td></td><td></td><td></td><td></td><td></td><td></td><td></td><td></td><td></td></tr>
</table>

批示： 审核： 制表：

四、生产成套性与生产均衡性

在单件小批量生产和成批生产进度控制中，生产成套性控制和生产均衡性控制是保证连续生产和有节奏生产的重要手段，对保证生产进度非常重要。

（一）生产成套性

在进行多品种、小批量、零件数量多的产品生产时，通常采用的是通用设备、万能工装夹具，按照工艺专业化布置生产设施，各个工件在各个工作地交叉流动，产品生产物流路线复杂，工序间的周期等待时间长，产品零件多，生产过程中在制品多。这种情况下，由于零件结构复杂、数量大，需要成套生产，否则，将产生大量的在制品。生产成套性控制需要从成套性投料控制和成套性出产控制两方面入手。

成套性投料控制是指在产品生产的各个工序中，根据产品装配要求和当前生产状况合理控制各个工序的投料，比如根据产品的零件组成、数量要求、各个工序的生产提前期要求、现有设备的生产能力等控制成套性的投料。它既要保证充分利用企业现有的生产能力，又要保证零件生产的配套性，尽量减少在制品占用数量，避免大量资金占用，提高企业的经济效益。

成套性出产控制是指零件实际出产的品种、时间、数量与计划规定的品种、时间、数量相比较，检查已出产的零件的品种、数量，是否满足产品装配的配套要求，如果发现实际出产的零件不配套时，要立即补齐所缺的零件。

利用成套性甘特图反映成套性是成套性控制的有效方法之一。成套性甘特图实际是零件出产进度图，它可以清楚地表明各种零件的出产数量及可组装成整机的产品数量，及时控制零件生产的成套性，如图 8-1 所示。

零件＼数量	10	20	30	40	50	60	70	80	90	100	110	120	130	140	150
p-1					A				C					E	
p-2															
p-3															
p-4															
p-5															
p-6															
p-7															
p-8						B			D				F		

图 8-1　成套性甘特图

成套性的完成情况除了可以用图表示外，还可以通过核算方法对成套性进行计算，用成套数和成套率指标表示。成套数指标是指某种产品中零件实际产量所能配套的产品数量，其计算公式为：

$$成套数=\frac{一种产品中实际完成的最少零件数}{一件产品中需要该零件数}$$

成套率指标是按照计划能够实现产品成套的比例,其计算公式为:

$$成套数=\frac{实际成套数}{计划成套数}\times 100\%$$

【小练习 8.1】 电饭煲限压阀由重锤、阀座、密封圈、阀瓣四种零件构成,计划生产 1000 套电饭煲限压阀,零件计划和统计数据见表 8-6,分别计算成套数和成套率。

表 8-6 电饭煲盖组件

零件名称	每套件数	计划产量	实际产量	计划完成率	实际完成台数
重锤	1	1000	1030	103%	1030
阀座	1	1000	1050	105%	1050
密封圈	2	2000	2100	105%	1050
阀瓣	1	1000	990	99%	990

解: $成套数=\frac{一种产品中实际完成的最少零件数}{一件产品中需要该零件数}=\frac{990}{1}=990(套)$

$$成套率=\frac{实际成套数}{计划成套数}\times 100\%=\frac{990}{1000}\times 100\%=99\%$$

(二)生产均衡性

生产均衡性是指各个生产环节都保持有节奏的生产,不出现时紧时松的现象。均衡生产有利于企业合理利用设备和劳动资源,提高产品质量,避免积压浪费,实现安全生产。这就需要每个生产环节和每种产品都能够在规定的时间内完成生产任务。如果前道工序发生生产延误,后道工序就会出现停工待料情况,如果前道工序超量生产,后道工序生产能力达不到要求时,有可能出现在制品积压。为了避免出现上述情况,要控制每道生产工序的均衡性。

使用图表法能够直观地反映生产的均衡性,生产统计曲线与计划完成曲线分别如图 8-2、图 8-3 所示。

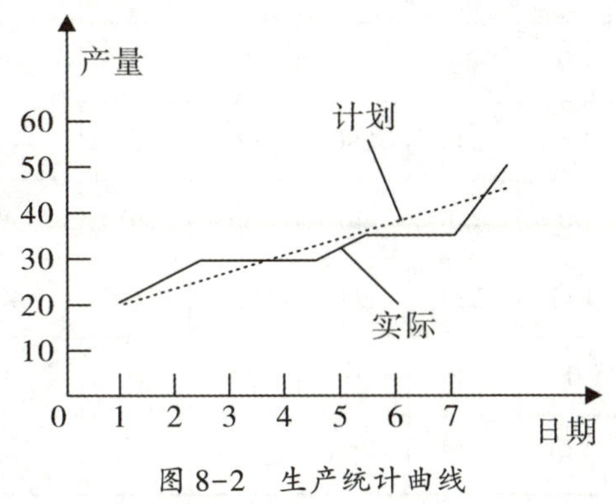

图 8-2 生产统计曲线

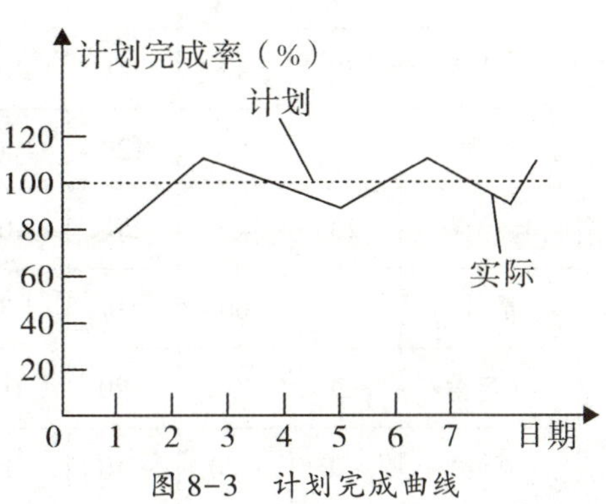

图 8-3 计划完成曲线

为了具体说明生产均衡程度，还可以计算生产均衡率指标，其计算公式为：

$$均衡率\ \lambda=\frac{\sum_{i=1}^{n}r_i}{n}\times 100$$

式中，λ 为生产均衡率；r_i 为每日完成计划百分比（超过 100%按 100%计算）；n 为生产天数。

【小练习 8.2】 某车间上旬生产完成情况见表 8-7，计算生产均衡率。

表 8-7 某车间上旬生产完成情况 （单位：件）

日 期	1	2	3	4	5	6	7	8	9	10
计划完成	100	90	80	100	110	100	90	100	110	100
实际完成	95	90	85	80	95	110	100	90	115	100
完成计划（%）	95	100	106	80	86	110	111	90	115	100

解：均衡率 $\lambda=\frac{\sum_{i=1}^{n}r_i}{n}\times 100=\frac{0.95+1+1+0.8+0.86+1+1+0.9+1+1}{10}\times 100\%=95.1\%$

所以，该车间上旬生产的均衡率是 95.1%。

五、生产进度控制的方法

（一）坐标图控制法

坐标图控制法是根据产量随时间变化的对应关系，通过绘制坐标图方式来描述生产进度及其变化趋势，用以控制计划执行的一种方法。在连续均衡生产的情况下，对生产的进度控制只需放在产品最终工序的完成数量上。在这种情况下，用坐标图来描述实际生产数量和计划生产数量的进度，在坐标图上比较实际生产数量和计划生产数量的进度差异，根据坐标图信息控制生产作业进度。

【小练习 8.3】 某产品出产计划进度见表 8-8，根据该表绘制生产进度坐标图。

表 8-8 某产品出产计划进度表 （单位：件）

		1	2	3	4	5	6	7	8	9	10
计划	日产量	40	40	40	40	40	40	40	40	40	40
	累计	40	80	120	160	200	240	280	320	360	400
实际	日产量	20	40	20	40	40	60	40	60	40	40
	累计	20	60	80	120	160	220	260	320	360	400
差异	日产量	-20	0	-20	0	0	20	0	20	0	0
	累计	-20	-20	-40	-40	-40	-20	-20	0	0	0

解：将每日计划产量与实际产量画在累计产量—日期坐标系中，如图 8-4 所示，它描述了实际产量与计划产量的关系。

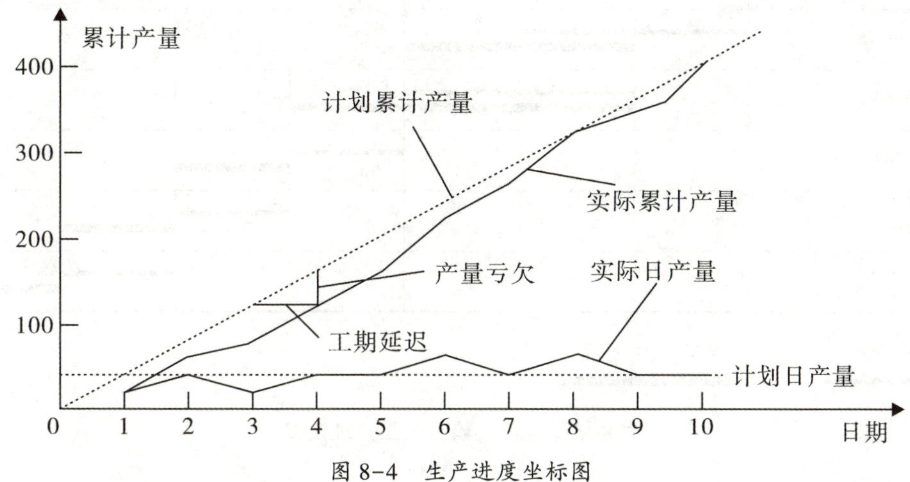

图 8-4　生产进度坐标图

（二）条形图控制法

条形图也叫甘特图，是生产进度控制的常用工具。它是通过绘制生产进度条形图来描述产品或者零件在各个工艺阶段的投入与出产期限。条形图直观表述了投入或者出产活动在什么时候进行，以及实际进度与计划进度的对比。对于工艺复杂的单件和成批生产的产品、加工周期长的零件，要按照各个订货合同规定的日期要求，控制各个工艺阶段的投入、出产日期，保证生产计划的执行。

【小练习 8.4】　某公司计划生产一批冰箱玻璃隔板，各工艺阶段投入出产计划见表 8-9，画出加工进度控制条形图。

解：建立工作与日期坐标，将表 8-9 的内容对应工作日期用线段画在工作与日期坐标中，如图 8-5 所示。

表 8-9　玻璃隔板投入与出产时间

产品名称	工艺 时间		开介	磨边	钢化	丝印	上框
电冰箱玻璃隔板	计划	投入时间	6月1日	6月2日	6月4日	6月5日	6月6日
		出产时间	6月2日	6月3日	6月4日	6月5日	6月6日
	实际	投入时间	6月2日	6月2日	6月5日	6月6日	6月7日
		出产时间	6月3日	6月4日	6月5日	6月6日	6月7日

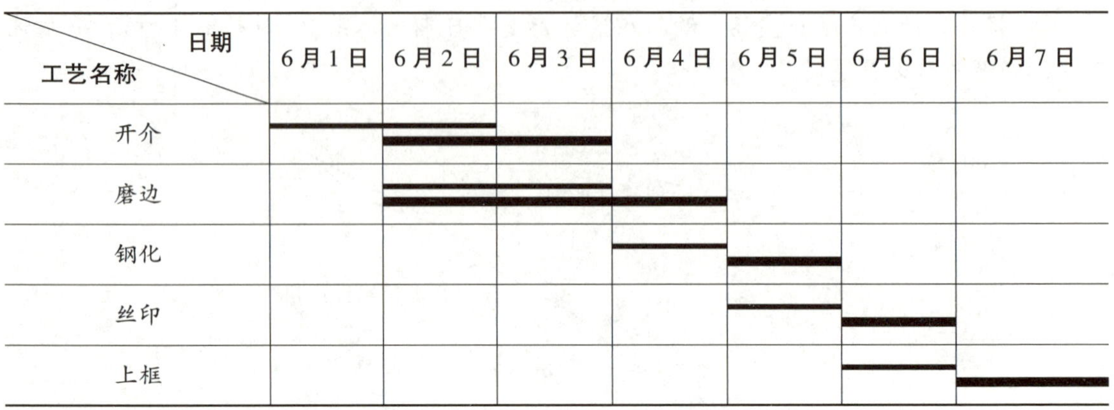

图 8-5　冰箱玻璃隔板生产进度图

(三)投入、出产日历进度表控制法

通过编制投入、出产日历进度表,反映生产过程中产品的实际和计划投入、产出数量,分析实际与计划的差异,来控制生产投入进度的方法。在实际生产中每天根据累计投入、出产进度延长这两条线,就可以看出计划与实际完成情况及其差异,根据差异情况采取相应的措施,进行生产进度控制。它对于大量生产特别是大量流水线生产条件下,控制生产进度简便而有效。

【小练习 8.5】 表 8-10 是电饭煲产品投入、出产日历进度表,根据该表画出进度控制表。

解:将每日累计计划量和实际量用甘特图形式表示,见表 8-11。

表 8-10　电饭煲产品投入出产日历进度表

产品名称	项目＼日期		1		2		3		4	
			当日	累计	当日	累计	当日	累计	当日	累计
电饭煲	计划	投入	1000	1000	1000	2000	1000	3000	1000	4000
		出产	900	900	1000	1900	1000	2900	1100	4000
	实际	投入	900	900	1000	1900	1000	2900	1000	3900
		出产	850	850	950	1800	1000	2800	1050	3850

表 8-11 电饭煲产品累计投入出产日历进度控制表

产品名称	项目	日期/数量	1	2	3	4	5
			1000	2000	3000	4000	5000
电饭煲	投入	计划					
		实际					
	产出	计划					
		实际					

计划 实际

导入案例解析

生产跟单员应该掌握以下生产进度控制知识和技能。

(1)熟悉产品的生产工艺流程和加工路线;

(2)熟悉产品的工艺特点和设备的工艺生产能力,各个生产单位的生产负荷;

(3)熟悉企业的生产计划指挥系统,充分了解企业生产调度制度和生产组织安排制度,熟悉企业生产调度安排的方法;

(4)及时从生产统计人员获得生产进度信息,并跟踪各个生产工艺环节计划进度的完成情况,发现进度延迟,及时协调沟通,保证计划进度的执行。

技能训练

分组讨论:为了保证订单按期交货,生产跟单员在接到跟单任务时,应该做哪些工作?

要点总结

生产进度控制是为了保证产品生产的数量和生产周期符合作业计划进度要求,控制的内容包括投入进度控制、工序进度控制、出产进度控制,通过生产调度方式来控制生产进度。由于产品组成零件生产周期各不相同,为了保证生产的连续性和节奏性,需要控制生产的成套性和均衡性,生产进度控制的基本方法是追踪生产量信息,通过生产调度使生产量符合计划进度要求。

任务二 生产成本控制

以最少的投入生产出尽可能多的高质量产品,是每一家企业追求的生产目标。企业生产过程中需要消耗人力、物力和财力,归集到特定产品上则构成产品的成本,它反映了生产活动的质量和企业的竞争能力。企业在生产活动中,只有物资消耗少,设备利用率高,生产效率高,资金占用少,才可能降低生产成本。因此,必须对生产过程中的各项消耗进行有效的控制,使生产成本达到预期的成本目标。

【情境 8.2】 小李是某车间成本核算员,负责车间人员的考勤及人员工资的计算汇总,车间材料的领用管理及每月材料的计算汇总,产品生产数量统计,车间办公费用的核算等工作,同时,他对车间生产工艺流程非常熟悉。最近换了新的车间主任,新主任希望进一步降低成本,请小李提出合理化建议,你认为小李应该从哪些方面提出改进意见。

案例分析

小李要提出降低成本的合理化建议,应该从以下几方面考虑:

(1)分析成本的构成及其合理性;

(2)当前日常成本控制存在的问题;

(3)提出降低生产成本的措施和方法。

一、生产成本控制的内容

生产制造过程中投入了人、财、物各种资源,投入一定的人、财、物能够产出的产品多少,反映出生产转换效率的高低。生产成本就是生产一件产品或者一批产品在生产制造过程中的各种消耗的货币表示形式,其会计表达式为:

生产成本=直接材料费+直接人工费+制造费用

所以,生产成本控制内容包括以下几方面。

(一)直接材料成本

直接材料成本是指直接用于产品生产的原材料、辅助材料、燃料和动力等。直接材料是生产成本中构成比例最大的部分,对于劳动密集型企业,其经常占到生产成本比例的85%以上,生产过程中直接材料消耗巨大,如果管理不善将过度浪费,因此,直接材料消耗是生产成本控制的重点对象。在直接材料消耗控制方面,一是制定先进的物料消耗定额,严格物料发放制度,强化物料的管控,并将物料的消耗与职工个人的经济收入和奖惩挂钩,杜绝生产过程中的浪费现象;二是采用科学的原理与方法提高直接材料的利用率,减少边角余料,降低单位产品的物料消耗,降低物料投入,节约直接材料成本。

(二)直接人工成本

直接人工成本是指生产过程中所耗费的人力资源,可用工资额和福利费等计算,包括生产工人的工资、奖金、津贴和补贴、加班工资等。企业按照国家工资标准的相关规定对各个工种、岗位都设有工资标准,控制直接人工费用关键是合理组织调配生产员工,提高员工的劳动生产效率,降低单位产品的工资费用,制定先进的劳动定额标准,保证员工的出勤率,严格执行工时消耗定额,严格组织生产,调动职工的生产积极性,提高工作效率。

（三）制造费用

制造费用是与产品产量无关的固定费用，包括固定资产折旧、租赁费、修理费等。控制制造费用是一个更加复杂的问题，比如折旧费不可以减少计提比例，但是可以合理使用设备，避免设备闲置，避免设备的不合理使用，例如大马拉小车、精设备干粗活等，提高设备的生产效能，就可以减少每件产品分摊的设备消耗和制造费用；再如合理使用设备，并及时保养维护设备，可以减少设备的维修费用，如果资金密集型企业中设备投资比重很大，制造费用控制就显得尤为重要。

二、制定成本标准

控制生产成本就是对产品制造过程中形成成本的各项因素对照成本标准进行监控，发现偏差及时纠正，使生产过程中的各种消耗和费用开支控制在标准规定的范围内。因此，成本控制首先要确定先进合理的成本控制标准。成本控制标准是对各项费用开支和各种资源消耗所规定的数量界限，包括物资消耗定额、劳动定额、费用限额等。在成本的形成过程中，将成本发生的实际额与成本控制标准进行对比，对发现的偏差及时纠正，使费用和消耗控制在成本标准内。生产成本标准制定的方法有以下几种。

（一）定额法

定额法是企业根据管理水平和技术条件建立人、财、物消耗数量限额或费用开支限额，在生产过程中以这些限额作为各项消耗的控制标准，通过衡量实际发生额与标准的差异，及时采取措施控制生产成本。定额法控制适用于生产稳定的大量生产企业，主要有物资消耗定额、劳动定额、费用定额等。定额法下的实际消耗与定额的差异通过每笔领料或加工零件来揭示，最终计算出的产品成本是实际成本，强调了材料成本控制。

（二）计划指标分解法

计划指标分解法是根据计划期内的各种消耗定额和费用预算以及有关资料预先计算的成本，将其作为成本控制的标准并加以分解落实。也就是将计划成本指标按照成本产生部门和项目进行分解，落实到各单位、部门，或者分解落实到各个产品、零件，或者落实到产品零件的各个工序，每项分解的小指标都是衡量指标对象单位、部门、项目的成本控制标准。

（三）预算法

预算法是通过预算制定生产成本控制标准，并将此标准作为成本控制的标准。通常情况下是根据短期的销售预算编制生产预算，根据预算的生产量来确定直接材料、直接人工和制造费用预算，产品成本预算是生产过程中各材料、人工、费用预算的汇总。由于是对未来活动的预测，材料预算价格与实际价格会出现差异，材料、工时等消耗量可能与实际也会发生差异。所以，预算法要一切从实际出发，严格制定标准，严格执行标准。

三、生产成本的日常控制方法

（一）直接材料成本控制

直接材料成本的日常控制是根据已制定的图纸、工艺方法和工艺消耗定额的控制标准，对原材料消耗进行控制。

(1)要监督车间加工人员按图纸、工艺、工装要求进行操作,实行首件检查,防止成批报废。

(2)生产管理人员要控制合理生产批量、合理下料、合理投料、用料、合理调度、均衡生产、减少废品,提高材料利用率,控制原材料定额消耗不超支。

(3)车间设备员要按工艺规程规定的要求监督设备维修和使用情况,不符合要求不能开工生产。

(4)供应部门材料员要按规定的品种、规格、材质实行限额发料,监督领料、补料、退料等制度的执行。

(5)车间材料核算员要监督材料消耗,及时收集资料,进行核算、分析、对比,找出材料消耗定额发生偏差的原因,向责任者和有关部门提出改进措施。

(二)直接人工成本的日常控制

主要是由车间劳资员对生产现场的劳动人员分配、使用、劳动定额、出勤率、工时利用率、加班加点、奖金、津贴、劳动组织等的监督和控制。

(1)由施工人员按图纸、工艺、技术标准进行控制操作,按工艺规定配备符合技术等级的工人,使用符合规定的设备、工装、材料并进行控制。

(2)生产管理人员要按作业计划合理投产、合理派工,控制怠工、停工、加班、加点等。

(3)车间劳资员(或定额员)对人工成本指标负责控制和核算,对已发现的偏差,要找出原因并采取措施,找出工资费用变动的原因,进行控制。

(三)制造费用的日常控制

制造费用是各个生产分厂、车间为组织和管理生产所发生的各项间接费用。包括工资和福利费、折旧费、修理费、办公费、水电费、机物料消耗、劳动保护费、季节性和修理期间的停工损失等。有定额的按定额控制,没有定额的按各项费用发生地点和项目编制费用预算作为控制的依据来实行控制。

导入案例解析

小李要从以下几方面提出合理化建议:

(1)加强材料消耗控制,节约原材料;

(2)搞好人工调配,调动职工积极性,提高生产效率;

(3)提高设备利用率;

(4)搞好配套生产与均衡生产,减少在制品资金占用和资金积压;

(5)加强生产管理,严格各种消耗定额,落实奖惩制度,保证管理落实到位。

技能训练

分组讨论:在材料控制中,领料与发料各有什么特点?各适应什么样的生产类型?

要点总结

生产成本控制的主要途径是节约材料、提高效率和减少浪费。必须制定合理的成本标准,并落实到位,抓好日常成本控制管理,是有效控制成本的重要方法。

任务三　产品质量控制

"质量是企业的生命"的标语在企业中随处可见,因为质量是企业竞争力与生存最重要的保障因素之一。质量控制就是在生产活动中运用管理手段和技术方法保证产品达到质量标准要求。贯彻质量保证体系,落实全面质量管理,不断改进企业的质量管理,提高产品质量,是企业生产管理的重要任务。

导入案例

【情境 8.3】 小陈是某企业的质量管理员,所在企业开展全面质量管理活动十余年,取得了很好的效果,他本人也成了质量管理专家。他被另外一家企业邀请指导质量管理培训,由他负责两个专题:①进行全面质量管理宣讲,并介绍经验;②讲解质量管理统计控制常用方法。小陈应该准备哪些内容。

案例分析

小陈应该准备以下两个专题的内容:一是全面质量管理;二是质量管理统计控制方法。

一、全面质量管理

(一)全面质量管理的基本思想

全面质量管理就是企业以质量为中心,全体人员及各个部门同心协力,运用经营管理技术、专业技术、科学方法和思想教育等,建立产品的研究与开发、设计、生产、服务等全过程的质量管理体系,从而有效地利用人力、物力、财力、信息等资源,以最经济的手段生产出符合规定标准和用户要求的产品。它强调全体员工参与管理,企业持续不断改进和提高产品质量,全面质量管理的思想可以概括为"三全一多"四个基本特点。

1. 全面的质量管理

质量不仅包括产品的质量,还包括与产品质量形成有关的工作质量和工程质量(包括人、机器、材料、方法、检测、环境六个方面)。全面质量管理是将产品质量、工作质量和工程质量三个方面作为综合控制对象,这就包括产品设计质量、制造质量、使用质量、维护质量等方面的质量控制。所以,全面质量管理需要企业上上下下、方方面面各个层面落实质量管理目标。

2. 全过程的质量管理

全过程的管理是指产品质量产生、形成和实现的全过程,包括市场调查、产品规划、研究、开发、设计、加工制造、检验、储存、销售、使用和维护等环节和整个过程的质量管理。全过程的质量管理强调了预防为主,不断改进,为顾客服务的思想。

3. 全员的质量管理

调动企业全体员工的积极性和创造性,使每个员工都参与质量管理工作,人人都做好属于本职的质量管理工作。

4. 多方法的质量管理

利用现代的一切科学成果和现代管理方法,提高各部门的质量管理工作,提高质量管理水平。

下面就全员参与的质量管理和全过程的质量管理进行详细说明。

(二)全员参与的质量管理

产品质量是企业各个部门、各个环节工作质量的综合反映,企业中上自厂长下至工人,每个人的工作质量都会直接或间接反映在产品质量上,因为企业中所有人的工作成果最终通过产品来体现。因此,必须调动企业中所有人的积极性和创造性,只有人人关心质量,人人高质量地完成本职工作,才能生产出高质量的产品,这就是全员参与质量管理的意义。全员参与质量管理有以下几种方法。

1. QC 小组

QC 小组是开展质量管理活动的小组,QC 小组是企业中群众性质量管理活动的组织形式,可以在同一班组中建立,也可以跨班组建立。QC 小组成员都是自愿加入小组,一般每个小组 6 到 10 人,利用业余时间讨论、交流、研究他们工作中的改进问题。一个 QC 小组可能一年提出上百条改进意见,这些改进意见中有许多是很有价值的,公司管理者要对所有的意见都给予足够重视,如果这些意见中某一条可行意见被采纳后,就能通过工作改进提高质量、提高效率或者降低成本,同时,公司对员工意见的重视能够提高小组成员的成就感,有助于调动小组成员提出改进意见的积极性,有利于全员参与管理。在今天,QC 小组不仅是质量管理的一种方法,同时,它也是开发人力资源、调动广大职工积极性和创造性的一种途径。

2. 全员把关

把质量管理责任落实到每个人的头上,形成质量管理人人有责的局面。每个人都对产品质量负有责任,及时发现质量问题,及时解决问题。也就是说,质量问题不仅仅是质检、品管、质管专员等专职质量管控人员的事情,它更是生产活动中每名员工的事情。企业中每名员工都有责任及时发现质量问题并寻找其根源,从每道工序的源头上控制加工产品的质量,不让任何有质量缺陷的加工件进入下一道工序,避免无效加工浪费,从而节约大量的成本。

3. 质量教育培训

教育培训是为了让员工在思想上树立质量意识,在质量管理上掌握管理技术方法,在生产操作上提高自己的技术水平。

(1)应当在每个员工的思想中建立起很强的质量意识,让他们每个人都意识到,质量责任就是他们岗位工作责任的一部分,自己有责任及时发现质量问题,独立地或者和其他人合作,及时解决质量问题。

(2)应该组织各级不同人员,根据工作需要,学习质量管理方法,比如在员工中普及 QC 七种工具的应用等。

(3)要加强对员工的技术培训,提高员工的生产技术水平,这能够有效地提高生产率并减少不合格产品的数量。一些企业让每位员工了解与他们各自工作内容相关的环节(如一条生产线的不同工位之间)的工作,以便使他们都能认识到自己这一环节的工作如果出现质量问题,会在哪些方面影响相关环节的工作,要在生产中把下一道工序的员工看作自己的顾客,树立为顾客服务的思想,尽量满足自己顾客的需求。另外,还应注意对员工提高质量的行为给予物质上和精神上的激励。

质量教育需要连续、重复不断、经常性地进行,只有这样员工的质量意识才能够得到不断强化,管理技术水平得到不断的更新与提升,操作技术水平也得到不断的提升。

(三)全过程的质量管理

全面质量管理贯穿于企业生产经营的全过程,影响产品质量的全过程可以划分为设计过程、制造过程、辅助过程和使用过程,在这些过程的各个环节中,存在着影响产品质量的因素,把这些因素控制起来,也就是控制影响产品质量全过程各个环节的因素,就实现了对产品质量全过程、各环节的监控管理。

1. 设计过程的质量管理

设计阶段是影响产品质量的首要环节,是全过程质量管理的起点,产品质量大多数问题源自产品设计质量。产品设计过程包括市场调查、产品设计、工艺准备、产品试制和产品鉴定等环节。对产品设计过程的质量控制,就是在产品的技术准备阶段能够保证产品设计质量和产品工艺设计质量,避免设计缺陷,从产品的源头控制产品质量,避免产品由于设计缺陷而产生先天不足。设计过程的质量管理包括以下几方面工作:

(1)制订质量目标。根据市场调查确定符合市场需求的产品质量标准,明确设计质量标准。

(2)产品设计论证。在进行重大产品开发设计前,作好产品开发项目的可行性研究,经充分论证可行后再进行设计开发工作。

(3)设计审查与工艺验证。开发过程应进行并行设计,并会同市场、销售、工艺、生产、维护、使用等相关部门和人员进行设计评审,保证设计方案质量。

(4)产品试制与鉴定。试制是验证产品设计达到质量要求,为设计评审、可靠性分析、可维修性分析等提供实物证据,产品试制与鉴定目的是保证最终定型产品的设计质量。

2. 制造过程的质量管理

制造过程质量管理是制造企业全面质量管理的中心环节,产品在加工过程中,涉及人、机器设备、工装夹具、材料、量具、生产技术和方法等因素,在生产过程中控制这些因素,使产品在加工形成过程中质量得到保证。制造过程的质量管理包括以下几方面工作:

(1)加强工艺管理。建立和完善工艺卡、工序卡、作业指导书等工艺文件,严格执行作业规范要求,按工艺文件组织生产,保证生产过程的规范化、秩序化,从而保证生产质量。

(2)严格产品质量检验。生产过程的产品检验是产品质量保证的重要手段,是全员参与的质量管理活动。每个员工都要对质量进行自检,同时还要进行互检,并与质检员的专检结合起来,实行生产过程各环节全面的质量控制,及时发现不合格品。

(3)不断改进。对出现的质量问题及时分析找出原因,制订出有效的改进措施,使质量管理工作不断改进提高。

3. 辅助过程的质量管理

辅助生产过程包括物料供应、设备维护、库存保管、生产运输服务等。这些过程直接或间接地影响着产品质量。比如材料的质量、设备的完好状况都与产品质量直接相关,库存保管也直接影响产成品和库存半成品的质量等,设备维护影响设备的完好状况。抓好辅助生产过程的质量管理,是产品质量的重要保证之一。辅助过程的质量管理包括以下几方面工作:

(1)搞好物料供应的质量管理。原材料质量好,产品质量才能好,只有生产物料质量得到了保障,产品质量才有了保障的基础。必须抓好原材料、外购件、外协件的质量管理,要建立严格的采购制度,并认真执行,规范供应商管理、采购程序、验收检验等工作,同时做好供应物资的库存管理,确保生产物料质量符合要求。

(2)搞好工装夹具的质量管理。工装夹具是制造某产品过程中配备的专用设施和工具。虽然它不是生产设备,但它是必不可少的生产设施,它的质量直接影响到产品的生产质量。随着使用时间的延长,其质量会受到一定的影响,需要及时地调整、维护、维修和更新,因此,必须做好工装夹具的相关质量管理工作。

(3)搞好设备维修的质量管理。设备质量直接影响产品的制造质量,设备的安装、使用、维护保养又直接关系到设备质量。要保持设备的良好状态,避免设备失修和故障而影响产品质量。

4. 使用过程中的质量管理

使用过程是考验产品实际质量的过程,是企业内部质量的延续,是全面质量管理结果的最终体现。在这一过程中重点是做好售前和售后服务,根据客户的要求不断改进产品质量。使用过程的质量管理包括以下几方面工作:

(1)加强技术服务工作。为顾客提供技术服务支持,及时解决顾客的技术困难,保证顾客掌握产品的使用技术和方法,实现顾客对产品的有效利用。

(2)妥善处理质量问题。当产品出现质量问题的时候,及时了解情况。如果是生产厂家原因,应该及时修理、更换;如果是顾客的原因,要帮助顾客解决问题,维护顾客的利益。

(3)调查顾客要求和产品使用效果。应及时收集产品使用效果和顾客的使用要求,为提高产品质量提供依据。

(四)全面质量管理的工作方法

美国质量专家戴明总结了一套全面质量管理的科学方法,被称为戴明循环或者 PDCA 循环。它是指计划(Plan)、执行(Do)、检查(Check)、处理(Action)的工作循环,如图 8-6 所示。这套工作方法是一套持续改进的工作方法,每个工作循环之后,质量管理得到改进,管理水平上一个新的台阶。PDCA 循环有如下几个特点。

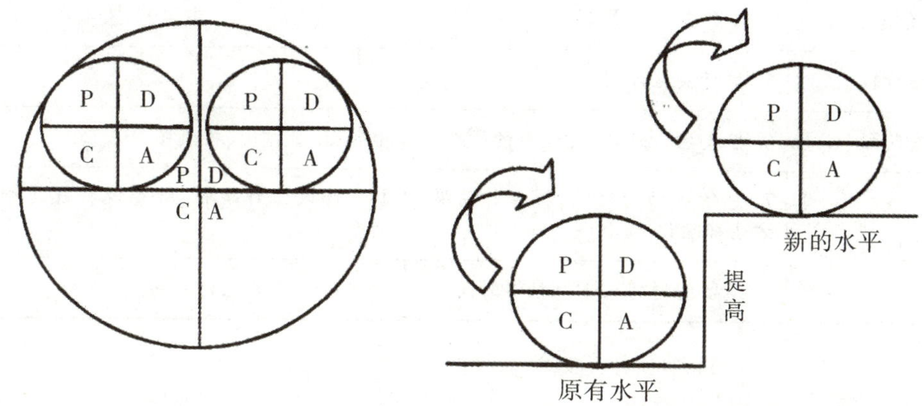

图 8-6 PDCA 循环

1. 大环带小环,相互衔接,相互促进

如果把整个企业的工作当作一个大的 PDCA 循环,各个部门又有各自的 PDCA 循环,下级机构依次又有更小的 PDCA 循环,直到具体落实到每个岗位每个人。这样大环带动小环,小环服从大环,一级带动一级,各层组织紧密相连,形成了有机的管理体系。

2. 阶梯式上升循环

PDCA 每循环一次都有新的目标,解决新的问题,工作有新的进步,质量上一个新的台阶;到了下一次循环,工作又有了新的目标,工作又取得了新的进步,质量又上了一个新的台阶,如此周而复始,不断进步提高。

3. 科学管理方法的综合运用

PDCA 应用科学的工具和方法进行质量控制和改进,将定性方法与定量方法相结合。质量管理四个阶段的工作程序中,可具体分为八个步骤,对应这八个步骤可以运用相应的科学方法进行 PDCA 循环工作,见表 8-12。

表 8-12 PDCA 循环步骤和方法

阶段	步骤	主要方法
一、计划阶段(P)	1. 分析现状找出问题	排列图、直方图、控制图
	2. 分析产生问题的原因	因果图
	3. 找出影响质量问题的主要因素	排列图、相关图
	4. 针对问题制订改进措施计划	回答“5W1H” 为什么制订该措施 达到什么目标 在什么地点执行该措施 谁来负责该措施 什么时间完成 怎样完成

续表

阶段	步骤	主要方法
二、实施阶段(D)	5. 执行实施计划	
三、检查阶段(C)	6. 检查执行结果,发现新的问题	排列图、直方图、控制图
四、处理阶段(A)	7. 总结成功的经验,把工作结果、方法标准化	制定修改工作规程、检查规程及其相关规章制度
	8. 遗留问题转入下一抽样时间	

二、质量管理统计控制方法

质量管理的统计分析方法有很多,经常使用的方法有以下七种。

(一)排列图

排列图也称帕累托图,它是分析影响产品质量主要原因的一种工具。它将质量问题按照出现频数进行排列,显示质量问题的主次关系,从而找出影响质量的关键问题。如图 8-7 所示,图中左边的纵坐标表示频数,单位为件,右边的纵坐标表示频率(用百分比表示),横坐标表示影响质量的各个因素。完成排列图后,就可以从影响质量的各个主要因素中找出关键因素,通常对关键因素有如下分类方法。

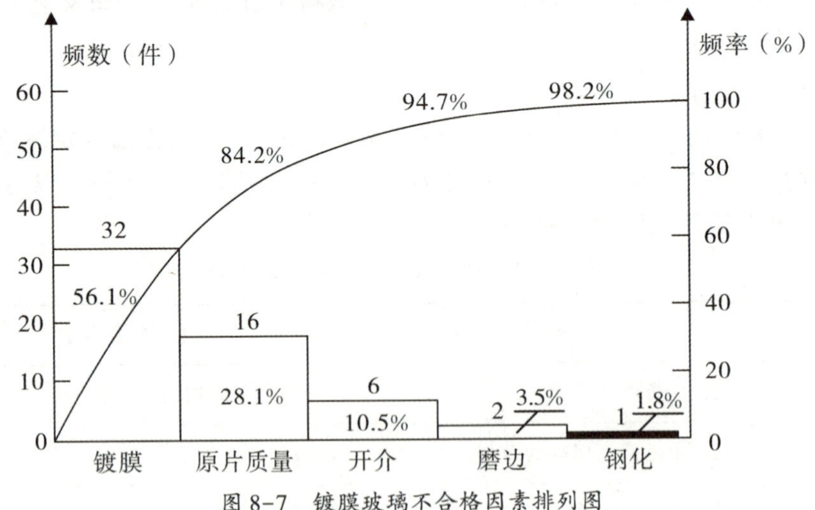

图 8-7 镀膜玻璃不合格因素排列图

1. A 类因素

频率在 0%~80%之间的质量影响因素是关键因素,称为 A 类因素,是应重点控制的关键因素。

2. B 类因素

频率在 80%~95%之间的质量影响因素是次要因素,称为 B 类因素,是应该重视的次要因素。

3. C类因素

频率在95%~100%之间的质量影响因素是一般因素，称为C类因素，是应该注意的次要因素。

这些因素按频率分类的比例不是绝对的，根据情况按照重要程度而定。例如，镀膜玻璃产品的质量影响因素包括玻璃原片质量、开介、磨边、钢化、镀膜。经统计分析，不合格品列于表8-13中，依此作出排列图8-7，从图8-7中可以看到，镀膜工序和原片质量占镀膜玻璃质量不合格问题的84.2%，是需要控制的关键因素，开介问题占10.5%，是次要因素，磨边与钢化共占5.3%，是一般因素。

表8-13 镀膜玻璃不合格品统计表

因 素	不合格品数	累计数	频率(%)	累计频率(%)
镀膜	32	32	56.1	56.1
原片质量	16	48	28.1	84.2
开介	6	54	10.5	94.7
磨边	2	56	3.5	98.2
钢化	1	57	1.8	100

(二)检查表

检查表又称调查表、统计分析表，是以表格的形式记录质量项目情况和原因。检查表又分为以下两种形式。

1. 点检用检查表

点检用检查表是对表格内容进行选择记录，用于确认产品质量内容、确认设备仪器状态、确认各项作业执行等，以防止作业疏忽或遗漏。例如表8-14为××公司镀膜玻璃产品外观质量检查表示例，用以对产品质量的项目内容是否合格作出判断记录；表8-15为车床设备保养检查表示例，用以对设备的完好情况作出判断和记录；再如行车前车况检查表对车辆的完好情况和安全情况作出判断和记录；等等。

表8-14 ××公司镀膜玻璃外观质量检查表

客户名称　　　　产品型号　　　　检验日期　　　　检查者

项目 序号	针孔	斑点	斑纹	暗道	膜面划伤	玻璃划伤

注：合格画√　不合格画×

表 8-15 普通车床点检表

车间　　　　　　　　班组　　　　　　　　　　　　　　　　设备型号

序号	点检内容	日期											
		1	2	3	4	5	6	7	8	9	10	……	31
1	传动系统无异常声响												
2	手柄操作灵活、定位可靠												
3	正反转及刹车性能良好												
4	各变速箱油量在油标刻线以上												
5	主轴变速箱油镜显示供油正常												
6	光杠、丝杠、操作杆表面无拉伤、研伤												
7	各导轨面润滑良好,无拉伤、研伤												
8	各部位无漏油,冷却系统不漏水												
9	油孔、油杯不堵塞、不缺油												
10	无缺损零件												
11	车身无铁屑、杂物												
12	安全防护装置良好												
点检方法:目视、手摸、听音、敲击		记录符合:正常√　不正常×　已处理※											

2. 记录用检查表

记录用检查表是用来搜集计数资料,用于记录不良原因和不良项目,它是将数据分类为数个项目类别,以符号、画记或数字记录的表格或图形。由于常用于作业缺失,品质良莠等记录,故亦称为改善用检查表。表 8-16 为××公司镜膜玻璃质量缺陷统计表。

表 8-16 ××公司镀膜玻璃质量缺陷统计表

年　　月　　日　　　　　　　　(单位:件)

序号	质量缺陷	日期											
		1	2	3	4	5	6	7	8	9	10	……	31
1	尺寸偏差	4											
2	玻璃划伤	9											
3	膜层划伤	6											
4	针孔、斑点超标	5											
5	斑纹、暗道	2											
6	色差	—											
7	其他	—											
质管员		李晓红											

车间主任:

(三)因果图

因果图是反映质量问题原因与结果的关系图,也称鱼刺图。产生质量问题的原因很多,立刻找到原因不容易,当发生质量问题时,可以运用因果图分析质量产生的根源,最终找到解决问题的办法和对策。通常质量问题列在图的右侧,将影响质量问题的原因列在图的左侧,并用一条指向质量问题的主箭线表示引起质量问题的总体原因,用箭线表示引起质量问题的各种原因并指向上一级的箭线,以反映原因的层次性。图 8-8 为镀膜玻璃质量缺陷的因果图。可以继续分析第二层、第二层原因。

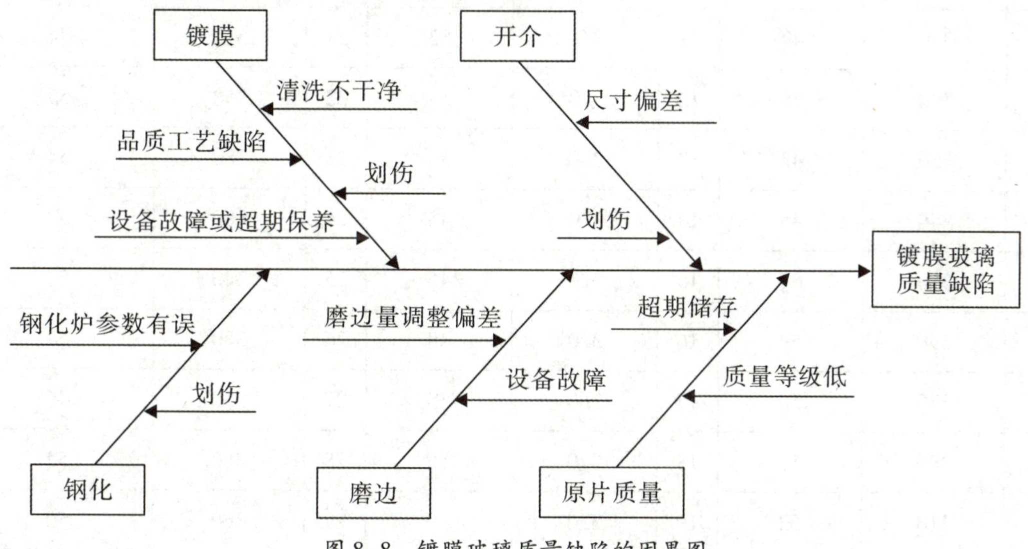

图 8-8 镀膜玻璃质量缺陷的因果图

(四)散布图

散布图又称散点图、相关图,它是将两个对应变量以点的形式画在坐标系上,反映两个变量数据的相关关系和相关程度,以此判断两个变量是否存在相关性。相关图的典型形式有以下六种形式,如图 8-9 所示。

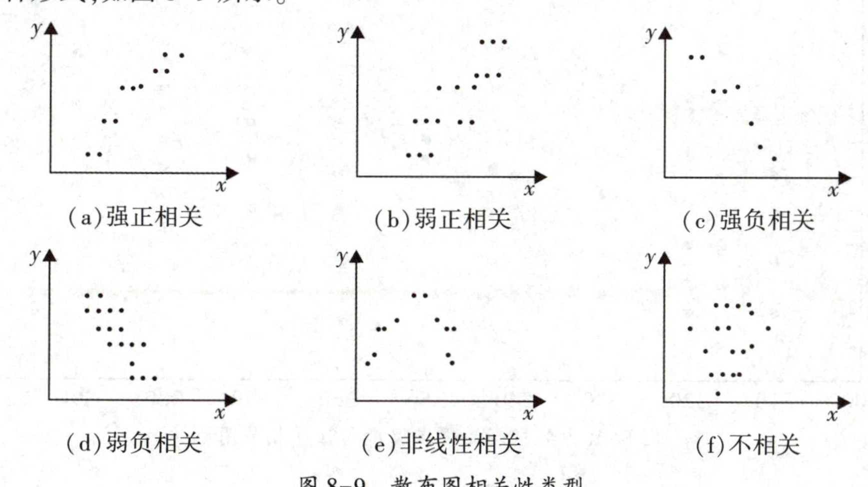

图 8-9 散布图相关性类型

例如,某铜制品焊点温度与强度的数据见表 8-17,绘制焊点温度与强度相关图如图 8-10 所示。从散布图中可以看出,随着焊点温度的升高焊点强度增强,焊点温度与焊点强度呈强正相关。

表 8-17 某铜制品焊点温度与强度的数据表

序号	焊点温度 X (℃)	焊点强 y (kgf)	序号	焊点温度 X (℃)	焊点强 y (kgf)	序号	焊点温度 X (℃)	焊点强 y (kgf)
1	310	47	11	340	52	21	310	44
2	390	56	12	370	53	22	350	53
3	350	48	13	330	51	23	380	54
4	340	45	14	330	45	24	380	57
5	350	54	15	320	46	25	340	50
6	390	59	16	320	48	26	380	54
7	370	50	17	360	55	27	330	46
8	360	51	18	370	55	28	360	52
9	310	52	19	330	49	29	360	50
10	320	53	20	320	44	30	340	49

注:kgf(公斤力)为非法定计量单位。本表中数值为该焊点能承受的拉力,换算成强度还需要除以面积。

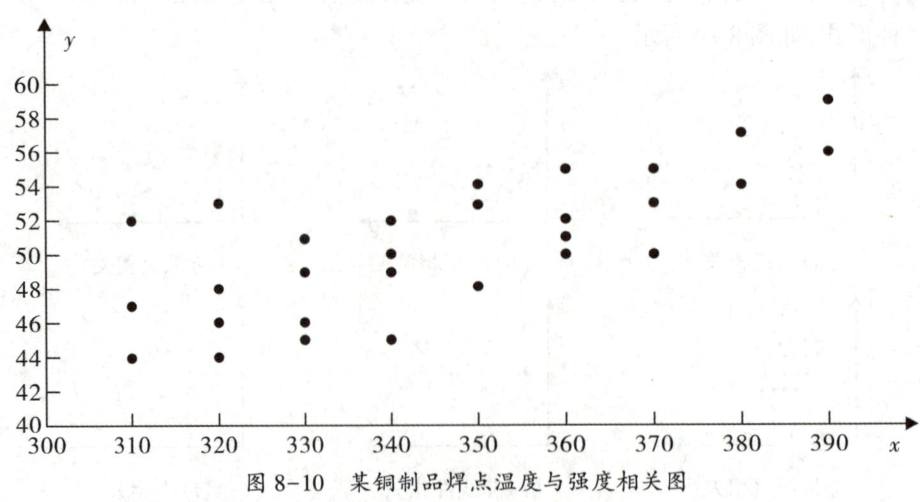

图 8-10 某铜制品焊点温度与强度相关图

(五)分层法

分层法就是将收集到的某类数据,按照不同的来源、不同的时间、不同的使用者、不同的性质等进行分层分类,使笼统的信息进一步细化,以找出问题的原因。具体的分层标准有以下几种:

(1)按操作人员分层。可以按照操作人员的性别、年龄、文化程度、技术水平、工作经验等进行分层。

(2)按工作时间、班次分层。可以按照工作时间的不同时段、早晚班、同时段的不同班次等进行分层。

(3)按使用设备分层。可以按照设备的类别、型号、同型号设备的不同工作地等进行分层。

(4)按使用的原材料分层。可以按照原材料的厂家来源、等级等进行分层。

(5)按照工艺方法分层。比如机加工中的镗孔、铣孔、钻孔,钢结构的焊接与紧固件连接等。

(6)按工作环境分层。如新厂房车间干净、整洁的环境;旧厂房车间洁净度差的车间环境;严苛令人压抑的工作环境;轻松愉快的工作环境等。

例如,某镀膜玻璃公司对产品质量缺陷按照镀膜生产线分层统计,寻找产生质量问题的原因。见表 8-18。

表 8-18　××公司镀膜玻璃质量缺陷分层统计表

2016 年 10 月　　(单位:个)

序号	质量缺陷	不合格产品数量		
		1 号镀膜生产线	2 号镀膜生产线	合计
1	尺寸偏差	26	41	67
2	玻璃划伤	52	21	73
3	膜层划伤	41	34	75
4	针孔、斑点超标	79	46	125
5	斑纹、暗道	51	4	55
6	色差	—	—	0
7	其他	—	0	0
合计		249	146	

对照两个车间情况,寻找分层数据存在差异的原因。

(1)尺寸偏差。2 号镀膜生产线玻璃厚度规格较多,在开介和磨边机调整上变动次数较多,出现偏差缺陷多。

(2)玻璃划伤。1 号镀膜生产线玻璃尺寸规格较大,造成操作不便,出现划伤比例高。

(3)膜层划伤。原因与(2)同。

(4)针孔、斑点超标。两条镀膜生产线加工玻璃原片厚度不同,同时,1 号镀膜生产线使用原片储存期稍长,质量稍差。

(5)斑纹、暗道。1 号镀膜生产线使用的原片存储期过长,有发霉现象。

(六)直方图

直方图又称质量分布图,它是通过对大量数值数据整理、加工绘制直方图,通过观察图的形状,判断生产过程是否稳定,分析引起质量波动因素,预测生产过程的质量。绘制直方图的方法如下:

(1)随机收集 100 个以上的质量特性数据,如果样本数量相对较少,也要收集不少于 50 个以上的数据,将数据按照大小排列,找出数据最大值(L)、最小值(S)及其差值,即极差(R)。

(2)对数据进行分组,分组数通常根据经验确定,见表 8-19。

表 8-19 分组数参考表

数据数量(*Q*)	50 左右	50~100	100~250
分组数(*K*)	5~7	7~10	10~20

(3)计算组距(H),即组与组的间隔 $H=\dfrac{R}{K}$。

(4)计算组的上、下界限值。第一组的下界限值(S_d)等于样本数据最小值减去二分之一倍的组距 $S_d=S-\dfrac{H}{2}$;上界限值(S_u)等于样本数据最小值加上二分之一倍的组距,$S_u=s+\dfrac{H}{2}$;第二组的下界限值等于第一组的上界限值,上界限值等于下界限值加组距,以后各组的界限值计算以此类推。

(5)统计各组数据频数,列出频数分布表。

(6)以分组数为横坐标,以频数为纵坐标画出直方图。

(7)对照标准直方图形,判断产品质量的稳定性。

直方图形状如图 8-11 所示,一般有以下几种形态。

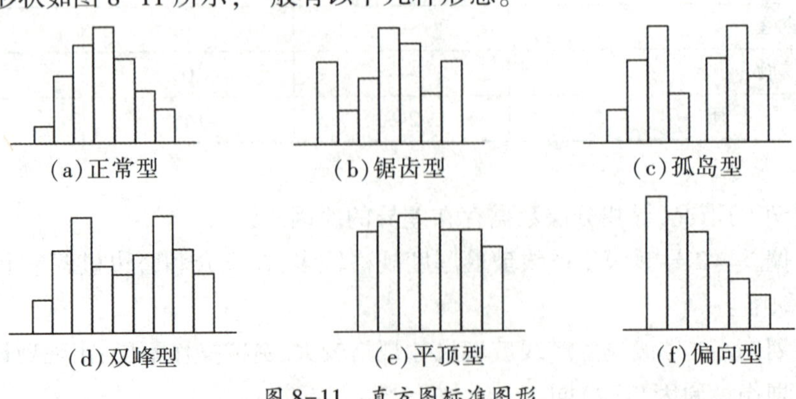

图 8-11 直方图标准图形

(1)正常型,左右对称分布,是正常的质量分布状态。

(2)锯齿形,图形呈锯齿状,可能是测量方法和读数有问题造成的,也有可能是数据分组不当引起的。

(3)孤岛型,分布图中间有空隙组,呈现岛状,工作条件可能有变动。

(4)双峰型,有两个峰值,可能是两个不同的分布混在一起所致。

(5)平顶型,工作中有缓慢的因素起作用造成,如工具的磨损,操作者疲劳等因素所致。

(6)偏向型,峰值偏向一方,有时是加工习惯造成,如加工孔偏小、轴偏大,或单侧控制时造成。

【小练习 8.6】 某厂加工一批长度为 mm 的轴类零件,选取 100 件完工产品检验尺寸,数值见表 8-20 示,分析其质量分布情况。

表 8-20 轴零件检测数据表 (单位:mm)

9.95	10.24	10.16	9.89	10.21	10.31	10.04	9.94	9.99	9.98
10.21	9.9	10.3	10.14	10.1	10.24	10.24	10.27	10.05	10.1
10.02	10.09	10.18	10.15	10.07	9.93	10.06	10.26	9.95	10.22
10.06	10.11	9.9	10.2	10.33	10.11	9.97	10.13	10.01	9.96
10.22	10.02	10.2	10.09	9.91	10.25	10.16	10.03	10.01	10.06
9.81	9.78	10.07	9.93	***9.66***	9.91	10.03	9.92	9.83	9.86
10.4	9.97	9.83	10.15	10.06	***10.42***	9.75	9.85	10.38	10.03
9.78	10.06	10.03	9.77	9.8	9.81	10.05	10.09	9.69	10.11
9.86	9.82	9.83	10.08	9.84	9.94	9.9	9.82	10	9.75
10.12	9.98	9.93	9.85	10.05	9.71	9.85	9.89	10.01	10.14

注:表中数据是实际测得数据减去 290;表中黑斜体为极大值与极小值。

解:(1)最大值 $L=10.42$;最小值 $S=9.66$;极差 $R=0.76$。

(2)分组,取 9 组。

(3)计算组距 $H=\frac{R}{K}=\frac{0.76}{9}=0.084$;为了方便计算,组距取 0.09。

(4)计算第一组下界限 $S_d=S-\frac{H}{2}=9.66-0.09/2=9.615$;

第一组上界限 $S_u=S+\frac{H}{2}=9.66+0.09/2=9.705$;

第二组上界限 $=9.705+0.09=9.795$;

第三组上界限＝7. 795+0. 09＝9. 885；

第四组上界限＝9. 885+0. 09＝9. 795；

第五组上界限＝9. 795+0. 09＝10. 065；

第六组上界限＝10. 065+0. 09＝10. 155；

第七组上界限＝10. 115+0. 09＝10. 245；

第八组上界限＝10. 245+0. 09＝10. 335；

第九组上界限＝10. 335+0. 09＝10. 425。

(5)统计频数分布，见表 8-21。

表 8-21 频数分布表

序号	轴长(mm)	组距(mm)	频数(件)
1	299. 615～299. 705	9. 615～9. 705	2
2	299. 705～299. 795	9. 705～9. 795	6
3	299. 795～299. 885	9. 795～9. 885	14
4	299. 885～299. 975	9. 885～9. 975	18
5	299. 975～10. 065	9. 975～10. 065	22
6	300. 065～300. 155	10. 065～10. 155	17
7	300. 155～300. 245	10. 155～10. 245	12
8	300. 245～300. 335	10. 245～10. 335	6
9	300. 335～300. 425	10. 335～10. 425	3

(6)以零件尺寸为横轴，频数为纵轴画直方图。根据已知 mm，轴长最小值＝300－0. 4＝299. 6；最大值＝300+0. 5＝300. 5。如图 8-12 所示。

(7)对照标准直方图判断，该直方图是正常型的图，表明质量稳定。

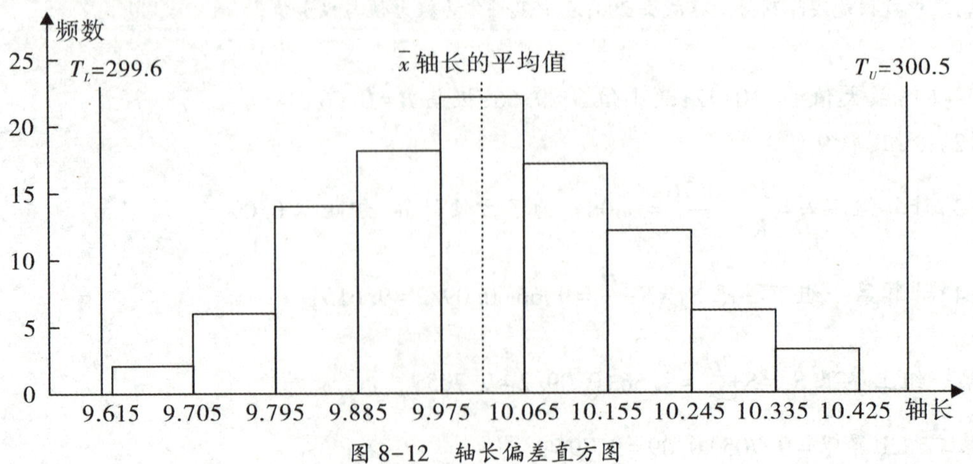

图 8-12 轴长偏差直方图

(七)控制图

控制图是根据生产过程的关键质量特性值随时间变化情况,分析工序是否处于控制状态的一种图形方法。通过观察图形是否在合理的控制界限内,判断生产工序的稳定性,它是一种研究质量特性的动态方法,能够区分偶然因素或者系统因素引起的质量波动。

1. 控制图的基本模式

控制图的上、中、下线基本模式如图 8-13 所示。

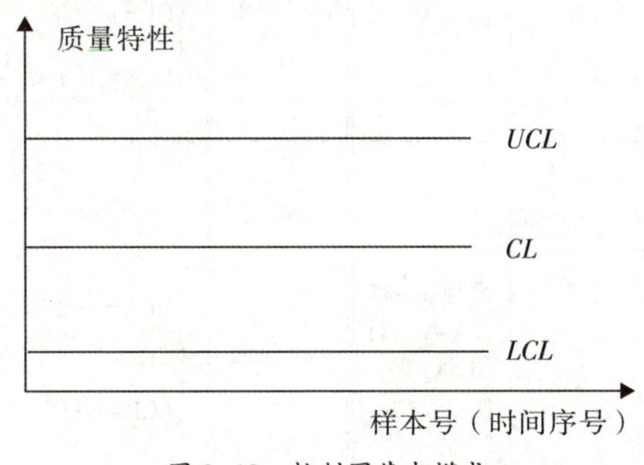

图 8-13 控制图基本模式

2. 控制图的类型

控制图分为计量值控制图与计数值控制图,基本分类见表 8-22。

3. 控制图的判断与分析

在满足下列两个条件的情况下,可以判断生产处于控制状态。

一是控制图上的点不超出控制界限,在控制范围内,下列情况可以判断在控制范围内:

(1)连续 25 点以上处于控制线内。

(2)连续 35 点中仅有 1 点超出控制线。

(3)连续 100 点中不多于 2 个点超出控制线。

二是点的排列没有缺陷,如果有下列几种情况之一,则认为生产过程失控:

(1)链状点。有 5 个点连续出现在中心线一侧要注意,7 个及以上点连续出现在中心线一侧为异常。

(2)偏离。较多的点间断地出现在中心线一侧,当连续 11 点有 10 点,连续 14 点至少有 12 点,连续 17 点至少有 14 点,连续 20 点至少有 16 点时,可判断生产过程失控。

(3)倾向。点连续上升或者下降状态,当有 7 点连续上升或者下降时,可判断生产过程失控。

(4)接近。点在控制线上下附近,即点远离中心线,在$\pm 2\sigma \sim \pm 3\sigma$范围内,3 点有 2 点,7 点至少有 3 点,10 点至少有 4 点在$\pm 2\sigma \sim \pm 3\sigma$范围内,可判断生产过程失控。

(5)周期。点的上升、下降呈周期性排列,可判断异常。

表 8-22　控制图分类与控制界限设计

计数值控制图			计数值控制图		
控制图类型	控制界限计算	备注	控制图类型	控制界限计算	备注
X 控制图	$\begin{cases} UCL=\bar{x}+3s \\ CL=\bar{x} \\ LCL=\bar{x}-3s \end{cases}$	单值控制图	p 控制图	$\begin{cases} UCL=\bar{p}+3\sqrt{\frac{1}{n_i}\bar{p}(1-\bar{p})} \\ CL=\bar{p} \\ LCL=\bar{p}-3\sqrt{\frac{1}{n_i}\bar{p}(1-\bar{p})} \end{cases}$	不合格品品率控制图
$\bar{x}$ - R 控制图	$\bar{x}$ 控制图 $\begin{cases} UCL=\bar{x}+A_2\bar{R} \\ CL=\bar{x} \\ LCL=\bar{x}-A_2\bar{R} \end{cases}$ $\bar{R}$ 控制图 $\begin{cases} UCL=D_4\bar{R} \\ CL=\bar{R} \\ LCL=D_3\bar{R} \end{cases}$	平均值-极差控制图，A_2、D_3、D_3 是与 n	c 控制图	$\begin{cases} UCL=\bar{c}+3\sqrt{3} \\ CL=\bar{c} \\ LCL=\bar{c}-3\sqrt{c} \end{cases}$	缺陷数、疵点数控制图
P_n 控制图	$\begin{cases} UCL=n\bar{p}+3\sqrt{n\bar{p}(1-\bar{p})} \\ CL=\bar{p} \\ LCL=n\bar{p}-3\sqrt{n\bar{p}(1-\bar{p})} \end{cases}$	不合格品数控制图	u 控制图	$\begin{cases} TCL=\bar{c}+3\sqrt{\frac{\bar{u}}{n_i}} \\ CL=\bar{c} \\ LCL=\bar{c}-3\sqrt{\frac{\bar{u}}{n_i}} \end{cases}$	单位缺陷数控制图

【小练习 8.7】　某企业加工一批盖板，单班生产，盖端有两个孔，孔距为 450±1mm，每 2 小时取 5 件产品进行检测，每班取样本 4 次，连续抽取 5 个班的样本，见表 8-23，做 $\bar{x}$-p 控制图。

表 8-23　某零件孔距测量值　（单位：mm）

子样本号 \ 测量值 \ 抽样时间	9:00	11:00	13:00	15:00	$\bar{x}_i$	R_i
	X_1	X_2	X_3	X_4		
1	449.2	450.6	450.1	449.9	450	1.4
2	449.6	450.8	450.8	450.1	450.3	1.2
3	450.6	449.3	450.1	450.7	450.2	1.4

续表

子样本号 \ 测量值 \ 抽样时间	9：00	11：00	13：00	15：00	$\overline{x_i}$	R_i
	X_1	X_2	X_3	X_4		
4	450.3	449.7	450.3	450.4	450.2	0.7
5	450.9	449.5	449.7	450.3	450.1	1.4
6	450.3	449.2	449.2	449.5	449.6	1.1
7	450.3	450.2	449.3	449.1	449.7	1.2
8	449.6	450.5	449.9	450.4	450.1	0.9
9	449.2	450.6	449.1	450.2	449.8	1.5
10	449.9	449.3	450.2	449.1	449.6	1.1
11	450.4	449.6	450.5	449.3	450	1.2
12	449.9	449.1	450.4	449.7	449.8	1.3
13	450.7	450.7	449.8	450.2	450.4	0.9
14	450.5	450.9	449.6	450.4	450.4	1.3
15	450.4	450.5	449.2	450.6	450.2	1.4
16	449.1	449.4	450.9	450.8	450.1	1.8
17	449.5	449.3	450.1	450.9	450	1.6
18	449.6	449.9	450.5	449.9	450	0.9
19	449.8	450.1	450.4	449.5	450	0.9
20	449.4	450.3	449.7	449.3	449.7	1
21	449.7	449.3	449.2	450.2	449.6	1
22	450.2	449.8	449.5	450.8	450.1	1.3
23	450.6	450.2	450.1	449.6	450.1	1
24	449.3	449.2	450.6	450.9	450	1.7
25	450.1	449.5	449.7	449.2	449.6	0.9

解：(1)按以下公式计算各子样本组 $\bar{x}$、R：

$$各组的平均值\overline{x_i}=\frac{(X_1+X_2+X_3+X_4)}{4}$$

$$各组极差\ R_i=R_{max}-R_{min}$$

子样本共25组，各组 $\bar{x}$、R 列于表8-23中。

(2)计算 $\bar{\bar{x}}$、$\bar{R}$。

各组均值的平均值 $\bar{x}=\dfrac{\sum_{i=1}^{25}\overline{x_1}}{25}=450$(mm)(子样本共25组，求25组的平均值)

各组极差的平均值 $\bar{R}=\dfrac{\sum_{i=1}^{25}R_i}{25}=1.2$

(3)计算 $\bar{x}$ 控制图界限：

$$\begin{cases}UCL=\bar{x}+A_2\bar{R}\\CL=\bar{x}\\LCL=\bar{x}-A_2\bar{R}\end{cases}$$

$n=4$，查计量控制图系数表 $A_2=0.729$，

上控制界限值 $UCL=450+0.729\times1.2=450.9$(mm)

中线值 $CL=450$(mm)

下控制界限值 $LCL=450-0.729\times1.2=449.1$(mm)

(4)计算 R 控制图界限：

$$\begin{cases}UCL=D_4\bar{R}\\CL=\bar{R}\\LCL=D_3\bar{R}\end{cases}$$

$n=4$，查计量控制图系数表 $D_3=0$，$D_4=2.282$，

上控制界限值 $UCL=2.282\times1.2=2.7$

中线值 $CL=1.2$

下控制界限值 $LCL=0\times1.2=0$

(5)绘制控制图。分别建立 $\bar{x}$、R 控制图坐标系，根据表8-23中25组 $\bar{x}$、R 子样本画出折线图，如图8-14和图8-15所示。

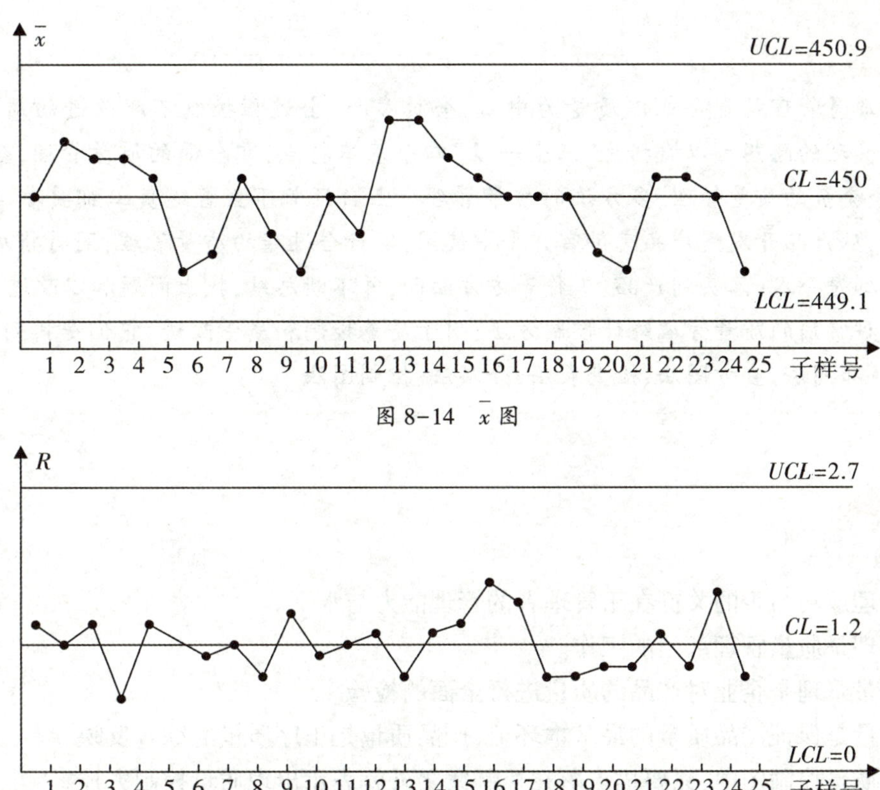

图 8-14 $\bar{x}$ 图

图 8-15 R 图

导入案例解析

小陈应该准备以下内容：

1. 全面质量管理专题内容提纲

(1)全面的质量管理的思想；

(2)结合实际介绍全员的质量管理的过程与工作方法；

(3)结合实际介绍全过程的质量管理的工作内容及经验；

(4)结合实际介绍不断改进的方法。

2. 质量管理统计控制方法

举例讲解常用七种质量管理统计控制方法：①排列图法；②因果图法；③散布图法；④直方图法；⑤检查表法；⑥分层法；⑦控制图法。

技能训练

分组讨论：在原材料采购过程中可否用控制图管理采购质量。

要点总结

全面质量管理就是企业以质量为中心,全员参与、全过程控制不断改进的质量管理。全面质量管理的思想可以概括为“三全一多”四个基本特点,即全面的质量管理、全过程的质量管理、全员的质量管理、多方法的质量管理。上自厂长下至普通员工都要参与质量管理的工作,从产品开发到产品交付客户手中使用,实行全过程的质量管理,同时将质量目标责任落实到每个人,落实到产品、工作等方方面面,并不断总结,找出问题加以改进。

有七种常用的质量管理统计控制方法,用于质量控制和质量改进,它们是排列图法、因果图法、散布图法、直方图法、检查表法、分层法、控制图法。

课后练习

一、判断题

1. 质量管理成功与否的关键在于管理者的管理能力与水平。 (　　)
2. 质量管理是质量管理部门的工作。 (　　)
3. 全面质量管理是企业对产品的质量进行全面的检验。 (　　)
4. 工序质量是保证产品质量的最基本环节,产品质量是工序质量的综合反映。 (　　)
5. 在工序质量控制图中,只要描点落在控制线之外就表示出现质量控制失控。 (　　)
6. 在工序质量控制图中,只要描点落在控制线之内就表示质量控制处于控制状态。 (　　)
7. 成本控制最终要落实到每个作业人员,由他们独立核算成本。 (　　)
8. 只要控制材料领用和使用不浪费,保证用工合理,成本控制就可以得到保证。 (　　)
9. 6σ 原则下产品出现不合格的比例比 3σ 原则降低了一半。 (　　)
10. $\bar{x}-R$ 控制图比 X 控制图更精确。 (　　)

二、单项选择题

1. 属于生产进度控制的工具是(　　)。

A. 工票　　B. 加工路线单　　C. 成套进度表　　D. 配套计划

2. 不属于生产调度的工具是(　　)。

A. 工票　　B. 加工路线单　　C. 发料单　　D. 生产日报表

3. 你认为仓管员应该(　　)发料。

A. 按生产需求发料　　B. 按定额发料

C. 按发料单发料　　D. 按 BOM 表发料

4. (　　)不是材料日常控制的必需内容。

A. 实行首件检查,防止成批报废　　B. 控制合理生产批量,提高材料利用率

C. 保证设备完好,防止因故障浪费　　D. 严格限额领料,超额使用不补

5. (　　)不是节约人工费的必需内容。

A. 合理派工,防止窝工　　B. 按照工艺技术等级要求配备工人

C. 加快工作进度,减少加班费　　D. 严格执行工时定额,工资包干

6. 产品质量特性值的正常波动可由(　　)图形表示。

A. 双峰形　　B. 平顶形　　C. 锯齿形　　D. 钟形

7. 有助于我们抓住主要矛盾,先集中解决最主要问题,再适当考虑次要问题的分析是(　　)。

A. 帕累托分析　　B. 因果分析　　C. 正交分析　　D. 控制图分析

8. 在判别两个变量之间是否存在相互关联方面有显著作用的管理工具是(　　)。

A. 趋势图　　B. 散点图　　C. 直方图　　D. 鱼刺图

9. 持续改善常用工具中的鱼刺图是指(　　)。

A. 帕累托分析图　　B. 因果分析图　　C. 直方图　　D. 散布图

10. 覆盖企业的各个职能部门,从各个环节持续不断地改进产品质量的管理思想是(　　)。

A. 全面质量管理　　B. 过程管理　　C. PDCA 循环　　D. 准时化生产

三、简答题

1. 控制生产进度要做好哪些工作?
2. 控制生产成本要做好哪些工作?
3. 全面质量管理的思想是什么?

四、计算题

1. 一车间中旬生产完成情况如表 8-24 所示,计算生产均衡率。

表 8-24　某车间生产完成情况

日期	11	12	13	14	15	16	17	18	19	20
计划产量(件)	140	140	140	160	160	160	180	180	180	180
实际产量(件)	134	140	148	165	164	165	170	174	180	185
计划完成(%)	95	100	105	103	103	103	106	97	100	102

2. 某车间每 2 小时抽取 100 件样本来检查,将检查不合格品数列于表 8-25,利用此项数据绘制不合格品率(p)控制图。

表 8-25　某车间不合格品数

组别	样本数(n)	不合格品数(d)	不合格品率(P,%)
1	100	4	0.04
2	100	6	0.06
3	100	5	0.05
4	100	7	0.07

续表

组别	样本数(*n*)	不合格品数(*d*)	不合格品率(*P*,%)
5	100	8	0. 08
6	100	5	0. 05
7	100	5	0. 05
8	100	6	0. 06
9	100	7	0. 07
10	100	5	0. 05
11	100	9	0. 09
12	100	6	0. 06
13	100	7	0. 07
14	100	5	0. 05
15	100	6	0. 06
16	100	8	0. 08
17	100	6	0. 06
18	100	5	0. 05
19	100	6	0. 06
20	100	5	0. 05
21	100	6	0. 06
22	100	7	0. 07
23	100	5	0. 05
24	100	5	0. 05
25	100	6	0. 06
合计	2500	150	
平均	100		0. 06

课堂案例

质量，中国经济由大到强的关键之举

党的十八大以来，习近平总书记高度关注发展质量，强调“以提高发展质量和效益为中心”，把质量强国放到了战略高度，推动中国制造向中国创造转变、中国速度向中国质量转变、中国产品向中国品牌转变，努力实现更高质量、更有效率、更加公平、更可持续的发展。

质量强，则百业坚强；质量兴，则经济健旺。党的十九大报告强调必须坚持质量第一、效益优先，推动经济发展质量变革、效率变革、动力变革，明确提出建设质量强国。

实施质量强国战略，建设质量强国，增强我国经济质量优势，已成为推动高质量发展、促进我国经济由大向强转变的关键之举。

以推动高质量发展为主题，坚定不移建设质量强国，提高经济质量效益和核心竞争力，这既是有效应对资源瓶颈、环境压力的重要抉择，也是参与国际竞争、实现民族复兴的自强之路。

以“大质量观”推进质量强国建设

全面建成社会主义现代化强国，质量是基础。推动高质量发展，质量是关键。

经过几十年的高速发展，中国经济已进入速度换挡、结构调整、转型升级的关键时期，处于从量变到质变的重要关口。随着我国资源和环境约束不断强化，劳动力等生产要素成本不断上升，主要依靠资源要素投入、规模扩张的粗放式发展模式难以为继。

当前，我国发展不平衡不充分的一些突出问题尚未解决，发展质量和效益还不高，创新能力不够强，实体经济水平有待提高，生态环境保护任重道远。比如，我国虽有多种产品产量居全球第一，但缺少核心技术和品牌优势，质量技术基础比较薄弱；产品质量标准体系尚不完善，产品质量水平还需进一步提高。

特别是面对严酷的外部环境和复杂的贸易形势，建设质量强国要与构建“以国内大循环为主体、国内国际双循环相互促进的新发展格局”的重大决策同行同向，以提升质量作为驱动内需增长和支撑外贸稳定的重要基础。以质量提升助力产业跑出“加速度”，促进中国经济提质增效、转型升级，推动高质量发展，已刻不容缓。

随着中国经济的发展与转型，质量的提升，在理念和实践层面都出现了基于“大质量观”的重大转变——从设计源头端起始的贯穿原料采购、生产施工、检查验收、总结改进、试运行等全过程、全流程的质量管理体系性要求。

2018 年 3 月，我国整合多部门职能，全新组建了国家市场监督管理总局（简称“市场监管总局”）。该局牵头负责“组织实施质量强国战略”，与质量相关的具体职能涵盖宏观质量管理、统筹国家质量基础设施建设与应用、产品质量安全监督管理、产品质量国家监督抽查、建立并组织实施质量分级制度、质量安全追溯制度等方面。

坚持“质量为先”，全国市场监管系统大力实施质量提升行动，正将质量突破作为中国产业由大变强的关键予以重点推进，引导产业把转型升级的立足点真正转到提高质量和效益

上来。

近年来，全国各地大力实施质量强(兴)省战略，开展质量强市(县)活动的市县达到2877个，覆盖超过全国90%的市县行政区域，为质量强国建设奠定有益的实践基础。特别是28个省份的180个市(区、县)申请创建全国质量强市示范城市，152个城市获批创建，31个城市正式命名，质量强市示范城市创建工作成了地方推进高质量发展的一项重要平台和抓手，有效促进了城市质量提升。

“解决质量问题的终极答案”

国家质量基础设施——“十四五”规划纲要中这样一个稍显冷门的词语，在业内被誉为“解决质量问题的终极答案”。

以此次新冠疫情管控为例，从公共场所的体温测量设备调试，到口罩生产企业的标准测定，再到严格的进口冷链食品核酸检测，计量测试、检验检测、认证认可等看似陌生的质量服务，都对生产生活的正常运行发挥着重要作用。而提供这些质量服务的，正是检验检测机构、计量测试中心等质量基础设施。

(资料来源：人民网：http://politics.people.com.cn/n1/2021/0830/c1001-32212307.html)

项目九　生产现场管理

学习目标

【知识目标】

1. 掌握生产现场管理的概念基本内容；
2. 掌握5S活动的开展步骤；
3. 掌握目视管理的应用方法；
4. 掌握定置管理的应用方法。

【能力目标】

1. 能根据现场管理理论知识评价生产现场管理水平；
2. 能按照5S活动、定置管理和目视管理的要求开展生产现场管理；
3. 能够以生产现场为对象，设计5S活动方案。

【素质目标】

1. 通过介绍5S管理中所体现的工匠精神，学生产生为国奋斗的精神动力；
2. 通过案例分析使学生了解职业素养与职业道德的重要性，使学生具备精益求精、办事公道的意识与品质。

任务一　开展5S管理

制造企业的日常生产除了保障生产物料供应，安排生产计划，进行库存管理之外，日常的生产现场管理对确保生产计划的实施、降低成本、提高效率发挥着十分重要的作用。5S活动是一项广泛开展的现场管理方法，5S管理能够使现场管理实现规范化、标准化，改善生产作业管理、提高服务质量、提高员工素质，提高企业形象。

【情境9.1】　某工厂现场管理比较粗放，在车间经常随处可见废料、油漆、铁锈等垃圾，零件、纸箱胡乱堆在地板上，人员、车辆都在狭窄的过道上穿插而行。工人经常找不到自

己要找的东西,浪费了大量的时间;机器周围环境比较乱,经常影响日常保养。工作环境脏、乱、差,也影响到员工的精神面貌,使员工缺乏干劲,生产效率低。后来工厂借鉴其他工厂现场的管理经验,准备在全厂开展5S活动,请简单描述开展5S活动应做哪些工作。

案例分析

开展5S活动要拟订详细的实施方案,并要明确以下问题。

(1)需要向全体员工明确什么是5S,开展5S活动需要员工的理解支持;

(2)5S实施的要点有哪些?

(3)5S实施的步骤有哪些?

一、5S的概念

5S起源于日本,是指在生产现场中对人员、机器、材料、方法等生产要素进行有效的管理,日文译音整理(Seiri)、整顿(Seiton)、清扫(Seiso)、清洁(Seiketsu)、素养(Shitsuke)这五个单词字头均为"S",故将整理、整顿、清扫、清洁、素养简称为5S。日本企业将5S活动作为管理工作的基础和推行各种品质管理的手段。开展5S活动提高了企业形象;提高了员工士气;降低了生产成本;提高了服务质量;促进了安全生产;推进了标准化作业。第二次世界大战后,5S逐渐被各国管理界所认识,有的公司在原来5S的基础上又增加了节约(Save)及安全(Safety)这两个要素,形成了"7S";也有的企业加上习惯化(Shiukanka)、服务(Service)及坚持(Shikoku),形成了"10S"。但是万变不离其宗,所谓"7S""10S"都是从"5S"中衍生出来的。

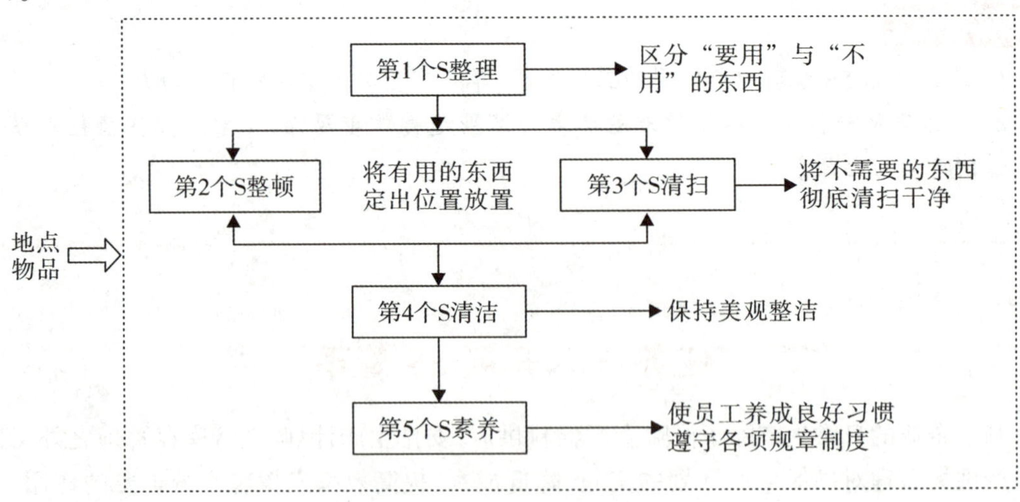

图9-1 5S之间的关系

二、5S的实施

(一)整理

整理是指将必需品与非必需品区分开来,清理非必需品,现场只保留必需品。整理的目的是清除现场杂物腾出空间增加作业面积,防止物料混放出现误用、误送等差错,塑造良好的工作场所,使员工心情舒畅。

1. 整理的实施要点

(1)区分必要和非必要物品。首先区分要与不要的物品,通常情况下要与不要的物品弃留的执行规范见表 9-1。

表 9-1 整理中弃留的执行规范

要	不要
(1)生产用的设备、机器、夹具、电气设备等 (2)使用中的工作台、凳子、货架等 (3)使用中的手工具、工业辅料 (4)生产中的原料、在制品、制成品等 (5)生产过程中使用的胶盆、吸塑盘等 (6)使用中的垃圾桶、扫把、拖把等 (7)使用中的样品、图纸、说明书、办公文具、设备等 (8)使用中的宣传海报、黑板 (9)办公室的书籍、资料、报表 (10)其他的私人用品,如茶杯、茶叶、咖啡、饮料等	(1)生产车间:①灰尘、废品、杂物、油污。②不再使用的夹具、模具、设备。③报废的机器和设备。④不再使用的办公用品和设备。⑤报废的物料、在制品和制成品 (2)货架上:①不要的物料和其他物品。②报废的物品 (3)墙壁上:①灰尘。②过期的宣传品。③过期、不使用的标语 (4)文件和作业指导:①过期的文件和作业指引。②不适用的文件和作业指引。③错误的文件和作业指引。④报废的文件和作业指引

(2)对区分出来的物品明确场所。对于没有使用价值的物品坚决清理掉,有使用价值的物品,根据物品的使用次数、使用频率来判断物品应该放在合适的位置,物料处理标准见表 9-2。

表 9-2 物料处理标准

物品	使用时间	使用频率	类 别	处理方法
少量	几月、几年	偶尔	机器、夹具	远离生产或办公区域
普通	几星期、几日	几次	机器、夹具	生产或办公现场隔离放置
大量	时时、天天	天天、时时	物料、夹具、设备	生产区域或办公现场

2. 整理的实施步骤

(1)检查现场。对现场进行全面清查,包括看见和看不见的地方,比如设备内部、文件柜子顶部、桌子底部等位置,对清查结果进行全面登记。

(2)区分必需品和非必需品。对于必需品根据使用频率来决定管理方法,使之便于寻找和使用。对于必需品需要注意的是要区分"主观想要"和"客观需要",克服"以防万一"的思想,否则,非必需品将很难彻底清理。

(3)整理非必需品。整理非必需品时要考虑其现在的使用价值,而不用考虑其购买价值,对于没有使用价值的非必需品坚决处理掉,有使用价值的分类保管。

(4)每天循环整理。整理是循环不断的过程,每天的工作不断变化,需求也会发生变化,只有每天不断整理才能保持岗位上只保留必需品。

3. 整理活动的具体开展方法

整理活动的开展通常根据推行方案进行，参见二维码内某公司整理活动推行方案的实例。

（二）整顿

整顿是经过整理后，对现场留下的必需品进行科学合理的布置和摆放，能在最短的时间内找到要找的东西，并将寻找必需品的时间减少为零。整顿的目的是使工作场所和环境明亮、整洁，工作秩序井井有条。

1. 整顿的实施要点

（1）物品摆放要有固定的地点和区域，消除因混乱而造成的差错。

（2）物品摆放要科学合理。比如，根据物品的使用频率决定放置场所，经常使用的物品放置在较近的地方，不经常使用的物品放置在较远的地方。

（3）物品摆放目视化，尽量做到过目知数。摆放不同物品的区域采用不同的颜色和标志加以区分，如地板画线定位、对场所物品进行标识；再如，物资摆放做到五五成方、五五成堆，做到过目知数。

2. 整顿的实施步骤

（1）分析现状。分析作业场所物品存放时间过长的原因，取放困难的原因。

（2）对物品进行分类。为物品制定标准和规范，并正确命名、标示。

（3）摆放整齐，便于使用。确定物品的摆放地点和区域，并将物品按照一对一的原则进行标示，在标示方法上要便于区分，在放置方法上要按规范存放便于拿取。

3. 活动的具体开展方法

整顿活动开展通常根据推行方案进行，参见二维码内某公司整顿活动推行方案的实例。

（三）清扫

清扫是将工作场所打扫干净，保持现场无垃圾、无灰尘、干净整洁，并使被污物掩盖的问题暴露出来。清扫的对象包括机器、工具、测量用具、地板、天花板、墙壁、工具架、橱柜等。清扫的目的是提升作业质量，保持良好的工作环境，及时发现问题，消除设备故障及安全隐患。

1. 清扫的实施要点

清扫就是将现场的垃圾、脏污清扫干净，消除由于脏污掩盖的机器故障隐患，减少由于污物对产品质量的影响，消除环境脏乱对员工工作情绪的影响。清扫的实施要点有以下几个：

（1）领导以身作则。这是清扫开展活动成功的关键，只有领导带头坚持清扫，普通员工才能认真对待。只让普通员工来做清扫工作，领导不做，结果将是走过场，5S 活动就不能真正推行下去。

（2）人人参与。公司的所有部门、所有人员都要参与清扫工作。

（3）明确清扫责任。将所有的清扫区域责任落实到人，不留死角，并且自己清扫，不依赖他人。

(4)一边清扫,一边改善设备状况。把设备清扫与设备的日常检查、维护、保养结合起来。

(5)建立清扫标准,使清扫工作标准化、规范化。

2. 清扫的实施步骤

(1)作好清扫准备。对员工做好清扫工作的安全教育,对清扫工作中可能发生的事故等不安全因素进行预防和警示;做好设备常识教育,教育员工了解设备的基本结构、原理,使员工能够分析设备的异常原因,防止事故的发生;作好技术准备,制定相关指导说明书,明确清扫工具和清扫位置,详细说明清扫零部件的拆装方法。

(2)从工作岗位上清除一切垃圾灰尘。清扫地面、墙壁和窗户,清扫地面放置的物品,处理不需要的东西。

(3)清扫和改进设备。对设备和工具进行检查,并认真清扫,同时把设备清扫与设备的点检结合起来,对设备进行日常保养、维护。

(4)查明污垢的发生源。在清扫灰尘、污垢、油渍、碎屑的同时,要查明污物产生的原因,并从根本上予以解决。

(5)检查清扫结果。检查内容包括是否清扫了污染源;是否对地面、窗户等地方进行了彻底清扫;是否对机器设备从里到外进行了全面清扫。

3. 清扫活动的具体开展方法

清扫活动的开展通常根据推行方案进行,参见二维码内某公司的实例。

(四)清洁

在5S管理中清洁是在整理、整顿、清扫之后,对取得的成果进行保持与维护,保持现场最佳状态,使整理、整顿、清扫工作制度化、标准化,而不仅仅是“清洁”的字面含义。清洁的目的是通过制度化、标准化维持前面的3S的成果,并养成良好的工作习惯,形成卓越的企业文化,提升企业形象。

1. 清洁的实施要点

(1)车间环境不仅要整齐,而且要做到清洁卫生,保证员工身体健康,增强员工的劳动热情。

(2)不仅物品要清洁,而且整个工作环境都要清洁,进一步消除混浊的空气、粉尘、噪声和污染源。

(3)不仅物品、环境要清洁,而且员工本身也要做到清洁,如工作服要清洁,仪表也要清洁,需及时理发、刮须、修指甲和洗澡等。

(4)员工不仅要做到身体上的清洁,而且要做到精神上的“清洁”,待人要礼貌,要尊重别人。

2. 清洁的实施步骤

(1)明确清洁的标准。清洁的标准包括干净、高效和安全三个要素。开始时,要对清洁度进行检查,制订详细的检查表,明确检查指标内容。

(2)进行员工教育。企业上下思想统一才能朝着共同的目标奋斗。所以,要对全体员工进行5S宣传教育,统一思想,明确目标。

(3)制定制度,保证5S的落实。必须制定制度保证前面5S的成果,保证5S活动的制度化,培养员工良好的素养,这些制度包括5S的实施办法、检查制度、考评制度以及奖惩制度等。

3. 清洁活动的具体开展方法

清洁活动开展通常根据推行方案进行,参见二维码内某公司的实例。

(五)素养

素养是指员工遵守规章制度,养成良好的工作习惯,提高文明礼貌水平。只有提高员工素养,5S活动才能不断开展下去。开展素养活动的目的是培养员工形成良好的习惯,遵守各项规则;提升人的品质,对任何工作都认真负责;培养员工做文明人,营造团队精神。

1. 素养的实施要点

(1)统一员工标识,包括服装、臂章、工作帽等识别标识。

(2)发挥领导的榜样作用,创造和谐的氛围。

(3)利用晨会推动各种精神提升活动。

(4)借助企业文化推行素养。

(5)严格执行员工守则。

2. 素养的实施步骤

(1)明确素养的目的,制定员工行为准则。员工行为准则能够规范员工的行为,包括礼仪、员工守则等,能够约束员工达到素养的最低限度。

(2)实施员工培训。培养员工遵守规章制度、工作纪律的意识,养成遵守规章制度的习惯;培养员工对公司的责任意识,养成员工的集体责任感。

(3)检查素养效果。检查素养效果包括以下三个方面:

①日常活动检查。企业是否成立了5S活动小组;公司是否开展5S活动的交流与培训;公司领导是否重视5S活动并率先推广;全体员工是否都明确实施5S活动对企业和个人的好处,是否对5S充满热情。

②员工行为规范。是否举止文明;是否遵守公共场所的规定;是否工作齐心协力,团队协作;是否遵守工作时间,不迟到不早退;是否能够友好沟通相处。

③服装仪表。是否穿戴规定的工作服上岗,服装是否整洁干净;是否按规定佩戴厂牌;是否保持个人干净整洁,精神饱满。

3. 素养活动的具体开展方法

素养活动的开展通常根据推行方案进行,推行方案内容参见二维码内某公司的实例。

表 9-3 要点整理

5S	对象	意义	目的	实施检查方法	使用工具	目标
整理	物品空间	1. 区分要与不要东西 2. 丢弃或处理不要的东西 3. 保管要的东西	1. 有效利用空间 2. 消除死角	1. 分类 2. 红牌作战 3. 定点照相	1. 照相机、录影机 2. 定点照相红色标识	创造一个"清清爽爽"的工作场所
整顿	时间空间	1. 物有定位 2. 空间标识 3. 易于归位	1. 缩短换线时间 2. 提高工作效率	1. 定位、定品、定量 2. 看板管理 3. 目标管理	1. 各类看板 2. 照相机录影机	创造一个"井然有序"的工作场所
清扫	设备空间	1. 扫除异常现象 2. 实施设备自主保养	1. 维持责任区的整洁 2. 降低机器设备故障率	1. 责任区域 2. 定检管理	1. 定检表 2. 照相机录影机	创造一个"零故障"的工作场所
清洁	环境	永远保持前 3S 的结果	1. 提高产品品位 2. 提升公司形象	1. 美化作战 2. 三要:要常用、要干净、要整齐	1. 照相机、 2. 录影机	创造一个"干干净净"的工作场所
素养	人员	养成人员守纪律、守标准的习惯	1. 消除管理上的突发状况 2. 养成人员的自主管理 3. 介高尚	1. 礼仪活动 2. 5S 实施展览 3. 5S 表扬大会 4. 教育训练	1. 照相机、录影机 2. 点检表 3. 评核表	创造一个"自主管理"的工作场所

导入案例解析

根据【情境 9.1】资料,任务实施步骤如下:

步骤一,成立专门的 5S 推行组织,负责 5S 工作的开展。5S 推行组织成员的工作责任要明确。

步骤二,拟订 5S 活动计划。活动计划包括宣传计划,5S 各项活动的推行计划。推行计划中包括实施的时间、目的、执行范围、执行步骤、执行标准、执行方法等。

步骤三,开展宣传教育。编制宣传手册,让全体员工知道什么是 5S,并接受 5S 活动的推行工作,要进行 5S 活动开展前的培训宣传,培训全体人员。宣传过程中可以采用标语宣传、征文比赛、演讲比赛等形式,宣传教育阶段企业高层领导一定要积极参与以示重视。

步骤四,试行 5S 活动。

(1)5S 前期作业准备,主要包括:分配责任区;制定"要"与"不要"物品区分基准;制定基准说明等。

(2)检查评价阶段,主要包括:制定评分标准;对完成的工作进行考核评定;统计出现的问题,并提出改进措施;责任部门按期整改,验收合格的整改结果。

步骤五,正式推行5S活动。

(1)正式推行5S活动,主要包括:修订试行的5S实施办法,确定正式的5S实施办法;公布5S活动推行办法、时间;5S推行委员安排推行工作事项;各部门按照推行办法落实5S推行工作。

(2)活动检查评价,主要包括:各部门5S推行委员会成员定期自我检查、纠正5S推行工作;5S推行组织定期和不定期检查监督各部门工作的开展情况;定期公布5S活动检查、评比结果,表扬优秀单位、部门;纠正问题。

技能训练

请从仪表、行为、形象等方面说出素养的内容和要求。

要点总结

开展以整理、整顿、清扫、清洁和素养为内容的活动称为5S活动。5S活动是对生产现场人员、设备、材料等生产要素进行有效管理的方法。实施5S活动能够有效地改善生产现场管理,改变员工的精神面貌和工厂的形象。5S活动的开展重在持续坚持、不断推行,素养是5S的核心,是有效开展5S活动的基础。

任务二 5S管理的方法

5S管理的两种基本方法是定置管理与目视管理,两种方法结合起来,可以有效实施5S管理。

一、定置管理法

生产现场有设备、物料、工具、夹具、量具、仪表、半成品等,开始时摆放得很整齐,但是不久摆放位置就变得混乱,有用和无用的物品同时存放,找一个工具需要很长时间;有时作业场所车道被堵塞,使行人、被搬运物资无法通过;有时一次搬入生产现场的物品太多,连摆放的地方都没有。如果没有明确各车间、各工段的管理范围,一些含混不清的区域无人管理,就会出现乱堆乱放的物品、物料,影响生产效率和生产进度。为确保各区域的秩序,就需要对车间各区域开展定置管理。

【情境9.2】 某车间有一些不用或放杂物的箱子、柜子,由于不经常使用,造成了周边

环境不整洁,卫生死角很多。为了使车间管理做到统一、规范、整洁,车间主任建议各工段开展定置管理,明确标明应该放置哪些东西,不应该放置哪些东西,把以前不常用的箱子和柜子一一清理掉。将定置摆放的各种器具用不同颜色的小图标表示出来,组成全车间的定置管理图,请指出定置管理推行方案的要点。

案例分析

开展定置管理活动,需要员工的理解配合,制订定置管理推行方案需要向全体员工解释什么是定置管理,另外还需要明确以下问题:

(1)定置管理的好处是什么?实施要点是什么?

(2)定置管理的工作程序是什么?

(一)定置管理的含义

定置管理是对生产现场中人、物、场所三者之间的关系进行科学分析研究,做到"人定岗、物定位、危险工序定等级,危险品定存量,成品、半成品、材料定区域",使之达到最佳结合状态的一种科学管理方法。通过整理、整顿把生产过程中不需要的物品清除掉,把需要的物品放在规定的位置。通过对物品的科学定置,不断改善生产现场条件,科学地利用场所,促进人与物的有效结合,使生产中需要的东西随手可得,从而实现生产现场管理规范化与科学化。

(二)定置管理的基本原理

1. 人、物、场所的三种状态与结合状态

定置管理将生产现场中人、物、场所三要素分别划分为三种状态,并将三要素的结合状态也划分为三种,见表9-4。

表9-4 人、物、场所的结合状态

要素	A状态	B状态	C状态
场所	指良好的作业环境。如场所中工作面积、通道、加工方法、通风设施、安全设施、环境保护(包括温度、光照、噪声、粉尘、人的密度等)都应符合规定	指需不断改进的作业环境。如场所环境只能满足生产需要而不能满足人的生理需要,或相反。故应改进,达到既满足生产需要,又满足人的生理需要	指应消除或彻底改进的环境。如场所环境既不能满足生产需要,又不能满足人的生理需要
人	指劳动者本身的心理、生理、情绪均处在高昂、充沛、旺盛的状态;技术水平熟练,能高质量地连续作业	指需要改进的状态。人的心理、生理、情绪、技术四要素,部分出现了波动和低潮状态	指不允许出现的状态。人的四要素均处于低潮,或某些要素如身体、技术居于极低潮等

续表

要素	A 状态	B 状态	C 状态
物	指正在被使用的状态。如正在使用的设备、工具、加工工件,以及妥善、规范放置,处于随时和随手可取、可用状态的坯料、零件、工具等	指寻找状态。如现场混乱,库房不整,零件与工具等物品放置不规范,需用的东西要浪费时间逐一去找的状态	指与生产和工作无关,但处于生产现场的物品状态。需要清理,即应放弃的状态
人、物、场所的结合	三要素均处于良好与和谐的、紧密结合的、有利于连续作业的状态,即良好状态	三要素在配置上、结合程度上还有待进一步改进,还未能充分发挥各要素的潜力,或者部分要素处于不良好状态等,也称为需改进状态	指要取消或彻底改造的状态。凡严重影响作业,妨碍作业,不利于现场生产与管理的状态

定置管理就是把"物"放置在固定的、适当的位置。但对"物"的定置,不是把物拿来定一下位就行了,而是从安全、质量和物的自身特征进行综合分析,以确定物的存放场所、存放姿态、现货标示定置三要素的实施过程,因此要对生产现场、仓库料场、办公现场定置的全过程进行诊断、设计、实施、调整、消除,使之管理达到科学化、规范化、标准化。定置管理的核心就是尽可能减少和不断清除 C 状态,改进 B 状态,保持 A 状态,同时还要逐步提高和完善 A 状态。

2. 人与物的结合状态

人与物的结合状态分为 A、B、C 三种。

(1)A 状态

人与物处于能够立即结合并发挥作用的状态。比如,操作人员立即可以拿到需要使用的工具,这是一种理想状态。

(2)B 状态

人与物处于寻找状态。比如,需用的物品没有放置在固定的位置,随意丢放,

现场杂乱无章,当需要时要经过寻找才能拿到,寻找浪费了时间,有时找到需要的物品要经过整理维护才可以使用等。

(3)C 状态

物与人无关,因为物与生产无关,不需要人与物结合。比如,报废的设备、工装、工具等。这些物品放置在生产现场占用生产空间,影响生产效率与安全。

3. 物与场所的结合状态

人与物的结合是在一定的场所进行的。人与物的结合状态,是以物与场所结合的状态为基础。

(1)A 状态

良好状态。工作环境良好,场所中的作业面积、通风、照明、噪声、粉尘等符合人的生理、生产、安全等要求。

(2)B 状态

需要改进作业环境与作业条件的状态。工作场所不能满足生产作业要求,或者不能满足操作者的生理要求,工作易疲劳等。

(3)C 状态

需要彻底改造的状态。这种场所对人的生理要求及工厂生产、安全要求都不能满足。比如,现场环境妨碍工人正常操作,无效劳动过多,影响安全生产等。

4. 定置

(1)固定位置

场所固定、物品存在固定位置、物品的信息媒介物固定,这"三种固定"的方法,适用于那些物流系统中周期性地回归原地、在下一生产活动中重复使用的物品。比如,工具、量具、工艺装备、运输机械、机床附件等用作加工手段的物品,这些物品多次参加生产过程,周期性地往复运动。对这类物品需固定存放位置,使用后要放回到原位。

(2)自由位置

物品相对固定一个存放物品的区域,在这个固定区域的具体什么位置,要根据当时的生产情况和一定的规则来定。这种方法适用不回归、不重复使用的物品。比如,原材料、毛坯、产成品、零部件等。这些物品按照工艺流程不停地从上一道工序向下一道工序流动,直到最后出厂。这类物品种类、规格多,数量时多时少,很难对每种物品规定具体的存放位置,只能规定一定的范围区域来定置。比如,在制品停放区,零部件检验区等。在这个区域存放的物品,要遵循充分利用空间、便于收发、便于清点等规则来确定具体存放地点。

5. 信息媒介与定置的关系

信息媒介就是在人与物、物与场所合理结合的过程中,对作业进行指导、控制、确认的信息载体。在生产过程中使用的物品品种多、规格杂,它们不可能都放置在操作者的手边,找到它们需要信息指引;许多物品在生产中流动,它们的流向和数量也需要信息指导和控制;混放的物品也需要信息确认,在定置管理中完善而准确的信息媒介非常重要,它直接影响人、物、场所的有效结合程度。根据信息媒介在定置管理中所起的作用,信息媒介可以分为两类。

(1)引导信息

引导信息告诉人们"某物在何处,某处在哪里",便于人与物结合。比如,车间里记录物品位置的台账,台账中记录物品的编号,指示了物品存放的位置,移动看板记录了物品移动的方向,定置平面布置图,标记了物品的存放区域与位置,凭借图的标示信息,使用人便很容易找到所需物品。

(2)确认信息

确认信息告诉人们"此物是某物,此处是某处",是避免物品混放和场所误置所需的信息。比如,各种区域的标志线、标志牌和物品卡片等,它告诉人们这是该场所,这是该物品。

实行定置管理,各种信息媒介很重要,必须建立和健全各种信息媒介物,并达到以下五点要求:a. 场所标志清楚;b. 场所设有定置图;c. 位置台账齐全;d. 存放物的编号齐备;e. 信息标准化。

(三)实施定置管理的程序

定置管理实施程序包括以下几个步骤。

1. 调查研究

对生产现场进行调查研究,调查的内容包括以下几个方面:①生产现场人、物、场所结合情况;②物流及搬运情况;③现场信息流情况;④生产作业场所的面积和空间的利用情况;⑤设备、工装、工具利用管理情况。

2. 进行定置管理设计

(1)制定定置标准

定置过程中要实行统一的标准,定置标准包括定置物品分类标准、定置管理的信息标志标准、定置管理的颜色标准、定置物放置标准、各个场所定置标准等,参见二维码内某公司的办公室及库房定置标准。

(2)绘制定置图

定置图是对生产现场所有物品进行定制,并通过调整物品来改善场所中人与物、人与场所、物与场所之间的关系的综合反映图。它的种类有室外区域定置图、车间定制图、各作业区域定置图、办公室定置图等各个场所定制图。其形式如图 9-2 某车间容器、器具平面定置图所示。

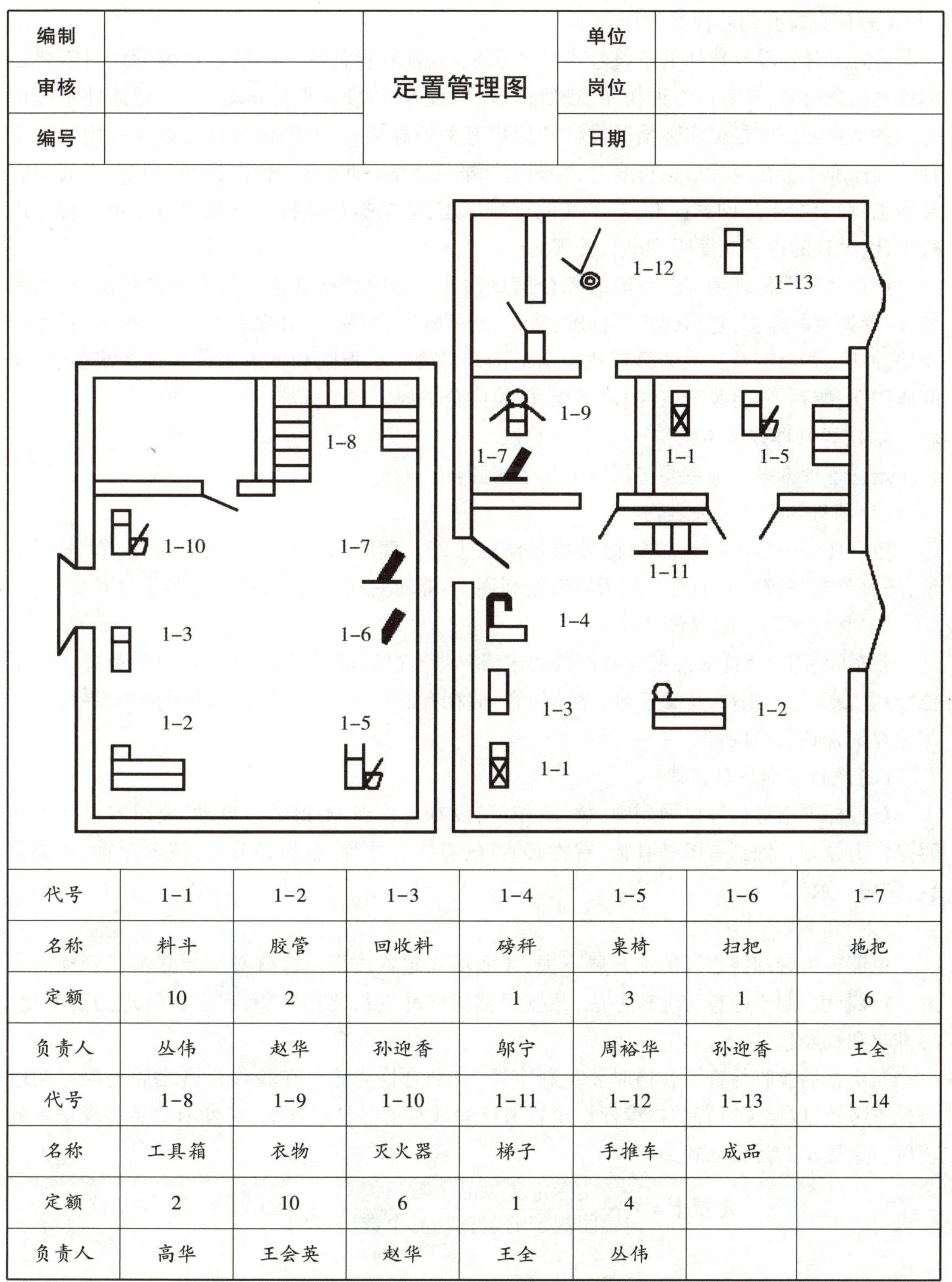

编制		定置管理图	单位	
审核			岗位	
编号			日期	

代号	1-1	1-2	1-3	1-4	1-5	1-6	1-7
名称	料斗	胶管	回收料	磅秤	桌椅	扫把	拖把
定额	10	2		1	3	1	6
负责人	丛伟	赵华	孙迎香	邬宁	周裕华	孙迎香	王全
代号	1-8	1-9	1-10	1-11	1-12	1-13	1-14
名称	工具箱	衣物	灭火器	梯子	手推车	成品	
定额	2	10	6	1	4		
负责人	高华	王会英	赵华	王全	丛伟		

图 9-2　某车间容器、器具平面定置图

(3)信息媒介物的标准设计

信息媒介物设计包括信息符号设计和示板图、标牌设计等。在推行定置管理时需要运用各种信息符号,来表示各种物品、场所区域、位置等,以便人们能够直观地、迅速地掌握情况。各个企业应该根据实际情况设计和应用有关信息符号,并将信息符号设计应用纳入定置管理标准中。在设计信息符号时,有国家标准规定的(如安全、环保、搬运、消防、交通等符号标志)应直接采用国家标准,对于其他符号标志,应根据行业特点、产品特点、生产特点进行设计,设计的符号应简明、形象、美观。

定置示板图是现场定置情况的综合信息标志。标牌是指示定置物所处的状态、标志区域、定置类型的标志,包括建筑物标牌、货架、货柜标牌,原材料、在制品、成品标牌等,各生产现场、库房、办公室及其他场所都悬挂示板图和标牌。示板图和标牌底色宜选择淡色调,图面应清洁、醒目、不易脱落,各类定置物、区域应分类规定颜色标准。

3. 定置管理方案实施

定置管理方案实施主要包括以下几个步骤:

(1)清理与生产无关之物

生产现场中与生产无关的物品都要清除干净。清除与生产无关之物要本着“增产节约,增收节支”的精神,能转变利用时转变利用,不能转变利用时,可以变卖转化为资金。

(2)按定置图实施定置

各车间、部门都应该按照定置图的要求,将生产现场、场所区域、物品进行分类并予以定位,定置物要与图相符,位置正确,摆放整齐,储存有器具。可移动物品,如手推车、手推叉车等也要定置到适当位置。

(3)放置标准信息名牌

放置标准信息名牌要做到牌、物、图相符,设专人管理,不得随意挪动,要以醒目和不妨碍操作为原则。做到有图必有物,有物必有区,有区必挂牌,有牌必分类,按图定置,按类存放,图物一致。

(四)定置检查与考核

保证定置管理持之以恒地开展下去,才能巩固定置成果。这就必须建立定置管理的检查、考核制度,制定检查与考核办法,并按照奖罚标准进行奖罚,以实现定置管理的制度化、标准化和长期化。

当定置后验收检查不合格时要重新定置,直到合格为止。在验收合格之后还要定期进行检查考核,以保证定置的持续性。定置考核的基本指标是定置率,它表示物品实现定置的程度。定置率的计算公式为:

$$定置率=\frac{实际定置物品个数(种类)}{定置图规定的定置物品个数(种类)}\times 100\%$$

导入案例解析

根据【情境9.2】资料,定置管理推行方案的主要内容包括以下几方面。

(1)做好定置前的生产现场情况调查研究。

(2)做好对人、物结合的状态分析。改善人与物处于寻找状态或尚不能很好发挥效能的状态;消除人与物没有联系的状态。

(3)做好标识确认。

①建立对各类物品和设备位置台账,以表明"该物在何处",通过查看位置台账,可以了解所需物品的存放场所。

②设计平面位置图,以表明"该处在哪里"。

③明确场所标志。

④对现货标示,用各种标牌表示。

(4)定置管理设计。对车间及物品(机台、货架、箱柜、工作器具等)科学、合理定置、统筹安排。

①进行车间定置图设计,包括各作业区、仓库及办公区等的定置图设计。

②定置标识设计。对各类物品停放布置、场所区域划分等都需要运用各种标识符号表示。

(5)定置实施。

①清除与生产无关之物。

②按定置图实施定置。

③放置标准铭牌。

总之,定置实施必须做到:有图必有物、有物必有区、有区必挂牌、有牌必分类。按图定置,按类存放,账(图)物一致。

(6)定置检查与考核。制定考核标准与奖罚制度。

技能训练

请根据定置管理的基本原理,对自己的宿舍进行调查分析,制订宿舍定置管理推行方案。

要点总结

定置管理是对生产现场中的人、物、场所三者之间的关系进行科学分析,使之达到最佳组合的状态。定置实施必须做到:有图必有物,有物必有区,有区必挂牌,有牌必分类;按图定置,按类存放,账(图)物一致。要保证定置管理能够长期不断进行下去,必须建立检查、考核制度,使之标准化、制度化。

二、开展目视管理

据统计,人的行动的60%是从“视觉”的感知开始的。通过对生产现场人员、设备、材料、工具、仪表、半成品等进行标示、标识,各种管理指令进行标示、标识,通过视觉信息改善生产环境,调动员工的积极性,促进文明生产、安全生产。在生产现场管理中,让管理状况“一目了然”,让员工自主地理解、接受、执行各项工作,将大大提高管理效率。

【情境9.3】 某工厂推行目视管理,在推行方案中对颜色作出了如下要求。

(1)管道颜色:①水管:灰色。②气管:黄色。③线管:白色。④高温管:红色。⑤高压气管:红色。⑥楼梯栏杆:黄色。⑦消防管:红色。

(2)区域:①黄色(实线):一般通道线、区画线、固定物品定位线。②绿色:合格区。③红色:不合格区、废品区、危险区。④红色斑马线:不得放置、不得进入等。⑤黄黑斑马线:警告、警示(地面突起物、易碰撞处、坑道、台阶等)。⑥红色:配电装置、消防栓处、升降梯下。

请指出工厂对颜色规定的鲜明特点。

案例分析

制订目视管理推行方案需要向全体员工明确什么是目视管理,还需要解释以下问题:

(1)目视管理的好处是什么?目视管理的工具有哪些?

(2)目视管理的工作程序是什么?

(一)目视管理的含义

目视管理是利用形象直观、色彩适宜的各种视觉信息和感知信息来组织现场生产管理活动,以达到提高劳动生产率目的的一种管理方式,也是一种利用视觉来进行管理的科学方法。目视管理的目的就是把企业潜在的大多数异常显示化,变成谁都能一看就明白的事实。其特点是以视觉信号显示为基本手段(大家都能够看得见)以公开化、透明化为基本原则,尽可能地将管理者的要求和意图让大家看得见,借以推动自主管理或自主控制。现场的员工也可以通过目视的方式将自己的建议成果、感想展示出来,与领导同事以及工友们进行相互交流。

在日常活动中,我们是通过“五感”(视觉、嗅觉、听觉、触摸、味觉)来感知事物的。其中,最常用的是“视觉”。据统计,人的行动的60%是从“视觉”的感知开始的。因此,在企业管理中,强调各种管理状态、管理方法清楚明了,达到“一目了然”,从而容易明白、易于遵守,让员工自主性地完全理解、接受、执行各项工作,这将会给管理带来极大的好处。

(二)目视管理的对象和基本方法

目视管理的对象包括构成工厂的全部要素,如服务、产品、半成品、原材料、零配件、设备、工夹具、模具、计量具、搬运工具、货架、通道、场所、方法、票据、标准、公告物、人、心情等。对其进行归纳,实际上就是人、机、料、法、测、环(5MIE)六类因素。任何与5MIE有关的可能异常问题,都必须使之可视化在不同的工作现场中,目视管理的关注对象是有所区别的。一般来说,企业可将目视管理的重点放在生产和办公现场的物品、作业、设备、品质和安全等管理中。

1. 作业人员

作业人员的配备、工作质量和业绩、技能水平、工作方法、劳动纪律、制度执行等都可以实现“可视化”。如可将作业人员的合理化提案数量、装配差错率、质量改进活动参与率、请假缺勤次数、技能等级和岗位培训情况等予以公示。生产线上当班人员的请假情况和代班情况也应在现场公示,以利于生产管理和调度。

2. 机械设备

机器设备和工装器具等的类别、布局、性能、操作规程、运行状态、维护管理等都可以通过各种颜色或标识进行管理。

生产线上的机器设备一般设计有自动化及防备装置,一旦有故障或错误发生,机器应该自动停止,并通过一定的方式显示停止的原因和目前的状态。设备和生产管理人员看到一台停止运行的机器时,应能明确看出是计划性停机、因生产设置而停机、因质量问题而停机、因机器故障而停机,还是因预防维护而停机。

在设备管理方面,重要设备的操作规程、维护表等应该张贴于设备现场,润滑油的液位、更换的频率和润滑剂的类别,都要标示出来。

3. 材料和物品

为使现场管理人员了解物料的流动是否顺畅、材料数量是否满足要求等,应将库存数量和最低限额等展示于看板上,或以颜色表示库存状态,作为前后流程之间生产指令的沟通工具。发生物料短缺等异常现象时,可以使用信号灯或蜂鸣器提醒。物料储存的位置和适用范围也要明确标示,并且要标明数量和料号,可以用不同的颜色进行区分,以防失误。

4. 作业

通过工序卡、指导书、印记、标示牌进行标示。包括:作业状态的开始、中段、结束状态;检验状态的未检验、检验中、已经检验;作业类别的焊接、冲压、表面处理、组装等。

5. 环境

通过颜色和各类标示牌进行标示。包括:通道中的人行道、机动车道、消防通道、特别通道;区域中的办公区、作业区、检查区、产品不良区、禁烟区;设施管线中的水、汽、油管道等。

6. 质量

将合格品与不合格品分开摆放,并予以标示。

7. 安全

使用各种安全标志牌、警示牌标示危险源、危险状态、禁止操作指令等。

(三)目视管理的工具

1. 红牌

红牌是使用红色标签粘贴在各个“问题点”处,用来指示日常生产活动中的问题点,如有油污、不清洁的设备等。张贴红牌的主要对象,在制造部门则是库存、机械设备、场所等。在事务部门则是文件、机器、文具等。比如在仓库,良品区用黄色油漆画线,不良品区用红色油漆画线。在生产线上，良品下线用绿色胶带封箱，不良品用红色胶带封箱等。

2. 看

目视管理多以看板为载体。在流水线头的显示屏上，随时显示生产信息（计划台数、实际生产台数、差异数），使各级管理者随时都能掌握生产状况。在种类不多的仓库里，对每批来货都用小板标明品名、数量、入库日等，让所有人都看得清清楚楚。生产管理看板是用来揭示生产线生产状况的标识板，用以记录生产实绩、设备开动率、异常原因（停线、故障）等。

3. 信号灯

信号灯是工序内发生异常时用于通知管理人员的工具，生产现场第一线的管理人员必须随时知道作业者和机器是否正常开动和作业。信号灯有很多种类，主要有异常信号灯（用于质量不良及作业异常）、发音信号灯（用于请求物料供应）、运转指示灯（显示设备运转状态）、进度灯（用于组装生产线）等。

4. 错误示范板

将作业过程中容易出错或是产生不良品的地方张贴在看板上。具体表现形式有：不良现象及其结果揭示，不良品在更正前后的对比照片，被示范的错误动作及正确动作相比较的照片。此外，还有不良追踪处理看板，采取公开式的看板来进行持续追踪，直到问题解决为止。

5. 错误防止板

为了减少错误而使用的自我管理的防止板。一般以纵轴表示时间，横轴表示作业单位。以一个小时为单位，展示后续工段接受不良品及错误的消息，在对应时间加上“○”“△”“×”等符号，○表示正常，×表示异常、△表示注意。持续一个月后，将本月情况与上月进行比较，以便设定下个月的目标。

6. 操作流程图

操作流程图是描述工序重点和作业顺序的简要作业指导书，有时也称为“步骤图”，用于指导生产作业，在现场一般使用将人、机器、工作组合起来的操作流程图。

7. 警示线

警示线用于警示、警告、区分危险和安全区域，在仓库或其他物品放置场所标示警示线，以表示最大或最小的限量。

8. 地面标志

常见的地面标志为安全线。安全线一般为厂房内外的地面通道两侧画上禁止逾越的黄线或白色通道线，工位线是生产现场或库房制定摆放的位置线，如白色方框内。

（四）目视管理的实施步骤

目视管理实施一般遵循以下六个步骤。

（1）成立目视管理推行组织结构。各部门将可视化管理的内容纳入本部门的日常工作。

（2）明确管理对象与管理目标。针对管理对象明确管理目标，并且全员参与，特别是高层领导负责时，才能将管理的措施和手段得到落实。

（3）编写培训教材，开展宣传与培训工作，组织专家讲座、员工讨论、发布动员会，并深入部门、车间对员工进行现场辅导。

(4)选择目视管理工具。针对不同的管理对象采用适宜的管理工具。比如安全管理用安全标志牌,生产管理用看板等。目视管理工具的制作要求清晰明了、简洁美观、一看便知。

(5)实施目视管理。按照实施方案推行目视管理。

(6)评估检查。实施一段时间目视管理后,采用巡视、检查、自查、互检等方式进行可视化管理的评估。

导入案例解析

根据【情境 9.3】资料可知:

(1)用颜色区分管道的用途、区域的使用指令,让员工一看便知,具有视觉化的特点。

(2)通过颜色传达管理指令,管理者的要求和意图让员工看得见,可推动员工的自主管理及自主控制,使管理透明化。

(3)在区域划分上使用不同颜色,将不同的区域区分出来,合格品区与不合格品区等各个区域界线明确,一目了然,具有界线化的特点。

技能训练

请参观一个大型医院,观察工作人员的服装颜色、款式,并说出衣着不同人员的岗位。

要点总结

目视管理是在生产现场中设置各种信号装置和不同颜色的标志,用直观形象的视觉信号来表示生产状态,使员工和管理人员对生产状态一目了然。在目视管理中,目视管理工具的选择非常重要,目视工具传递的信息一定要简洁、鲜明,一看便知。

课后练习

一、判断题

1. 5S 管理需要全员参与,如果有部分员工跟不上进度,或内心抵制,5S 管理就会失败。( )
2. 整理就是降低浪费。( )
3. 整顿就是把物品排整齐好看,在必要时可以找到。( )
4. 清洁就是维持整理、整顿、清扫后的局面,使工作人员觉得整洁、卫生。( )
5. 5S 相应也会带动安全、节约、习惯化标准。( )
6. 岗位上只能放置必需品,如个人的水杯、锁匙。( )
7. 目视管理就是用眼睛实施管理。( )
8. 物料堆放超出通道违反 5S 要求的,但堆放区域不足时也必须先堆放再整理。( )
9. 信号灯、看板属于生产管理工具,不属于目视管理的常用工具。( )

10. 5S 活动既是一种现场管理方法,也是一种现场管理思想。 ( )
11. 清扫活动就是打扫现场卫生。 ( )
12. 各类不合格品、报废品必须及时清理、处置。 ( )
13. 上班主要是完成工作量,如果把时间花在现场管理上,将会影响有效工作时间。 ( )
14. 定置管理太耽误时间,只要自己取放方便、省时也就做到了定置管理要求。 ( )
15. 各类物品放置的位置我知道就行,没有标识也没关系,这样可以减少浪费。 ( )

二、单项选择题

1. 5S 推行的最理想的目标是( )。
A. 人人有素养 B. 地、物干净 C. 产量提高 D. 形成制度
2. ( )不是定置管理的原则。
A. 定位置 B. 定数量 C. 定区域 D. 定时间
3. 公司( )需要整理整顿。
A. 工作现场 B. 办公室
C. 全公司的每个地方 D. 仓库
4. 整顿中的"三定"是指( )。
A. 定点、定方法、定标示 B. 定点、定容、定量
C. 定容、定方法、定量 D. 定点、定人、定方法
5. 整理阶段是按( )对物品进行分类的。
A. 生活用品与劳保用品 B. 必需物品与非必需物品
C. 工装夹具与模具 D. 合格品与不合格品
6. 必需品与非必需品的区别方法是( )。
A. 物品的使用频率 B. 物品的使用类别
C. 物品的使用期限 D. 报废品与非报废物品
7. 目视化管理就是使工作现场( )。
A. 标准化 B. 形象化 C. 直观化 D. 直觉化
8. 5S 管理活动的"卫生大扫除"是我们推行 5S( )步骤。
A. 整理 B. 整顿 C. 清扫 D. 清洁 E. 素养
9. 整理主要是拍出( )浪费。
A. 时间 B. 工具 C. 空间 D. 包装物
10. 在增加场地前,先要对场地进行( )。
A. 整理 B. 整顿 C. 清扫 D. 清洁

三、简答题

1. 整理的实施要点和实施步骤有哪些?
2. 整顿的实施要点和实施步骤有哪些?
3. 清扫的实施要点和实施步骤有哪些?

4. 清洁的实施要点和实施步骤有哪些?
5. 素养的实施要点和实施步骤有哪些?
6. 人、物、场所的三种状态是怎样划分的?
7. 人、物、场所的二种结合状态是怎样划分的?
8. 人与物的结合状态是怎样划分的?
9. 物与场所的结合状态是怎样划分的?
10. 目视管理适用的范围有哪些?
11. 目视管理的工具有哪些?

四、计算题

某车间三个定置区域,其中合格区(绿色标牌区)摆放 15 种零件,其中有 1 种没有定置;待检区(蓝色标牌区)摆放 20 种零件,其中有 2 种没有定置;返修区(红色标牌区)摆放 3 种零件,其中有 1 种没有定置。试确定该场所的定置率。

课堂案例

创新中国　活力无限

(奋进新征程　建功新时代·非凡十年)

创新中国,十年跨越。

中国人进入自己的空间站,“奋斗者”号深潜万米海底……探索未知,太空和深海留下越来越多的“中国足迹”;

不依赖植物光合作用直接人工合成淀粉,“中国天眼”发现持续活跃的重复快速射电暴……“从 0 到 1”,原创突破持续为科技创新提供源头活水;

“华龙一号”示范工程闪耀第三代自主核电技术,北斗导航卫星全球组网……不懈攻关,自主创新把科技的命脉牢牢掌握在自己手中;

“揭榜挂帅”不问英雄出处,人才评价体系不断优化……破立并举,科技体制改革进一步释放创新潜能、激发创新活力。

习近平总书记强调:“我们必须完整、准确、全面贯彻新发展理念,深入实施创新驱动发展战略,把科技的命脉牢牢掌握在自己手中,在科技自立自强上取得更大进展,不断提升我国发展独立性、自主性、安全性,催生更多新技术新产业,开辟经济发展的新领域新赛道,形成国际竞争新优势。”

这是创新发展理念深入人心的十年,创新驱动发展战略在神州大地落地生根、硕果累累;这是创新发展步伐不断加快的十年,科技自立自强交出精彩答卷、科技战略支撑能力不断提升;这是创新发展成果喷涌而出的十年,科技创新推动中国经济这艘巨轮朝着高质量发展方向破浪前行。

我国科技事业发生了历史性、整体性、格局性重大变化,成功进入创新型国家行列。今年7月,问天实验舱成功发射。这是我国深入实施创新驱动发展战略、重大创新成果竞相涌现的一个缩影。

创新是引领发展的第一动力,创新驱动发展战略作为中国发展的核心战略之一,有力回应着构建新发展格局、推动高质量发展的时代课题。

这十年,是我国科技进步最大、科技实力提升最快的时期——看科技大势,跨越发展。我国科技事业发生了历史性、整体性、格局性重大变化,成功进入创新型国家行列,全球创新指数排名从2012年第三十四位上升到2021年第十二位。

看科技投入,力度十足。全社会研发投入从2012年的1.03万亿元增长到2021年的2.79万亿元,基础研究经费增至十年前的3.4倍。

看科技产出,量质齐升。科技进步贡献率超过60%,高被引论文数居世界前列,PCT国际专利申请量居全球首位,"人造太阳"、上海光源等一批大国重器为开展世界级研究夯实基础。

看科技潜力,未来可期。中国特色的国家实验室体系加快构建,高水平研究型大学、国家科研院所的科研能力持续提升,一批具有国际竞争力的科技型企业成长壮大,构建起一支成体系、担使命的战略科技力量,国家创新体系更加高效顺畅。

蹚出了一条从人才强、科技强,到产业强、经济强、国家强的自主创新发展道路;形成了一个坚持"四个面向"、全方位支撑发展和保障安全的科技创新整体布局;打造了一条加强基础研究、技术创新、成果转化和产业化等创新活动的科技创新全链条……这十年,见证了创新驱动发展战略深入实施的足迹。

创新驱动发展战略为高质量发展安上新引擎,发展新动能源源不断注入。

日前,我国自行研制、具有自主知识产权的C919大型客机6架试飞机圆满完成全部试飞任务。C919的起飞,不单是一架飞机的起飞,更是一个民族大飞机梦的腾飞。

国产大客机稳步迈向全球航空市场;先进核能技术领域完成从跟跑到领跑世界的飞跃……创新驱动发展战略为高质量发展安上新引擎,发展新动能源源不断注入。

发展的质量更高了。

大兴机场"凤凰展翅",港珠澳大桥飞架三地,复兴号高铁纵横驰骋,特高压输电工程跨越千山万水……智能机器人、增材制造等技术加快突破,有力推动制造业升级发展;数字经济、新能源汽车、太阳能光伏、新型显示、先进储能等产业规模跃居世界前列。十年来,我国以关键技术突破推动产业向中高端攀升,产业链和创新链融合更深、更高效。

发展的赛道更多了。

人工智能、大数据、区块链、量子通信等新兴技术加快应用,培育了智能终端、在线教育、远程医疗等新产品、新业态;移动支付、在线购物等新技术新模式让人们切身体验着"科技让生活更美好"的幸福感……十年来,经济发展的新领域新赛道不断开辟,更多增长新动能不断发掘。

发展的活力更足了。

高新技术企业数从4.9万家增加到33万家,2021年683家企业进入全球企业研发投入2500强;北京、上海、粤港澳大湾区三大国际科技创新中心跻身全球科技创新集群前十,173

家高新区聚集了全国1/3以上的高新技术企业……十年来,企业创新主体地位进一步强化,高技术产业体量更大、质量更优、基础更牢。

更加注重统筹发展和安全。

组织全国力量开展新冠疫情防控科研攻关,为疾病防治、公共卫生提供科技保障;深海油气、页岩气等勘探技术、煤炭清洁高效利用不断取得新进展;主要农作物自主选育品种达到95%以上,粮食单产由亩产357公斤提高到2021年的亩产387公斤……十年来,支撑人民生命健康安全、能源安全、粮食安全,统筹发展和安全、把握经济发展主动权,科技创新成为重要抓手。

如大潮奔涌,如细雨润泽,创新要素正流淌在每寸生机勃勃的中国大地上。

应变局、育新机、开新局,科技自立自强必将交出更为精彩的答卷

世界百年未有之大变局加速演进,应变局、育新机、开新局,需要充分发挥科技创新的支撑引领作用;实现高质量发展,需要科技自立自强提供越来越强的战略支撑能力。

活力四射、动力充沛、潜力十足,创新中国以自信自强面对世界。

创新的自信更为坚定——发布《国家创新驱动发展战略纲要》,编制2021—2035年国家中长期科技发展规划,制定"十四五"科技创新规划……指导思想、战略部署、重大行动的完整体系,为科技自立自强提供强劲牵引。

"嫦娥五号"实现地外天体采样返回,"天问一号"开启火星之旅,北京冬奥会在奥运历史上首次实现全部场馆100%绿色电能供应……十年来,自主创新引擎轰鸣,喷涌出一项项振奋人心的成就,折射出中国自主创新能力的飞速提升。

创新的底蕴更加厚实——从顶层设计绘制改革战略蓝图,到细微处解决科研人员的烦心事……一系列深化科技体制改革的重要战略部署,一项项重大举措密集出台实施,让各类人才的创新智慧竞相迸发。

叩问苍穹,中国航天人35岁以下的科研人员占80%,是一支名副其实的"青年队";强化智力供给,中科院科研团队累计向社会转化了约11万项科技成果……十年来,科技创新人才结构和质量不断优化,领军人才和创新团队加快涌现,研发人员总量连续多年稳居世界首位。

创新的领域更加辽阔——今年3月,中粮旗下中粮工科武汉事业部收到来自联合国世界粮食计划署中国办公室的感谢信。来信感谢中粮工科资深技术专家谢健对"南南合作"工作的大力支持,对巩固中非水稻价值链合作作出的突出贡献。

与160多个国家和地区建立了科技合作关系;积极参与国际热核聚变实验堆、平方千米阵列射电望远镜等大科学计划……十年来,中国坚持开放创新,在全球创新版图中,既是国际前沿创新的重要参与者,也是共同解决全球性问题的重要贡献者。

抓创新就是抓发展,谋创新就是谋未来。站在新的历史起点阔步向前,持续深入实施创新驱动发展战略,坚定不移走中国特色自主创新道路,大力建设创新型国家和科技强国,我国高水平科技自立自强必将交出更为精彩的答卷!

(资料来源,人民日报:https://m.gmw.cn/baijia/2022-08/12/35948804.html)

附　录

常用名词术语及其含义

1. 5P，指目标(Purpose)、人(People)、定位(Place)、权限(Power)和计划(Plan)。
2. 5S，指整理(Seiri)、整顿(Seiton)、清扫(Seiso)、清洁(Seiketsu)和素养(Shitsuke)。
3. 5W1H，指何因(Why)、何事(What)、何地(Where)、何时(When)、何人(Who)和何法(How)。
4. ABC 分类法，Activity Based Classification，ABC 分类库存控制法。
5. Aggregate Production Planning，综合生产计划。平衡企业资源与市场需求而做的生产规划。
6. Analysis of the rbligs，动作分析，又称为动素分析、方法研究或工作方法设计。主要内容是通过各种分析手段，发现、寻求最经济有效的工作方法。
7. Assemblingprocess，装配过程。将零、部件组装成成品的过程。
8. ATP，Available-To-Promiseinventory，待分配库存。可承诺顾客在确切的时间内供货的产品数量。
9. Balanceproductioncapacity，生产能力平衡。使各个工艺阶段的出产能力趋于一致的过程。
10. Batchproduction，成批生产。各种产品在计划期内成批轮番生产。
11. Batch，批量。一次性投入的产出量。
12. BOM，Bill Of Materials，物料清单。反映产品构成关系与数量的表或图。
13. Bottom-Roundmanagement，现场管理。对生产场所人、机、物的管理。
14. Cl，Continuous Improvement，持续改进。不断检查、总结改进的过程。
15. Continuous Production，流水生产。被加工对象依次通过各个工艺环节连续地生产。
16. Cost，成本。生产活动中各种消耗的货币表现形式。
17. CPM，Criticalpath，关键路径法。路线中各项活动最迟开始时间与最早开始时间之差为零的路线。
18. Craft，工艺。使用工具把材料加工成产品的过程。
19. Cycletime，节拍。流水生产线上生产相邻两件相同产品的时间间隔。
20. Deliverytime，交货期。从接受订单到交货的时间。
21. Dependencedemand，非独立需求。由其他需求引起的需求。
22. Earlystarttime，最早开始时间。某项活动可能最早的开始时间。
23. ECRS，指取消(Eliminate)、合并(Combine)、调整顺序(Rearrange)和简化(Simplify)。
24. EDD，Earliest Due Date，最早交货期优先规则。优先选择完工期限最早的工件加工。

25. EOQ,Economic Order Quantity,经济订货批量。在年采购成本、订货费用和仓库保管费用总和最小的情况下,每次最经济的采购数量。
26. EPL,Economic Production Lot,经济生产批量,又称经济生产量(Economic Production Quantity,EPQ)。在补充库存的生产中,使得其年储存保管成本、生产准备成本最低的生产批量
27. Equipmentinspection,设备检查。按照设备的技术参数、性能要求检查设备情况。
28. Equipmentrepair,设备修理。恢复设备的技术参数、性能要求的过程。
29. Equipmentreform,设备改造。用新技术对旧设备进行改良,提高性能的过程。
30. Equipmentrenewal,设备更新。更换新设备。
31. Fabricationprocess,制造过程。使用设备工具按要求完成工艺加工的过程。
32. FCFS,First Come First Served,先到先服务规则。优先选择最早进入排队等待的任务进行加工。
33. Finishedproduct,成品。已完成全部工艺加工的产品。
34. Fixationmanagement,定置管理。在现场使人、物、场所状态与结合状态达到最佳。
35. FO,Fewest Operations,最少作业数优先规则。剩余作业数少优先加工。
36. Ganttchart,甘特图。用横条来表示项目、活动进度的图。
37. Independencedemand,独立需求。满足企业外部市场需要的需求。
38. Inventoryrecordsfile,库存文件。反映库存物资种类、数量的文档。
39. Inventorycontrol,库存管理。保证库存物资经济合理。
40. JIT,Just In Time,准时化。
41. Just-In-Timepurchasing,准时化采购。严格按照规定时间采购到货。
42. Jobdesign,工作设计。是对工作内容、工作职能和工作关系的设计。
43. Joborder,工票。工作任务单的一种形式。
44. Jobshop,工艺专业化生产。按照工艺原则布置形式组织的生产。
45. Johnson-Bellman'srule,约翰逊-贝尔曼规则。以减少加工过程中的空闲时间为目标的一种作业排序方法。
46. Laborquota,劳动定额。规定时间内的生产任务量。
47. Latestarttime,最迟开始时间。某项活动可能最迟的开始时间。
48. Maintenance,维护保养。为保持设备性能进行的检查、修理等工作。
49. Maketoorder,订单式生产。按订单需求生产。
50. Maketostock,库存式生产。根据市场预测按计划生产,用库存成品满足客户需求。
51. Massproduction,大量生产。品种少、产量大、生产重复程度高的生产。
52. Materialconsumptionquota,材料消耗定额。生产某种产品规定的材料消耗数量。
53. Materialmanagement,物料管理。从供应商管理开始,保证物料满足企业的需求。
54. MPS,Master Production Schedule,主生产计划。将综合生产计划在产品出产时间和品种规格上具体化的生产计划。

55. MRP,Mate Rialrequirements Planning,物料需求计划。各种物料需要的时间与数理的计划。
56. Network Planning Technology,网络计划技术。用于工程项目的计划与控制的一项管理技术,包括关键路径法(CPM)与计划评审法(PERT)。
57. OM,Operations Management,运作管理。对服务系统的管理。
58. Operationcapability,运作能力。一定时间内能够提供服务的数量。
59. PDCAcycle,PDCA 循环。指计划(Plan)、实施(Do)、检查(Check)和行动(Action),持续改进工作质量的工具。
60. PERT,Program / Project Evaluationand Review Technique,计划评审技术。运用反映项目活动之间关系的网络图制定项目计划和进行项目控制以达到节约时间和资源目的的一项管理技术。
61. Price-Dreak Order Quantity,批量折扣订货量。批量大有价格折扣。
62. Processflow,工艺流程。从原料到制成成品安排的各项工序顺序。
63. Processlayout,工艺原则布置。将能够完成相同工艺特点的设备布置在一起。
64. Processsheet,工艺路线卡。零件在整个加工过程中所要经过的路线。
65. Productlayout,产品原则布置。按照加工工艺顺序布置设备。
66. Productquality,产品质量。在生产过程中产品质量指符合质量标准的程度。
67. Productionandoperationsmanagement,生产运作管理。对产品生产过程和服务过程的管理。
68. Productionandoperations,生产运作。出产有形产品为生产,提供无形产品为运作,合称生产运作。
69. Productioncapacity,生产能力。一定时间内能够生产产品的数量。
70. Productioncontrol,生产控制。控制生产活动符合生产计划要求。
71. Productioncycletime,生产周期。从原材料投入到成品出产的时间过程。
72. Productionleadtime,生产提前期。指产品在各工艺阶段投入或者出产时间到产品完工入库经过的全部时间。
73. Productionmanagement,生产管理。对生产系统的管理。
74. Productionplanningandscheduling,作业计划。用来组织完成日常生产活动的计划。
75. Productionsystem,生产系统。将材料转换成产品的体系,这个体系包括人、机器设备等。
76. Productiveprocess,生产过程。从投料开始到最终产品出产的过程。
77. Productivity,生产率。单位投入的产出量。
78. Projectmanagement,项目管理。对项目的管理。
79. Project,项目。把一次性完成的复杂任务看作项目。
80. P 模型,fixed-timeperiodmodel,定期订货模型。按照预先确定的周期补充库存。
81. Quantityonhand,现有库存量。当前满足市场需求后的库存量。
82. Q 模型,fixed-orderquantitymodel,定量订货模型。按照预先确定的数量补充库存。
83. Rawmaterials,原材料。买来用于加工产品的材料。

84. Routecard，工序卡。每道工序的操作方法和要求。
85. SCR，Smallest Critical Ration，紧迫性优先规则。优先选择紧迫性强的工件加工。
86. Seqencing，排序。对作业对象安排顺序。
87. Simplexproduction，单件生产。数量少、重复性低的生产。
88. SMART，指明确性（Specific）、可衡量性（Measurable）、可实现性（Attainable）、相关性（Relevant）和时限性（Time-bound）。
89. SPT，Shortest Processing Time，最短作业时间优先规则。优先选择加工时间最短的工件加工。
90. SST，Shorte Stslack Time，最小松弛时间优先规则。松弛时间等于距离交货日期的剩余时间与工件加工剩余时间之差，差值时间最小的任务优先加工。
91. Standardofscheduledtimeandquantity，期量标准。为有效组织生产活动，对生产数量和生产期所规定的标准。
92. Standardtime，标准时间。完成某项工作的规定时间。
93. Storemanagement，仓库管理。收发仓库物资，并防止库存损坏控制结存数量的工作。
94. Technicscard，工艺卡。零部件的每个工艺阶段的加工整体说明。
95. Timestudy，工作研究。是改进作业流程和操作方法达到更高工作效率的技术。
96. Time-costoptimization，时间—费用优化。在节约费用的情况下达到项目工期最短。
97. Time-resource Optimization，时间—资源优化。在工期内使资源使用均衡。
98. TQM，Total Quality Management，全面质量管理。以质量为中心全员参与的质量管理。
99. Transportationmodel，运输表法。表格的行列地址按顺序对应，用来在 M 个“供应源”和 N 个“目的地”之间的任务分配，使得成本最小。
100. Trialmethod，试算法。一种通过尝试计算得出满意结果的方法。
101. Visualmanagement，目视管理。利用视觉感知信息来进行现场管理的活动。
102. Workfactor，工作要素。工作中不能再分解的最小动作单位。
103. Workinprocess，在制品。未完工的产品。
104. Workinstruction，作业指导书。指导操作者作业的说明书。
105. Workmeasurement，作业测定。对实际完成的工作所需时间的测量。
106. Workingplace，工作地，作业场所。

参考文献

[1]陈荣秋,马士华. 生产与运作管理[M]. 北京:高等教育出版社,2021.

[2]陈鸿雁,张子辰. 生产物流运作管理[M]. 北京:北京理工大学出版社,2020.

[3]吕文元. 生产与运作管理[M]. 上海:复旦大学出版社,2019.

[4]陈志祥. 生产与运作管理第4版[M].4版. 北京:机械工业出版社,2021.

[5]陈鸿雁. 高职物流管理专业项目课程教学改革与评价[M]. 北京:中国轻工业出版社,2016.

[6]董宏达,胡伟. 生产企业物流[M]. 北京:清华大学出版社,2013.

[7]张平亮. 现代生产现场管理[M]. 北京:机械工业出版社,2009.

[8]潘家轺. 现代生产管理学[M]. 北京:清华大学出版社,2011.

[9]冯根尧. 生产与运作管理[M]. 重庆:重庆大学出版社,2002.